重庆金融研究报告：改革、转型和发展

CHONGQING JINRONG YANJIU BAOGAO
GAIGE ZHUANXING HE FAZHAN

张洪铭◎编著

西南师范大学出版社

国家一级出版社 全国百佳图书出版单位

图书在版编目（CIP）数据

重庆金融研究报告：改革、转型和发展 / 张洪铭编
著. -- 重庆：西南师范大学出版社，2017.3
ISBN 978-7-5621-8668-7

Ⅰ．①重… Ⅱ．①张… Ⅲ．①地方金融事业－经济发
展－研究报告－重庆 Ⅳ．①F832.771.9

中国版本图书馆CIP数据核字（2017）第055503号

重庆金融研究报告：改革、转型和发展

CHONGQING JINRONG YANJIU BAOGAO GAIGE ZHUANXING HE FAZHAN

张洪铭 ◎ 编著

责任编辑：龚明星　张　欢
装帧设计：汤　立
排　　版：重庆大雅数码印刷有限公司•夏洁
出版发行：西南师范大学出版社
　　　　　网址：http://www.xscbs.com
　　　　　地址：重庆市北碚区
　　　　　邮编：400715
印　　刷：重庆荟文印务有限公司
开　　本：720mm×1030mm　　1/16
印　　张：19.75
字　　数：365千字
版　　次：2017年3月　第1版
印　　次：2017年3月　第1次印刷
书　　号：ISBN 978-7-5621-8668-7
定　　价：68.00元

序

　　《重庆金融研究报告:改革、转型和发展》是近两年来围绕重庆金融改革、转型与发展重点开展课题的研究结集,深入总结了相关领域的理论探索与实践,凸显了针对性与时代性,具有一定的学术价值和现实意义。

　　全书共收录课题7个,内容涉及互联网金融、消费金融、普惠金融等热点问题,如:消费金融发展模式比较研究,互联网金融本质、现状、趋势研究,商业银行推进"互联网+"普惠金融实施路径研究,农业供应链金融与重庆创新实践研究,财税金融助农政策研究,中小企业融资政策信息资源平台建设研究,农业保险发展现状研究等。本书立足于重庆金融相关领域实务,旨在助推重庆金融理解新常态、顺应新常态、引领新常态,更有效地支持供给侧结构性改革,服务实体经济,服务社会民生,防范系统性、区域性风险。

　　《重庆金融研究报告:改革、转型和发展》兼具理论性与实践性,一方面有利于推广金融理论、金融知识和金融发展经验,具有一定的学术价值;另一方面也有利于提高金融服务实体经济的能力,助推重庆实施五大功能区域发展战略、建设国内重要功能性金融中心和内陆金融开放高地,具有一定的现实意义。希望《重庆金融研究报告:改革、转型和发展》能够为重庆金融业发展贡献绵薄之力,衷心希望重庆金融发展得更好。

张洪铭

2017 年 3 月

目录
CONTENTS

CONTENTS

CONTENTS

研究报告一

消费金融发展模式比较研究

消费金融发展模式比较研究*

一、消费金融概念与研究背景

(一)消费金融内涵与外延

1.消费金融的概念与内涵

(1)消费金融的概念

在我国,消费金融尚未形成独立完整的理论体系,对消费金融还没有统一的定义,概念和边界都比较模糊。在健全的消费金融体系尚未建立的背景下,显然应避免一些过于偏颇的观念,如认为消费金融只是与消费尤其是短期消费直接相关的融资活动,甚至局限于狭义的消费信贷。

不同学者分别从服务和产品等不同角度给出了相应的描述:廖理(2010)认为,消费金融是指由金融机构向消费者提供包括消费贷款在内的金融产品和金融服务。杨鹏艳(2011)认为,消费金融是指为满足个人或家庭对最终商品和服务的消费需求而提供的具有贷款、储蓄、支付结算功能的金融服务,其最终的服务对象是消费市场。消费金融的机构主体可以通过创新产品及专业服务的理念,将客户需求融入消费金融产品中,为客户寻求全方位的财务规划。因此,从消费者的角度,也可以称其为"金融消费"。杨涛(2013)认为,消费金融是指为满足个人或家庭对最终商品和服务的消费需求而提供的具有贷款、储蓄、支付结算、风险管理功能的金融服务,其最终的服务对象是消费市场,不仅包括消费者本身所面临的金融问题,还涉及市场、机构和政府与消费相关的金融技术、产品、服务、法律、监管、政策等。李燕桥(2014)对消费金融的界定倾向于广义的消费金融概念,即消费金融的涵盖范畴不仅包含消费金融产品,也应包含与消费金融发展相关的社会观念、金融环境、市场主体、制度体系等多方面内容。

---

*主研人员:张洪铭、邓涛、顾胥、沈朋雁、付海、孙迎新、温智宇、黄为等。

中国银监会在《关于设立消费金融公司》的请示文件中指出:"消费金融是向各阶层消费者提供消费贷款的现代金融服务方式,在提高消费者生活水平、支持经济增长等方面发挥着积极的推动作用,在成熟市场和新兴市场均已得到广泛使用。消费金融业务有两大提供商——专业消费金融公司及传统的商业银行。"《消费金融公司试点管理办法》界定了我国消费金融公司的定义:消费金融公司是经银监会批准,在中华人民共和国境内设立的,不吸收公众存款,以小额、分散为原则,为我国境内居民个人提供以消费为目的的贷款的非银行金融机构。

消费金融是指为满足个人或家庭对最终商品和服务的消费需求而提供的具有贷款、储蓄、支付结算功能的金融服务,其最终的服务对象是消费市场。为了实现效用最大化,居民消费时既可能在当前储蓄以便留作将来消费,也可能在当前借贷来预支将来储蓄。消费金融的机构主体可以通过创新产品及专业服务的理念,将客户需求融入消费金融产品中,为客户寻求全方位的财务规划。因此,从消费者的角度,也可以称其为"金融消费"。

(2)消费金融的内涵

基本的金融决策者可分为三类:个人与家庭、公司和政府(公司和政府作为资源的所有者和使用者出现),它们的金融决策分别是消费者金融(Customer Finance)、公司金融(Corporate Finance)和公共金融(Public Finance)。基于对消费金融概念的准确把握,结合以上金融决策主体,我们将消费金融的特征归纳为三点:个人与家庭是消费金融的核心参与者,享有消费金融产品和服务;各类金融机构如银行、消费金融公司、小贷公司、保险公司、信用评级机构等作为消费金融的承载实体,提供产品和服务;政府在消费金融过程中,提供有关法律、监管、税收、信用体系等基础性服务。

2. 消费金融公司业态分类及特征

(1)商业银行消费金融服务

商业银行作为金融服务综合提供商,最早具有提供消费金融服务的资质与能力,随着消费金融业务的快速发展,目前商业银行普遍将消费信贷业务从原来的总体信贷业务中独立出来,将零售业务部、个人金融部、住房贷款部、信用卡中心等部门进行了整合,专门从事和管理各类消费贷款。目前商业银行主要通过信用卡和消费贷款(含抵押消费贷款和信用消费贷款)两大产品为消费者提供消费金融服务,是目前涉及消费金融业务领域最广的金融机构。通过人民银行2015年上半年的数据可知,消费贷款占贷款总额的比重在18%~19%之间波动,且相较于短期贷款,中长期贷款中消费贷款的量更多,所占比重也更高,这与传统消费信贷以住房、汽车等为主的现实情况相符合。统计数据表明,中国消费信贷从 2013 年的 13 万亿元增加到 2015 年的近 17 万亿元,预计到 2017 年中国消费信贷规模将达到 27.4 万亿元,消费金融潜力巨大。

表1-1　商业银行消费金融业务特征

客群覆盖	银行网点丰富,线上线下联动,综合化服务用户黏性高,拥有大量潜在优质客户
风控能力	成熟的征信、风控体系和审批模式,风控经验丰富
资金来源	吸收低成本公众存款、同业拆借和证券化,资金来源稳定充足,能够提供更长期限的消费信贷
产品类型	产品及功能丰富,在贷款金额、期限、还款方式、担保方式上创新突破,能满足客户个性化需求
存在不足	面临的监管严格,审核要求高,审核周期较长,天然排除风险偏高的用户

注:表格由课题组整理。

（2）持牌消费金融公司

持牌消费金融公司是指依据银监会 2009 年颁布的《消费金融公司试点管理办法》及随后出台的一系列监管文件,由市场法人依法发起,经银监会审批成立的消费金融公司。持牌消费金融公司作为专业的消费金融服务提供商,向借款人发放以消费为目的(不包括购买房屋和汽车)的贷款,与商业银行的目标客户群是错位的竞争关系。截至 2015 年 9 月末,全行业资产规模达到 510 亿元,贷款余额 460 亿元,服务客户数 560 余万户,各项业务数据指标快速增长。

表1-2　持牌消费金融公司业务特征

服务模式	模式一:与商户开展消费金融合作,将消费金融的申请、使用环节嵌入到消费环境,贷款资金直接支付给提供商品或服务的商户
	模式二:消费者直接向公司申请贷款,审核完成后贷款资金直接发放至消费者银行账户
客户群体	客户以年轻群体居多,收入处于中低阶层,客户增长迅速,与商业银行的目标客户群是错位竞争关系

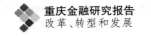

续表

自身优势	优势一:小额化,目前银监会规定的上限为20万元,实际则是消费金融贷款笔数多,资金量小
	优势二:大众化,消费金融公司对系统性风险的管控要求与银行有差异,有更高风险容忍度,面向广大普通群众提供金融服务
	优势三:便捷性,消费金融公司的专业性和业务的单一性,使得公司能够专注围绕消费者需要定制业务流程,在客户申请、用款体验上强调方便快捷,效率和便利性占优势
资金来源	消费金融公司的资金主要来自股东的注册增资,其他来源包括同业拆借、银行借款和发行金融债券,目前其他渠道融资成本较高且渠道不通畅
风险控制	消费金融公司目标客户群风险更高,从业经验短,风险控制能力有待检验

注:表格由课题组整理。

从股东背景来看,可以分为银行系和产业系两大类。二者因为股东背景和优势的不同,在消费金融业务开展过程中,业务的侧重点也有所不同。

银行系:银行系涉足消费金融领域主要是为了完善自身消费信贷层次建设,达到扩大市场份额的目的。银行本身虽然拥有巨大的渠道优势和客户优势,但是面临严格的监管,其产品不能覆盖风险较高的中低层次用户,银行可以利用控股消费金融公司,基于自身渠道优势继续开拓新的市场领域,有利于实现范围经济。目前银行系消费金融公司如下表:

表1-3 银行系消费金融公司

消费金融公司	注册地	是否银行系
北银消费金融有限公司	北京	是(北京银行)
中银消费金融有限公司	上海	是(中国银行)
四川锦程消费金融有限责任公司	四川	是(成都银行)
招联消费金融有限公司	广东	是(招商银行)
兴业消费金融股份公司	福建	是(兴业银行)
湖北消费金融股份有限公司	湖北	是(湖北银行)
杭银消费金融股份有限公司	浙江	是(杭州银行)
中邮消费金融有限公司	广东	是(中国邮政储蓄银行)
徽银消费金融有限公司	安徽	是(徽商银行)

注:表格由课题组整理。

产业系:产业系金融公司涉足消费金融领域的原因之一在于需要发掘新的业绩增长点。通过以低息信贷的方式刺激消费者消费意愿,不但可以降低本身及经销商库存压力,提升营业利润,同时能够获取消费者行为数据,分析其需求变化,以需定产、产融结合。产业系消费金融公司如下表:

表1-4　产业系消费金融公司

消费金融公司	注册地	是否银行系
捷信消费金融有限公司	天津	否
海尔消费金融有限公司	山东	否
苏宁消费金融有限公司	江苏	否
马上消费金融股份有限公司	重庆	否

注:表格由课题组整理。

（3）互联网类企业消费金融

互联网消费金融类企业是指以互联网为依托,利用互联网开展消费金融业务的金融企业。互联网类企业消费金融分为两类:第一类,电商消费金融,依托于电子商务平台而设立的类信用卡产品,该产品可用于购买平台商家产品,如蚂蚁花呗、京东白条、车猫网等;第二类,定位于特殊群体的互联网分期购物平台,定位于大学生、白领等特殊目标群体,向其提供分期购物、取现、O2O商户交易等服务,主要消费场景仍然为电商平台,具体如分期乐、斑马王国、孩分期等。互联网类企业消费金融业务是我国消费金融业务中总体增长速度最快的部分,但是互联网消费金融类企业目前并未像其他消费金融公司一样被纳入到银监会的监管体系,其合法性来源于互联网金融监管条例,存在一定的政策不确定性。

①电商消费金融特征

电商消费金融依托自身消费场景,用户在电商消费平台提出信贷消费申请,电商消费金融公司审核用户申请后,用户就可以直接享受产品和服务。电商消费金融的优势在于消费场景易于搭建,电商依托自身消费渠道,小额便利借贷能够快速实现交易。其特征有:一是借助于线上消费场景,凭借电商平台优势,为线上购物用户提供消费信贷,凭借其积累的海量消费数据,为消费者提供精准的消费信贷服务;二是电商消费金融体验好、竞争力强,电商消费金融公司凭借大数据,利用数据挖掘和精准的风控模型实现几乎零成本的客户授信评估,实时授信,提供类似银行信用卡的免息期;三是电商金融作为互联网金融战略的一个重要组成部分,互联网金融公司往往提供理财、支付、征信等整体的金

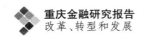

融服务,在其他整体业务带动下具有很强的用户黏性。

②互联网分期购物平台特征

互联网分期购物平台主要针对特殊的群体,比如大学生、年轻白领等。分期购物平台并不拥有自己的消费场景,通过与其他消费平台合作,分期购物平台为客户提供消费信贷,消费平台为客户提供产品服务。因为没有搭建消费平台,分期购物公司将更多精力放在了产品的提供上,更具精细化,也避免了消费场景过于单一的不足,抢占消费金融支付端口未来可能会有很大的潜力。但由于平台目标人群缺乏稳定收入,分期购物平台在坏账率、征信数据获取、客户群体延续性等方面均面临挑战。

(4)传统金融类企业消费金融

①汽车金融公司

汽车金融公司是依据我国《汽车金融公司管理办法》,经银监会批准设立的,为中国境内汽车购买者及销售者提供金融服务的非银行金融机构。在我国的现行法律体制下,普通的消费金融公司不能开展房贷和车贷消费金融服务,因此目前我国能够提供汽车消费金融服务的仅有汽车金融公司和银行,汽车金融公司都由上游的汽车厂商发起设立。截至2015年12月,我国已有23家汽车金融公司,市场规模1 600亿~2 000亿元,预计到2020年汽车市场金融渗透率将达到50%,市场规模将达到1.8万亿元,汽车金融公司贡献的利润平均将占其母公司利润的30%~50%,成长潜力巨大。

表1-5 汽车金融公司

序号	企业名称	成立时间	股权构成
1	上汽通用汽车金融有限责任公司	2004年	中外合资
2	大众汽车金融(中国)有限公司	2004年	外商独资
3	丰田汽车金融(中国)有限公司	2005年	外商独资
4	福特汽车金融(中国)有限公司	2005年	外商独资
5	戴姆勒-克莱斯勒汽车金融(中国)有限公司	2005年	外商独资
6	东风标致雪铁龙汽车金融有限公司	2006年	中外合资
7	沃尔沃汽车金融(中国)有限公司	2006年	外商独资
8	东风日产汽车金融有限公司	2007年	中外合资

续表

序号	企业名称	成立时间	股权构成
9	菲亚特汽车金融有限公司	2007年	外商独资
10	奇瑞徽银汽车金融有限公司	2009年	奇瑞汽车+徽商银行
11	宝马汽车金融(中国)有限公司	2010年	外商独资
12	三一汽车金融有限公司	2010年	三一集团+湖南省信托+华菱钢铁
13	广汽汇理汽车金融有限公司	2010年	广汽集团+东方汇理
14	一汽汽车金融有限公司	2011年	一汽财务+吉林银行
15	北京现代汽车金融有限公司	2012年	中外合资
16	重庆汽车金融有限公司	2012年	庆铃汽车+渝富资产管理+重庆农村商银行
17	瑞福德汽车金融有限公司	2013年	江淮汽车+桑顿德消费金融
18	天津长城滨银汽车金融有限公司	2013年	长城汽车+天津滨海农村商业银行
19	山东豪沃汽车金融有限公司	2015年	中国重汽
20	吉致汽车金融有限公司	2015年	吉利汽车
21	华晨东亚汽车金融有限公司	2015年	华晨汽车
22	上海东正汽车金融有限公司	2015年	东风汽车
23	比亚迪汽车金融有限公司	2015年	比亚迪汽车

注:表格由课题组整理。

②小贷公司消费信贷

小贷公司是指由自然人、企业法人与其他社会组织投资设立,不吸收公众存款,经营小额贷款业务的有限责任公司或股份有限公司。当其小额贷款业务扩展至个人消费领域时,就实质上进入了消费金融业务领域。小贷公司进入个人消费信贷领域主要采取与商户合作的形式,从具体操作来看,既可以采用直接向消费者发放基于消费场景的消费贷款,也可以提供基于消费的分期业务。

(二)研究背景概述

1.我国经济正经历转型升级

在全球经济疲软的大背景下,我国经济进入新常态,2015年经济增速放缓至6.9%,宏观经济呈现出稳中趋缓的态势,我国经济正经历转型升级。

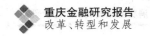

（1）经济转型的内涵

从2014年至今，我国正经历增速放缓、结构调整、动力转换的经济转型阵痛期。经济转型是指一种经济运行状态转向另一种经济运行状态，是经济增长方式的转变，是现存经济制度向更合理、更完善经济制度转型的过程，也是从某种经济结构向另一种经济结构过渡的过程。在这个过程中支柱产业逐渐变换，国民经济体制和结构发生一个由量变到质变的过程。

经历多年高速发展，我国经济传统竞争优势逐步丧失，潜在增长率下滑趋势明显，同时面临全球经济疲软的挑战，经济从高速增长转变为中高速增长。随之，过去对经济发展速度的要求转变为了对经济发展质量的要求，提倡结构更优、效率更高，更加注重产业结构调整和消费结构改善，重点放在工业化、城镇化、农业现代化与资源环境等的冲突。因此，过去依靠投资、要素投入驱动的经济发展模式必须彻底改变，转换经济增长动力成为经济转型的核心内容，以激活社会微观经济主体创新活力，实现创新驱动。

（2）经济转型的特征

我国经济转型呈现出四个特征：第一，新常态下，在经济转型过程中，一系列结构失衡的问题变得更加现实、迫切和直接，行业产业面临的各种困难将贯穿整个经济增长动力转换的过程，调整过程中的短暂动力缺失也对经济和个体带来冲击，政府更需要在改革、发展、稳定之间谨慎平衡；第二，在宏观经济下滑、通货紧缩初显的背景下，为避免经济失速，各级政府稳增长的选择与经济转型的长期政策往往存在冲突，短期经济稳定和长期改革的矛盾将更加突出；第三，宏观政策调整的局限性越来越大，宏观政策的传导效率降低，政策的余量缩小，更精准的产业政策和微观政策创新将在经济转型中成为常态；第四，改革创新活跃，新旧交替明显，政府为市场配置资源创造条件的一系列创新改革开始试错、修改、再尝试，直至逐步完善。落后和过剩产业被清退，新兴产业不断涌现，创新创业活跃度将更加明显。

（3）经济转型的分类

按转型的状态划分，经济转型可分为体制转型和结构转型。体制转型是指从高度集中的计划再分配经济体制向市场经济体制转型。体制转型的目的是在一段时间内完成制度创新。结构转型是指从农业的、乡村的、封闭的传统社会向工业的、城镇的、开放的现代社会转型。结构转型的目的是实现经济增长方式的转变，从而在转型过程中改变一个国家和地区在世界和区域经济体系中的地位。经济结构包括产业结构、技术结构、市场结构、供求结构、企业组织结构和区域布局结构等。因此，结构转型又包括产业结构调整、技术结构调整、产品结构调整和区域布局结构调整等。

(4)经济转型的动力

我国经济转型的动力包括两个方面:支撑动力和核心动力。支撑动力是指在动力转型期间,为避免动力中断、经济失速,对过去的投资和要素投入在一定时期、一定程度上仍有所依赖。核心动力则是创新驱动,通过政府的改革创新,企业的产品创新、市场创新,大众的创业创新,全方位激活微观市场主体的创新活力,提高质量和效率,实现创新驱动,创新驱动是经济结构调整的原动力。因此,要实现"中国制造"向"中国创造"转变,创新驱动是核心支撑。

2. 经济转型与消费金融创新

消费金融对刺激消费、促进经济增长的积极作用在理论上已经得到充分的论证,国内的实证研究结果也表明:消费金融能够让居民家庭资源实现最优配置的同时促进金融业务自身的发展[1],消费信贷能够对经济增长发挥积极效应[2]。消费金融可以通过提供比银行等传统金融机构更加广泛的信贷产品,放大居民消费能力,直接促进居民消费水平的提高。我国经济的转型需要在市场和政府的双重作用下,实现供给侧改革,经济创新驱动,激活国内居民消费潜力,形成新的供求平衡关系。在经济转型背景下,消费金融作为金融业的一部分,需要提供更多金融信息,推动金融市场效率的提升,消费金融创新发展将对这一过程产生巨大的推动力。

(1)经济转型背景下消费金融创新的重要意义

首先,消费金融创新能帮助居民实现便利消费,能刺激我国消费需求升级,推动消费市场健康快速发展,发挥消费需求对经济增长的拉动作用,促进我国经济增长方式从投资、出口驱动型向消费驱动型的转变,加速经济转型。消费金融创新有利于扩大内需、刺激个人消费,一方面更好地实现跨期配置金融资源,另一方面创新消费金融服务为消费增长提供了更加便捷的支付渠道、更低的交易成本以及更加完善的信用链条等。消费金融创新可以挖掘潜在消费需求,推动消费需求升级。

其次,消费金融只有通过创新才能完善金融市场体系,推动金融业优化升级。持牌消费金融公司、汽车金融公司为商业银行无法惠及的个人客户提供新的金融服务选择,丰富了我国的金融机构类型,有利于完善我国的金融组织体系。消费金融服务业务范围广泛,不仅包含汽车和房贷等大宗商品,还包括家

---

[1]钱颖一. 消费金融将成为经济发展的重要因素[N]. 证券日报.2009-09-28.

[2]邢瀚,唐磊. 消费信贷发展对我国经济增长的影响[J]. 中国商界(下半月),2010,10:3-4.

用电器、电子产品等耐用消费品，以及用于个人及家庭旅游、婚庆、教育、装修等的个人消费贷款，消费金融创新推动了整体金融服务质量的提升。此外，消费金融服务隐含的金融风险较大，所以必须通过创新构建相对完善的消费信用评价体系和监管体系。

最后，消费金融作为一种经济手段或杠杆，在调节和促进生产和流通，推动实体经济供给侧改革方面也发挥着积极作用。例如，国家对小排量汽车的消费优惠政策、绿色家电产品的补贴等，都可以辅之以消费金融政策达到优化产业结构的目的。消费金融创新还可以完善农村金融服务，补齐我国普惠金融发展短板，是拓展我国金融服务可得性的必然要求。

（2）经济转型背景下消费金融创新的前景分析

我国在经济转型背景下开展消费金融创新有着坚实的基础和广阔的前景，主要有以下几点：首先，截至2015年，我国居民人均GDP已经接近8 000美元，处于中等偏上的水平，是世界上非常大的消费金融市场之一，巨大的市场前景和供给缺口将为消费金融创新提供广阔空间。其次，我国经济转型背景下，居民的消费结构逐步由生活必需品消费向耐用品和娱乐消费转变，居民对家电、家具等耐用消费品以及对汽车、住房等大额消费品的需求明显上升，在消费升级的驱动下，消费金融服务需求也日益多元化。再次，我国的社会信用体系正在逐步建立和完善，这将直接解决消费金融领域信息不对称问题；我国的社会保障体系保障层次和范围正逐步提高，这将助力消费者无后顾之忧地实现储蓄消费向信用消费的消费观念的转变，为消费金融创新提供更加有力的支撑。最后，国家政策的大力支持将为消费金融创新保驾护航。2009年7月22日，银监会发布《消费金融公司试点管理办法》，随后银监会分别批准北京银行、中国银行（上海）、成都银行、捷克PPF集团（天津）作为主要出资人筹建消费金融公司，正式开始消费金融公司的试点。在"三农"方面提出要发展适用于农村地区的支付工具体系，建设覆盖所有涉农金融机构的安全、高效的支付清算系统，促进农村地区支付服务组织多元化发展。这些政策的出台，为发展消费金融提供了良好的政策环境。因此，我国的消费金融创新具有巨大的发展潜力。

然而，在以上积极的政策目标解读之余，我们亦不能期待消费金融创新一蹴而就。一方面，消费金融的发展和创新还面临一定挑战，信息不对称问题没有完全解决，"逆向选择"增加借款人道德风险，消费金融公司的发展将面临信用危机的挑战。中国人"量入为出"的消费习惯和社会保障体系的不完善，决定消费金融体系可能还会面临缺乏需求的挑战。另一方面，由于相关的法律体系和制度建设不可能在短期内完成，消费金融的创新将面临较高的风险。消费金融大部分使用的是中低收入群体的无担保、无抵押消费贷款模式,风险较高,然而我国现阶段缺乏相关的体系和制度法规,例如:借款人违约处理、客户信用状况查询等。此外,消费金融在开拓客户群体时,增加了类似在校大学生等经济基础相对不稳定类型,又会带来后续一系列在推广、催款方面不规范的金融行为。因此,当前消费金融创新还需要试点,还需要摸索,还需要不断地完善和发展,要引导消费金融创新发展,发挥带动内需大幅上升的积极作用,还需要长期的正确引导和规范。

3. 国内消费金融发展的成就及挑战

我国银行业在 1987 年前后开办耐用消费品贷款业务,但是,由于受经济发展水平、市场体制等诸多因素制约,消费金融发展极为缓慢。1997 年亚洲金融危机以后,面对宏观经济运行出现的新情况、新问题,拉动内需战略被逐渐重视。1999 年,中央经济工作会议明确提出以扩大内需促进经济发展的意见以后,中国人民银行于当年2月发布了《关于开展个人消费信贷的指导意见》,由此拉开了消费金融快速发展的序幕。

(1)国内消费金融发展取得的成就

第一,消费金融规模显著扩大、结构日益完善。随着我国消费总量的持续增长以及消费结构的升级,人们的消费方式和观念发生了很大变化,利用贷款提前体验高品质生活成为人们的新选择,消费金融在中国得到了快速发展。据统计,2011 年末存款类金融机构消费贷款总量为95.13亿美元,而2015年末存款类金融机构消费贷款总量为190.75亿美元,是 2011 年的2倍多。在消费金融规模扩大的同时,其结构也日益完善,消费金融品种呈现多元化发展趋势,从最初的单纯消费金融发展到10多个消费金融品种,如:个人住房抵押贷款、汽车贷款、助学贷款、医疗贷款、旅游贷款、大件耐用消费品贷款等。消费金融的机构主体也开始多元化,丰富了金融机构类型,促进了金融产品创新,填补了专业化消费金融市场的空白。除了传统商业银行外,还出现了汽车金融公司和互联网类消费金融公司两种专业性消费金融机构。

第二,消费金融支付平台迅速成长、服务渠道逐渐多元化。第三方支付、借记卡、信用卡、预付卡等大大丰富了消费者的选择范围。目前,消费者对电子支付的偏好已渗透到各个支付领域,其日常的支付观念、支付习惯发生了前所未有的变化。据央行统计,2009—2015 年,我国第三方支付产业用户规模增长迅猛,市场规模年平均增速超过50%。我国银行卡消费也呈现快速增长态势,2015 年末银行卡渗透率突破48%,社会消费品零售市场进一步活跃。卡基支付已经覆盖了整个消费支付领域,在促进消费方面的作用不断显现。互联网、手机、电话等支付渠道开始服务于城市公交、校园、商家消费等领域。互联网购物越来越普遍,网上支付迅速发展,其中大部分使用银行卡支付。手机支付正在试运营,将随时、随地、随身的"电子钱包"功能推向社会。支付平台的快速成长带来的便利将为消费金融体系的完善打下坚实的基础。

(2)国内消费金融发展面临的挑战

第一,消费金融的有效需求不足。中国居民向来秉承"量入为出""节俭持家"的传统消费观念,不到万不得已,居民不会采用主动负债模式去完成当前消费。社会经济转型期所带来收支两方面的不确定性导致中国居民消费中的预防性动机明显,限制了消费金融辅助居民进行跨期消费的适用性。当前的社会保障体系尚未健全,住房、医疗、教育等居民生命周期中的刚性支出成本在不断加大,对于部分收入较低的居民来讲,为住房、教育、医疗、养老进行预防性储蓄,对进行其他消费产生了显著的挤出效应。尽管这会促使其利用消费金融去完成这些成本较大的刚性支出,但面对高额债务负担反而会加重居民的不确定感受,进而影响居民对消费金融的可持续需求,同时较大的债务负担成本也会造成消费金融资产本身的潜在风险。

第二,消费金融的有效供给不足。中国消费金融供给方经营主体较为单一,产品同质化现象严重,服务质量有待提高。尽管近几年一些专业性的经营机构,如持牌消费金融公司、汽车金融公司等也逐渐加入消费金融供给队伍,但业务规模相对较小,市场份额难以与传统商业银行相比,在组织架构、业务流程、风险管控等方面也不成熟,对整个消费金融体系的贡献度较小。国有大型商业银行始终占据中国消费金融市场的绝大部分份额。单一的市场供给主体不仅导致消费金融的经营效率难以提升,同时也造成了产业创新能力不足。产品的同质化以及服务质量的相对滞后,将部分潜在的消费金融需求者排除在外,进而影响了消费金融业务的进一步发展。

第三,外部环境不完善。首先,我国消费信贷的法律制度尚不完善,行业规范和约束能力不足。目前我国并无消费金融方面的独立立法,仅有几部与之相关的行业规范,如《个人住房贷款管理办法》《汽车消费贷款管理办法》《消费金融公司试点管理办法》等,这些规章制度的适用范围通常较窄,没有明确规定相应的奖惩机制,失信违约成本低,这已经严重制约了我国消费金融服务业的发展。其次,我国个人征信体系不健全。信用消费与信用制度滞后的矛盾是建立在个人信用的评价之上的,目前我国个人征信系统尚处于起步阶段,个人信用记录分散在人民银行、电信等公共事业单位等部门中,及时性较差,又缺乏个人信息共享和传导机制,这严重制约了消费信贷市场的健康发展。再次,缺乏配套的金融市场制度来分散消费信贷风险,如缺乏第三方信用评级机构和第三方催收机构以保障贷款人的合法权益。

4. 国外消费金融发展的经验与启示

美国是目前消费金融产业最发达的国家,也是消费金融规模最大的国家。美国消费金融范围较广,包括汽车贷款、房屋净值贷款、游船贷款等8个项目,通过金融公司等多层次、多渠道的消费信贷形式帮助消费者实现跨期消费规划。美国政府先后颁布了《统一消费信贷法典》《消费信贷保护法案》《公信信贷法》《公平信用报告法》《公平催收行为法》等一系列专项法案,介入和支持消费信用体系的建立和建设,在住房金融体系、信用卡贷款、完善法律体系保护消费者权益等方面都做了积极安排,美国税法还规定对于住房贷款利息免税,公民可以从个人所得税应税额中提前扣除需要支付的分期付款利息。

在英国,消费信贷市场中的商业银行一直牢牢占据着超过2/3的绝对份额,远远超过包括消费金融公司在内的其他所有放贷机构市场份额的加总。英国消费金融公司在资金来源上与美国(不能吸储)最大的不同是原则上可以吸收(3个月以上的)公众存款,许多大型金融公司的存款占其资金来源的30%以上。英国政府在消费金融发展方面有一定的支持,颁布了《放债者法案》《消费信贷法案》,这些立法从行为规范、消费者权益保护等多个方面构建了消费金融的组织框架,对消费金融发展发挥了重要的保障作用,此外还对住房贷款利息部分免税,为一定额度下的退休储蓄免除了税收(至最终提取)。

日本是亚洲地区消费金融起步较早的国家,20世纪60年代末至70年代末,民间金融公司开始向一般消费者发行信用卡,20世纪70年代末美国等外国消费金融公司涌入日本,日本人的消费观念发生变化,信贷业市场迅速发展。在日本,日本消费金融公司包括专门向工薪阶层提供消费信贷的金融公司和票据贴现公司(日本称"SARAKIN"),还有当铺、信用卡公司、邮购公司和综合租赁公司等。消费金融公司充分利用互联网、电话、无人契约机、ATM终端、柜台等方式,为消费者提供了全方位的服务渠道。同时,通过手机短信、客服热线、直邮等信息提示服务,满足客户的信息咨询需求。日本政府在消费信贷市场监管中发挥主导作用,一方面侧重于对消费者的保护,另一方面通过会员银行建立个人信用信息机构体系以提供真实的个人信用信息。

(1)国外消费金融发展经验

消费金融公司资金来源多样化。股东认缴的股本金、历年留存利润、金融市场直接融资、银行贷款等都是国外消费金融公司资金的主要来源,其中最主要的来源是货币市场发行的商业票据,来源依靠度较少的是商业银行贷款。

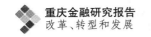

消费金融主要用于生活服务业。在国外,大多的消费信贷都与房地产、汽车等生活依靠度较强的相关业务或服务有关。其中,国外消费信贷中与住宅有关的贷款比例最高,最主要的用途是自主的住宅购买。其他主要还包括汽车、非房地产投资服务、耐用消费品、教育等。

政府大力推进。国外消费金融的快速发展离不开政府的参与,政府在消费信贷市场监管中起到主导作用,致力于对消费者的保护,进而从消费金融客户的立场扩大消费者对消费金融的依赖,极大地促进了消费金融的发展。

流通业与消费金融业紧密结合,在促进消费发展的同时,也可以提高金融收益。国外消费金融与流通业在资本、业务层面都有着非常紧密的联系,这种联系可以使消费金融产业更全面地掌握和分析消费者的行为特征及其他方面的信息,并充分利用金融手段来促进产品销售,也可以更有针对性地利用流通业的营销来推动金融产品的销售,以提高金融收益水平。

拥有良好的个人信用体系以及发展环境。国外消费金融的发展,大多拥有系统化、专业化、规范化的个人信用中介服务机构作为支撑,这为消费金融的发展提供了良好的保障环境。其次,拥有完善的消费金融行业相关的法律制度、全方位的经营模式以及高效的行业自律监督等良好的消费金融发展环境以及相配套的完整体系。

（2）国外消费金融发展启示

切忌一拥而上,盲目扩张。中国企业容易头脑过热,往往大家都看准一个机会,不顾成本,蜂拥而上,大打价格战。国外消费金融机构过于自信,结果由于发展过快、过猛,超过了自己能够管理控制的范围,导致经营失败的例子也不胜枚举。所以我们在建立消费金融公司之初,应放慢脚步,设立合理的发展目标,注重稳健经营,以达到经得住考验的长期成功。

大力创新开拓融资渠道和产品。国内外的消费金融公司都有一个共同特点,就是不吸纳存款。缺少稳定和庞大的存款这一资金来源,不仅限制了消费金融公司的发展,同时给融资成本带来了不确定性。因此消费金融公司除了依靠出资者提供的启动资金和利用银行同业拆借等有限融资手段以外,应广开思路,广泛开拓融资渠道和产品;同时政府和金融监管部门也要为它们提供更好的筹融资环境。

消费金融风险管理多样化。消费金融机构风险管理的多样化能有效地保证盈利性,有利于消费金融机构的安全运营、健康发展。多种金融工具以及金融机构的混业经营可以有效分散消费信贷风险。此外,专业的客户信贷评级系统和信贷测算模型对消费金融的稳健性、安全性和有效性都有较好的控制。

重视农村市场,设立专门机构推进农村消费金融发展。鼓励各大商业银行从事农村信贷金融机构的信贷能力建设与农村消费金融的开拓,与地方政府沟通合作制定有利于农村消费金融发展的政策,支持农村消费金融创新,同时政府要大力向农村消费金融机构提供再融资支持以保障其发展。

加强金融消费者权益保护。在国内外消费金融实践中,金融消费者保护之一是金融监管的"软肋",直到2007年美国"次贷危机"给全世界投资者上了惨痛的一课,也让监管层开始关注行为监管,各国开始改革现有的金融体系,纷纷设立金融消费者保护部门。因此,加强金融消费者权益保护是推进"消费金融"的必然要求。

二、我国消费金融的发展历程与总体趋势

(一)发展历程

表1-6　我国消费金融的发展历程

阶段	萌芽阶段	探索阶段	起步阶段	调整阶段	起飞阶段
时间	1985—1997年	1998—2006年	2007—2011年	2012—2015年	2016年至今
代表性改革文件及事件	1985年中国第一张信用卡产生 1994年中国人民银行颁布《个人定期储蓄存款存单小额抵押贷款办法》,允许商业银行开展小额贷款 1996年《信用卡业务管理办法》开始在我国实施	1998年颁布《关于加大住房信贷投入,支持住宅建设与消费的通知》《个人住房贷款管理办法》 1999年发布《关于开展个人消费信贷的指导意见》。 2003年,批准设立汽车金融公司 2004年,颁布《汽车贷款管理办法》	2009年银监会发布《消费金融公司试点管理办法》	2013年,银监会修订完善《消费金融公司试点管理办法》 2013年7月,国务院发布《关于金融支持经济结构调整和转型升级的指导意见》 2015年,国家放开消费金融公司市场准入	消费金融公司试点扩至全国之后,消费金融政策限制破冰,消费金融将迎来快速发展

注:表格由课题组整理。

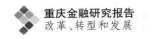

1. 萌芽阶段(1985—1997年)

(1)政策发布

1985年,中国第一张信用卡产生。

1994年12月,中国人民银行颁布了《个人定期储蓄存款存单小额抵押贷款办法》,允许商业银行开展小额贷款业务。

1996年,为保证信用卡市场的健康发展,《信用卡业务管理办法》开始在我国实施。

(2)业务开展

这个阶段消费金融主要以银行的信用卡业务和个人消费贷款业务为主。

①信用卡业务

自20世纪80年代起,商业银行就开始逐步开展一系列的消费金融业务。1985年,中国银行发行了我国第一张信用卡——中行卡,该卡由中国银行珠海分行发行,信用卡业务由此展开,标志着消费金融服务在我国萌芽。但是,此时的信用卡更多的是作为一种结算工具被使用,其消费金融功能没有被发挥出来。

②个人消费贷款业务

1988年,中国建设银行在我国住房制度改革的背景下首先涉足了房改金融,为居民提供住房贷款业务,此时耐用消费品贷款业务首次在我国商业银行展开。1993年,中国工商银行首先推出了涉及上千种产品的个人消费分期付款业务。1996年,中国建设银行下达了8.15亿元的捷达汽车消费贷款,由此,汽车消费信贷在我国拉开了序幕。1997年,四家国有商业银行陆续开始进行汽车消费信贷试点。

(3)整体规模

这段时间,我国消费金融处于萌芽阶段,发展较为缓慢。截至1997年末,我国消费信贷规模仅有172亿元。

2. 探索阶段(1998—2006年)

(1)政策发布

1998年4月,中国人民银行颁布了《关于加大住房信贷投入,支持住宅建设与消费的通知》,并于5月又紧跟着发布了《个人住房贷款管理办法》,允许商业银行开办个人住房担保贷款,取消了贷款数额的限制,并对担保方式进行了改进。这一管理办法的实施不仅为我国正在进行的城镇住房制度改革提供了条件,也同时为消费金融法律和制度的建立迈出了重要的一步。

1999年2月,中国人民银行发布了《关于开展个人消费信贷的指导意见》,正式要求以商业银行为主的金融机构开始面向城市居民开展消费信贷业务,鼓励商业银行开展个人消费信贷业务。

2003年,银监会颁布了《汽车金融公司管理办法》,批准在我国设立汽车金融公司,并对其设立和所从事的业务等进行了规定。

2004年,银监会颁布了《汽车贷款管理办法》,把汽车消费信贷分为个人汽车贷款、机构汽车贷款和经销商汽车贷款三类,并规定汽车消费信贷的贷款期限不得超过5年,自用车的贷款金额不得超过车价的80%,商用车不得超过车价的70%,二手车不得超过车价的50%。

(2)业务开展

除了传统的银行信用卡和消费贷款业务以外,汽车消费信贷在这一阶段逐渐兴起。1998年末,我国汽车消费信贷余额达到了将近4亿元。2004年,银监会正式批准成立了我国首家汽车金融公司——上汽通用汽车金融有限责任公司,这是专门为汽车购买者提供汽车信贷的专业性非银行类金融机构,是我国最早的一种非银行类消费金融机构。它主要的服务对象是国内的汽车购买者和销售者,其业务范围包括:提供购车贷款、汽车经销商采购车辆或营运设备贷款;通过发行金融债券、与同业拆借等手段进行融资;开展汽车融资租赁业务;对租赁汽车的残值进行变卖处理。

(3)信用建设

1999年7月,上海成立上海资信有限公司,成为国内第一家专业化的个人信用中介机构,提供的产品主要为个人信用报告。2004年,中国人民银行开始逐渐加快个人信用信息数据库系统的建设。2005年8月,100多家商业银行与该数据库系统实现了联网。2006年1月,中国人民银行在上海成立了征信中心并建立了个人信用信息基础数据库。该数据库主要负责个人信用信息的采集、整理和保存,并为金融机构、非金融机构、货币当局和金融监管当局提供个人信用信息查询服务。当时数据库收集的自然人数已达到3.4亿人次,其中有信贷记录的人数约为3 500万人次。

(4)整体规模

这一阶段,消费金融规模在探索中得到较大增长。截至2006年末,我国消费信贷余额达到2.4万亿元,约是1997年末的140倍。

3. 起步阶段(2007—2011年)

2007年以后,随着国家鼓励扩大内需政策的陆续启动,我国住房按揭贷款、

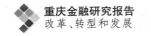

信用卡、汽车贷款和无担保个人贷款等出现强劲增长,我国消费金融得到快速发展。

（1）政策发布

2009年,银监会发布《消费金融公司试点管理办法》,并于2010年先后设立了四家消费金融公司。

2009年7月,中国人民银行发布了《关于改善农村地区支付服务环境的指导意见》,提出要"发展适用于农村地区的支付工具体系,建设覆盖所有涉农金融机构的安全、高效的支付清算系统,促进农村地区支付服务组织多元化发展"。

（2）业务开展

在这一阶段,除了传统的个人消费贷款业务以外,信用卡业务的消费金融功能得到发挥,汽车金融公司、持牌消费金融公司正式兴起。

①银行信用卡业务

截至2009年末,我国信用卡发卡总量为1.86亿张。截至2011年末,我国信用卡累计发行量已达2.85亿张,仅2011这一年新增发行量就有5 500万张,交易笔数达到28.5亿笔,交易金额达7.56万亿元,这使我国在全球信用卡市场中所占的份额达到了8.92%,位居全球主要银行卡组织第四位。

②汽车金融公司

中国人民银行统计数据显示,截至2008年末,全国各金融机构共发放汽车消费贷款余额1 583亿元,其中,国有商业银行余额743亿元,股份制银行余额311亿元,汽车金融公司余额318亿元。

截至2011年,我国的汽车金融公司已有13家,从业人员也达2 300多人,汽车消费金融产品余额达到3 000亿元,其中银行消费贷款余额达1 367亿元,占比41%;信用卡车贷分期余额占比26%;汽车金融公司消费贷款占比28%;其他占比5%。

③消费金融公司

2010年,在北京、上海、天津、成都先后设立了家消费金融公司,北京成立了北银消费金融公司、上海成立了中银消费金融公司、天津成立了捷信消费金融公司、成都成立了锦程消费金融公司,标志着我国消费金融的发展进入了一个新的更高层次的发展时期,此时消费金融领域才真正地进入了消费者的视野。

（3）信用建设

2011年,个人通用信用评分模型在部分商业银行进行实际应用,这个模型是对个人信用特征进行调查,并对其还款意愿和还款能力评估计算得到个人通用信用分值,通过分值的高低来评价个人信用风险的大小。

(4)整体规模

中国人民银行公布的《2009年中国区域金融运行报告》显示,截至2009年末,我国全部金融机构人民币个人住房贷款余额达4.4万亿元,占消费信贷的比例达80%。

据中国人民银行统计,2011年我国个人消费贷款余额达到了88 718亿元,相比1999年增长60余倍,相比1997年增长500余倍,可见居民对消费金融的需求呈放量增长之势。消费信贷占金融机构贷款总额的比重由1999年的1.5%,升至2011年的15.47%。

表1-7　2007—2011年中国消费信贷规模

年份	2007	2008	2009	2010	2011
消费信贷(亿元)	32 751	37 235	55 366	75 108	88 718
贷款余额(亿元)	276 699	327 912	420 198	508 034	573 327
消费信贷/贷款余额(%)	11.84	11.36	13.18	14.78	15.47

(数据来源:国家统计局、中国人民银行网站)

4. 调整阶段(2012—2015年)

(1)政策发布

2013年,银监会修订完善《消费金融公司试点管理办法》,扩大消费金融公司的试点范围,新增沈阳、南京、杭州、合肥、泉州、武汉、广州、重庆、西安、青岛10个城市参与消费金融公司试点工作。

2013年7月,国务院发布《关于金融支持经济结构调整和转型升级的指导意见》,其中第五条着重强调进一步发展消费金融,促进消费升级。

2015年,国家放开消费金融公司市场准入门槛,试点范围扩大至全国,并且将审批权下放到省级部门,鼓励包括互联网企业在内的各类机构发起和设立消费金融公司。至2015年6月10日,国务院常务会议决定将消费金融公司试点扩至全国之后,消费金融政策限制破冰。2015年7月,经党中央、国务院同意,由中国人民银行等十部委联合发布《关于促进互联网金融健康发展的指导意见》,更加速了消费金融的发展。

(2)业务开展

伴随互联网的兴起,大型电商平台介入消费金融,互联网金融平台逐渐成

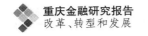
为消费金融服务的新兴力量。2014年2月,京东推出"白条"消费信贷产品;2014年7月,天猫分期服务推向市场;2014年9月,百度联合中影股份、中信信托发布国内首个电影大众消费平台"百发有戏"。同时,消费金融公司稳步发展,银监会统计数据显示,截至2013年11月末,4家首批消费金融试点公司总资产达到97亿元,客户近50万户,均实现盈利。

（3）整体规模

2015年,中国消费信贷规模达到19万亿元,同比增长23.3%,依然处于快速发展阶段。

5. 起飞阶段（2016年至今）

目前,我国消费信贷结构占总信贷20%左右,而美国则超过60%,以中国的人口基数和增长的消费需求来看,中国消费金融还存在巨大的上升空间。

大型电商平台或者O2O平台、以消费金融切入垂直细分领域的公司、第三方信贷服务的金融平台等都加入到了消费金融大战之中,开始深耕消费金融领域;互联网和大数据技术的应用,为找到消费金融的蓝海,提高消费金融的普惠性提供了有利契机;同时相关政策和以互联网为基础的超前消费意识也都将促进消费金融的快速发展。未来,我国消费金融将迎来快速发展的"黄金时代"。

（二）总体趋势

1. 总体情况

近年来,伴随着我国经济转型对刺激消费、扩大内需进而调整经济发展结构的迫切需求,以及居民收入和消费能力的提升,辅以政策试点扩大范围、央行开放征信牌照等措施,我国消费金融开始井喷式发展。总体而言,我国消费信贷规模年增速一直保持在20%左右,处于快速发展阶段。其中2014年以来,互联网消费金融产业交易规模增速超过170%;截至2015年第三季度末,已开业消费金融公司资产总计508亿元,累计实现利润12.23亿元,累计服务客户560万余人。就关注度较高的车贷而言,已发展有多种可供选择的贷款方式,2014年各种贷款买车方式中,传统车贷业务继续萎缩,占比为13%;各家银行力推的信用卡分期购车则继续上升,占比为51%,成为主流贷款购车方式;汽车金融公司贷款占比为36%。

2. 发展趋势

（1）互联网化程度将进一步加深

互联网正在逐步改变人们的生活习惯,包括支付的方式、消费的场景都在发生巨大变化,因此,传统金融必须在服务模式和渠道方面有所创新,才能满足用户对于服务体验的需求。互联网企业全面进入消费金融领域,将对现有的消费金融体系产生正向的刺激作用,也将增强和拓宽企业的服务能力、广度和宽度,提升服务效率。互联网经济的发展以及对于线下经济的渗透,未来所有的数据都将是可数据化、可被记录的。移动支付等新技术平台的广泛运用,更大程度加深了互联网与消费金融的结合。

(2)行业垂直化整合将更加深入

根据目前中国的消费金融发展现状,垂直化发展将是消费金融未来的又一重要趋势。垂直化包括两个维度的垂直化——行业垂直化和用户层级垂直化。一方面来自于行业的垂直化,了解产业。消费金融领域横跨众多产业,如汽车、旅行、教育、数码、家电、家具、房产等,各细分领域之间的生产经营模式、产业链格局均有不同发展特征,因此,单一细分领域的垂直化耕耘也更加适合于中小型消费金融企业的发展之路。另一方面则是用户层级的垂直化,了解用户。将用户进行分层,高中低收入群体,明确自身的目标市场定位,了解不同用户的综合性需求。

(3)大数据将成为重要风险控制手段

互联网在消费金融领域中的快速渗透也带来了新的技术形式和风险管理模式,大数据与互联网的结合,是未来金融发展的方向之一。大数据的特点是动态、海量、多维度、相关性,这颠覆了传统意义上数据处理、样本调研和行为预测的理念。基于大数据而形成的大数据风险控制模式是核心的发展方向,而大数据资产则成为在金融商业模式下可变现的重要资产,大数据+模型将是互联网金融企业未来发展的核心工具。其将不成规矩的碎片客户信息全部收集起来,然后集中处理,与数据分析模型进行对接,将客户相关的行为信息,进行历史和当前的比较分析并做出对未来的预测。消费贷款依托大数据应用,逐渐脱离传统"上街拉客"的营销模式,转向预先选择客户的精准营销,提升营销成功率的同时提前预警并避免高风险客户。

(4)多层次信用体系建设将成为重中之重

市场经济是信用经济,诚实、信用是其主体进行经济活动必须遵循的法律原则,也是一项基本的道德原则。个人消费信用是指个人以赊销的方式向商业企业购买商品,包括金融机构向个人提供的消费信贷。我国正在加快建设多层次信用体系,形成央行、专业征信公司、互联网征信公司、大数据征信公司等多层次的信用体系。消费公司可以采用自己的信用评分系统,通过信用评分

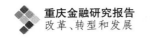
卡模型,确定客户的信用等级、授信金额和利率水平,通过评定这些因素状态来考虑可发放贷款额度。相关部门可以集合客户所有散落的各项信用记录,形成大型的第三方中介机构信用平台。2015年,央行已加快了改革步伐,陆续下发征信牌照,多层次征信体系发展正在加快推进,信用体系建设成为重中之重。

(5)金融的普惠性将得到更加直观的体现

现实生活中由于缺乏约束和引导,金融偏离了"服务经济"的目标,单纯追求所谓金融发展,导致金融的社会功能遭到弱化甚至缺失。而金融领域公平的缺失意味着更深层次的社会矛盾和利益冲突。在金融体制改革的背景下,我国也在不遗余力地探索金融公平及其实现机制,发展普惠金融就是我国致力于实现金融公平的一种努力。共同建立一个惠及所有国家和民众的金融体系,确保各国特别是发展中国家的民众享有现代、安全、便捷的金融服务。消费金融既可以实现普惠金融目标,也是消费金融另辟市场的重要途径,是普惠金融体系中的重要组成部分。商业银行多数面对各个集体或企事业单位及收入有保障的中高端客户,贷款额度较大。而消费金融的目标客户更偏向于预期收入不稳定的中低收入者,特别是年轻人和自由职业者。

三、我国消费金融的现行类别与趋势

(一)商业银行消费金融

1. 商业银行消费金融模式

商业银行主要通过信用卡和消费贷款(含抵押消费贷款及信用消费贷款)两大产品为消费者提供消费金融服务。

信用卡通过分期和预借现金,简单、快捷地满足持卡人日常消费需求。

消费贷款一般金额大、期限长,还款方式多样,给消费者更多选择。消费贷款由消费者提交个人资料,然后向银行申请消费贷款业务,银行审核客户基本资料,然后发放贷款,消费者获得贷款之后购买相应产品或服务。

相对于较为稳定成型的信用卡业务,近两年商业银行在消费信贷业务上进行了大量的投入和明显的创新,最直接的表现为消费贷款规模快速增长,申请门槛降低,审批流程更快捷。

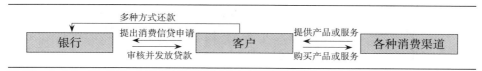

注：此图由课题组整理。

图1-1 银行消费金融基础模式

此外，有些银行还通过自己的电商平台弥补自身在应用场景上的先天短板，通过电商平台搭建应用场景，增加客户流入，带动消费金融服务需求。银行去做电商，并不是再造一个淘宝、京东，而是通过搭建一个商品交易平台，并在这个平台上嵌入金融投资和融资服务，将存贷汇转为基础应用场景延伸到线上。

2. 商业银行开展消费金融的优势和劣势

传统商业银行在多年经营中积累沉淀了很多核心能力，成为发展消费金融的优势所在。具体优势表现在以下几个方面：

第一，商业银行具有网点优势。网点能发挥线上、线下服务综合平台优势，通过线上营销导流客户，线下配合落地，提供综合个人金融服务。

第二，风险控制能力强。商业银行30余年来经历了经济周期变化，发生了数以亿计的借款交易，积累了宝贵的风控经验。

第三，资金来源稳定充足。商业银行既可以吸收低成本公众存款，又可以进行同业拆借等，与其他开展消费金融业务的主体相比，不但资金来源渠道丰富，而且资金成本低。

第四，消费金融产品丰富多样。商业银行消费金融产品及功能丰富多样，从贷款金额、还款方式、贷款期限、担保方式上不断突破，可以满足各类客户的个性化需求。

商业银行开展消费金融业务的劣势主要体现在：对于消费场景的渗透程度还较低。与电商平台相比，银行没有自身的销售渠道，与商户结合还不是很紧密，在消费场景的渗透上还不是很主动，场景是消费金融的基础，近些年银行受到了互联网金融的冲击，一个很重要的原因就在于银行没有对"场景"加以重视。

3. 商业银行消费金融总体趋势

商业银行在消费金融领域仍然具有其他类型机构无法比拟的优势，消费金融业务本来就是银行零售业务中的一环，商业银行在消费金融业务开展上已经积累了比较丰富的经验。此外，强大的客户基础、专业的风险控制能力、充足的

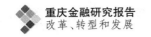

资本金以及负债端优势都将使商业银行在与其他类型机构的竞争中取得优势。同时,商业银行也在逐步加大对网络科技的投入力度,在产品智能化、自动化方面不断提升,弥补相对于互联网公司先天技术优势的不足。由此,我们认为商业银行在消费金融领域仍会占据较大的市场份额。

4.商业银行消费金融产品

表1-8　部分银行消费金融产品比较

产品	平安银行 新一贷	工商银行 逸贷	招商银行 消费易	中信银行 信金宝
额度	3万~50万元	100~20万元	贷款总额度内获得	1~30万元
申请条件	工薪族,月收入4 000元以上,需提交相应身份、收入证明材料	工行信用卡、借记卡客户在特约商户消费时申请使用,仅需通过手机或网银等渠道回复确认,贷款瞬时到账	招行客户,前提是取得循环授信额度	银行代发工资,工资卡上每月收入超3 000元,连续工作满六个月,需提交相应身份、收入证明材料
还款方式	按月还本付息,可提前还款但收罚金	按月等额还款	免息期最长可达50天,免息期结束后全转化为贷款	按月还本付息,可提前还款但收罚金
利率	9.5‰/月	同期同档次贷款利率上浮10%执行	原有贷款的利率	月手续费率0.85%
期限	12、24、36个月三种	6、12、24、36个月四种	同原有贷款期限	12、24、36个月三种
渠道	银行网点、电话、网页,最终需要到实体网点签订	首次办理须签订《"逸贷"协议》,网上银行、手机银行、柜面、自助终端等渠道签订	招行贷款客户通过网银、手机银行、柜面、自助终端等渠道签订	银行网点、电话、网页,最终需要到实体网点签订

注:表格由课题组整理。

(二)消费金融公司消费信贷

消费金融公司作为专业的消费金融服务提供商,向借款人发放以消费(不包括购买房屋和汽车)为目的的贷款。从股东背景来看,可以分为银行系和产业系两类。消费金融公司的消费贷款业务具有以下特点:

第一，小额化：消费金融公司专注于小额的消费贷款，贷款金额远低于传统银行的平均贷款金额，主要为传统银行以往照顾不及的广大中、低收入阶层提供更优惠的金融信贷产品。

第二，大众化：消费金融公司作为非存款类金融机构，系统性风险的管控要求与银行有差异，也具有更高的风险容忍度。因此在客户群的选择上也比银行更加宽松，主要为广大普通民众提供金融服务。

第三，纯信用化：消费金融公司发放纯信用消费贷款，无须担保和抵押物。在办理贷款时，借款人只需填写申请表，并出示身份证及收入证明即可获得贷款。

1. 消费金融公司消费信贷模式

消费金融公司主要通过两种模式为消费者提供消费贷款：

①与商户开展消费金融业务合作，将消费金融的申请、使用环节嵌入消费环境中，又称为商户消费贷款或者消费分期业务，贷款资金直接支付给提供商品或服务的公司。

②由消费者直接向公司申请贷款，在完成审核后，贷款资金直接发放到消费者提供的银行账户里。

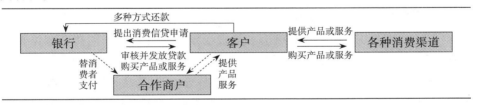

注：此图由课题组整理。

图1-2　消费金融公司业务模式

2. 消费金融公司的优势和劣势

（1）消费金融公司发展的优势

①消费金融公司专业化程度较高。与其他机构相比，消费金融公司专门从事消费贷款业务，在管理、组织、运营等方面完全围绕消费金融业务展开，消费金融公司的专业性和业务线的单一性，使得公司能够专注地围绕消费者的需要定制业务流程，在客户申请、用款的体验上更强调速度快、申请方便，在服务效率和便利性方面具有比较优势。

②与消费场景的融合程度较高。消费金融公司消费场景的来源主要来自两个方面：一方面，对于产业系消费金融公司股东就是消费场景，例如苏宁消费

金融公司的股东之一苏宁集团就是家电消费场景,马上消费金融公司的股东之一重庆百货是百货消费场景;另一方面是渠道开发与积累,多数消费金融公司虽然没有消费场景,但是通过与具有消费场景的商家合作,它们就间接拥有了消费场景,例如北银消费金融公司与华尔街英语合作,招联消费金融公司与土巴兔合作,不一而足。

（2）消费金融公司发展的劣势

①消费者对消费金融公司的认知度不是很高。消费金融公司兴起的时间较短,属于新兴产业,所以消费者对它的了解不是很多。

②消费金融公司资金成本较高。银监会颁布的《消费金融公司试点管理办法》规定,消费金融公司不得吸收公共存款,只能通过股东存款、境内同业拆借、发放金融债券及向境内金融机构借款等方式进行融资。上述规定,大大地限制了消费金融公司的融资来源,提高了融资成本。

③消费金融公司的业务范围比较单一。《消费金融公司试点管理办法》规定,消费金融公司只能发放个人消费贷款,业务范围不涉及房贷和车贷,但目前我国的个人消费贷款主要以房贷和车贷为主,由此消费金融公司的业务收入来源明显受限。

3. 消费金融公司发展趋势

消费金融公司的未来将取决于对消费场景的把握。未来消费金融竞争的关键在于场景而非牌照,传统商业银行和消费金融公司作为开展消费金融业务的"正规军",自然成为消费金融市场的主要参与者,但是从长期来看,我们认为消费金融公司的申请门槛并不高,监管层出于促进消费金融服务普惠化的动机,对于消费金融牌照的发放应该不会有太大阻力,因此像目前包括阿里、京东在内的已经实质从事消费金融业务但没有获得牌照的机构未来有较大概率获得消费金融的牌照,牌照优势将不复存在,未来的竞争仍将体现在对于消费场景的把握上,因此,股东自身所拥有的场景以及其潜在的场景拓展空间成了非常重要的因素,这些因素将决定消费金融公司未来的市场份额。

（三）互联网类企业消费金融

互联网消费金融类型分为两类:第一类为依托于电子商务平台而设立的类信用卡产品,该产品可用于购买平台商家商品,例如京东白条、蚂蚁花呗;第二类主要面向大学生群体,向其提供分期购物、取现、O2O商户交易、充值等服务,主要消费场景仍为电商平台,例如分期乐、人人分期等。

1.互联网类企业消费金融模式

电商平台消费金融模式:用户在电商消费平台提出信贷消费申请,电商消费金融公司审核用户申请后,用户就可以直接享受产品或服务。

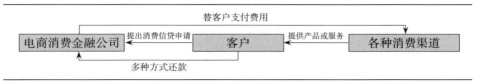

注:此图由课题组整理。

图1-3　电商平台消费金融模式

互联网分期购物平台消费金融模式:互联网分期购物平台主要针对大学生或年轻群体。从学生时代培养用户的信用消费习惯,并在时间和空间上延展服务场景,从最开始的只提供在线分期购物与小额现金借款服务,相继推出将消费场景拓展至线下的商户版,覆盖更多的线上、线下校园消费场景。值得一提的是,分期购物平台并不拥有自己的消费场景,通过与其他消费平台合作,分期购物平台为客户提供消费信贷,消费平台提供产品服务。

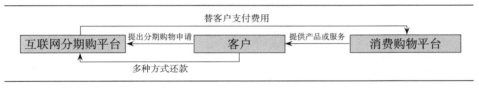

注:此图由课题组整理。

图1-4　互联网分期购物平台基础模式

垂直型平台的消费金融模式:随着技术进步和金融牌照门槛的降低,许多垂直行业的龙头或平台公司纷纷利用自己的交易优势或获客优势开展特定领域的消费金融业务,形成了"互联网+旅游/房地产/……+金融"的模式。如途牛旅游开展的消费金融是"互联网+旅游+金融"模式的典型代表,针对旅游交易环节推出了旅游首付贷、旅游分期、出境金融等诸多金融产品。

2.互联网类企业消费金融优势与劣势

(1)互联网类企业消费金融的优势

①与消费场景融合度高。对于像阿里和京东这样的电商平台来说,通过自身电商覆盖大量消费者,它比银行及其他机构更接近用户,也更为简单快捷,让用户非常自然接纳并使用,由此推广成本也更低。

②信用评价更准确可靠。在信用评价方面,阿里和京东等电商平台拥有多

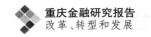
年的电商消费数据,只需要根据用户的购买记录、支付记录和评价记录等,就能确切掌握用户的消费能力,从而评估出用户的信用。如京东"白条"通过对消费数据的挖掘,实现了授信机制上的创新,这是传统金融机构暂时无法做到的。

(2)互联网类企业消费金融的劣势

①资金成本较高。目前这类企业资金成本普遍偏高,虽然可以通过ABS扩大资金来源,但和传统银行金融机构相比,其消费金融产品利率下降的空间有限。

②对于分期购物平台来说,由于平台目标群体缺乏稳定收入,分期购物平台在坏账率、征信数据获取、客户延续性等方面均面临挑战。

3. 互联网类企业消费金融发展趋势

我们看好大型电商平台消费金融业务的发展。由于电商平台在互联网金融、消费场景及用户大数据等领域,均具有较为明显的优势,我们认为未来电商平台巨头仍会获得更多的市场份额。同时,为了拓宽资金来源,它们会大力发展资产证券化业务。

垂直型平台在特定行业领域将占有一定的竞争优势。垂直型平台由于其在特定领域的场景优势和获客优势,未来在特定领域或能占有一席之地,但它的发展更多地体现在对自身主业的推动上,如果想进一步拓展到自身场景以外的领域或面临较大的困难。

分期购物平台将面临发展瓶颈。作为新涌现出来的互联网消费金融服务模式,分期购物平台目前主要针对大学生群体。但由于目标群体缺乏稳定收入,且客户绝对数量较小,未来分期购物平台在坏账率、征信数据获取、客户群体延续性等方面均面临挑战,我们认为分期购物平台的模式在未来发展中可能会遇到瓶颈。

(四)传统金融类企业消费金融

1. 汽车金融公司消费信贷

汽车金融公司主要依托于汽车消费市场,对汽车消费进行贷款。一般有两种模式:

其一,"汽车金融公司+自有经销商"模式,我国大多数汽车金融公司都是由汽车生产商发起设立的,这些汽车金融公司在消费金融业务方面的主要服务对象是自身品牌的个人汽车消费者。目前,我国汽车消费金融公司表现出较强的品牌依赖性,在客户开发与维系上,一般不涉及其他品牌范畴。

其二,"汽车金融公司+合作经销商"模式,对于没有汽车品牌背景的汽车金融公司而言,要开拓业务必须通过与大量汽车经销商建立合作关系,才能有效地开拓业务。此外,部分拥有汽车品牌背景、实力雄厚的汽车金融公司为了抢占市场规模,也会与本品牌外的经销商合作,抢占市场份额。

2. 小贷公司消费信贷

小贷公司的消费金融主要体现在线下的大额消费贷款。部分新兴小额贷款公司的性质虽然是传统金融企业,但其背后支持的集团公司可能是制造类企业、高新技术企业、互联网企业等,这类小额贷款公司通常运用集团公司积累的存量客户资源开展金融业务。对于没有强大存量客户作支撑的小额贷款公司,传统的小额贷款业务须采取"点对点"的形式。小贷公司由于融资渠道有限,故手续费和利率水平最高。

3. 传统金融类企业消费金融趋势

传统类金融企业想获得更多的市场份额还需进一步拓宽资金来源、降低资金成本。以汽车金融公司为例,未来随着我国汽车消费金融渗透率的提高,汽车金融公司的业务会得到较大发展,同时,随着我国汽车后市场业务规模的不断增长,汽车金融公司可以将其服务链条进一步延伸。不过,汽车消费贷款一般数额较大,消费者利率敏感性较高,而当前汽车金融公司提供的汽车消费贷款的利率相比银行还高出不少,消费者在选择汽车消费贷款时还更倾向于银行。

表1-9 各类机构消费金融业务比较

金融机构	商业银行	消费金融公司	互联网类企业	分期购物平台	汽车金融公司
客群覆盖	客户群覆盖广	主要是中低收入人群,目前受众较少	覆盖大量线上消费者	针对特定用户,绝对数量无优势	针对特定用户
审批模式	模式成熟,但是方法传统、效率较低,目前正改进	风险容忍度较高,审批效率明显较高	通过积累大数据开展征信业务,高效准确	具有互联网特色的风控体系相对高效	申请流程简单

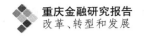
续表

金融机构	商业银行	消费金融公司	互联网类企业	分期购物平台	汽车金融公司
资金来源	资金来源渠道多且成本低	股东资金、同业拆借及资产证券化	股东资金和资产证券化	股东资金、个人网络借贷理财用户等	股东资金、同业拆借及资产证券化
资金成本	低	介于银行和小贷之间	较高	高	较高
评价	客户基础强大,资金成本低,同时正加大网络科技投入力度,简化审批流程,优势明显	服务群体认识度有待提高,短期有牌照优势,长期需要丰富创新服务模式	场景优势明显,业务创新及大数据等技术能力突出	受众群体较小,各方面能力均有待提升	有牌照优势,受益于汽车消费金融渗透率的提升以及汽车后市场的爆发,资金成本有待进一步降低

注:表格由课题组整理。

四、重庆消费金融发展现状

(一)重庆市消费金融市场规模

1. 总量规模快速增长

从市场规模来看,近十几年来重庆个人消费贷款呈快速增长态势,据央行统计(如图1-5),截至2015年末,重庆市个人消费贷款余额已达5 828.34亿元,除个别年份以外,其他年份重庆市个人消费贷款余额每年同比增速都在20%以上,呈快速增长态势。

从消费信贷的细分结构来看,房贷、信用卡、车贷占据了90%左右的市场,尤其是房贷占据了超过70%,但从趋势来看,更多的一般性消费信贷将快速增长。数据显示,近年来,重庆社会消费品零售总额一直保持平稳快速增长,其中,家用电器、医药、装修装饰及通信类增长尤其迅速。据统计,2015年,家用电器、医药、装修装饰及通信类零售总额同比分别增长 14.8%、16.3%、32.9% 以及 47.3%。此外,汽车类销售在高基数的基础上也呈现较快增长态势,2015 年,汽车类销售累计 1 052.05 亿元,同比增长 15.9%。

（数据来源：中国人民银行）

图 1-5　重庆市个人消费贷款增长态势

2. 发展仍处于起步阶段

从整个消费信贷占总贷款余额的比例来看,重庆市消费信贷占人民币总贷款余额的比例也呈持续扩大之势,从 2004 年占比 10% 扩大到 2013 年占比 22%,不过,与欧美发达国家 50% 左右的比例相比有着明显的差距,仍处于起步阶段,具有很大的发展潜力,市场前景广阔。

（二）重庆市消费金融发展特点

1. 竞争主体多元化,产品多样化

自国家放开消费金融公司营业地限制以来,在重庆从事消费金融业务的竞争主体日益多元化,提供的消费金融产品也日益丰富。目前,在重庆市场上经营消费金融业务的参与主体主要包括银行、部分未持牌照的平台公司、汽车消费金融公司、小贷公司以及消费金融公司。

银行主要以信用卡和消费贷款（含抵押消费贷款及信用消费贷款）两大产品为消费者提供消费金融服务,当前国内主要银行都有在重庆开展此类业务,

并且随着各大银行逐步加大对网络科技的投入力度,在产品智能化和自动化方面不断提升。主要电商平台如天猫和京东虽然没有获得消费金融领域牌照,但早已布局消费金融业务,如阿里的"花呗"和京东的"白条",电商系以自己网上用户为主要营销对象,并不受地域限制,在重庆消费金融市场中占有不少份额。汽车消费金融依托于汽车消费市场,对汽车消费进行贷款。小额贷款公司也早已进入消费金融领域,据调查,在重庆几乎所有小贷公司都或多或少从事消费金融业务,其产品主要体现在线下的大额消费贷款。据央行统计,截至2015年末,重庆共有小贷公司253家,贷款余额达842.34亿元,远高于国内其他各大城市。消费金融公司是近两年才在重庆开展消费金融业务的公司类型。自2014年国家放开消费金融公司营业地限制以来,就有多家消费金融公司来重庆拓展业务,2015年6月,重庆第一家消费金融公司——马上消费金融公司也正式运营。目前市场上的消费金融公司的经营模式主要分为线下和线上线下结合,业务除了车贷和房贷,其他的消费均可涉足。

2. 越来越多传统企业涉足消费金融

近几年,重庆一些大的实体企业凭借客户资源优势、渠道优势以及资金优势等纷纷进入消费金融领域。2014年2月28日,重庆力帆财务有限公司正式开业,为力帆集团和消费者提供融资支持,进军汽车金融领域。重庆力帆财务有限公司是重庆第一家由车企发起的财务公司,也是重庆首家民企集团财务公司。2015年初,为实现产业优势和金融牌照资源的强强结合,长安汽车携手大股东中国南方工业集团及其关联公司对重庆汽车金融公司进行溢价增资,高调进军汽车金融领域,长安汽车股权占比35%。重庆汽车金融公司主要经营个人汽车消费贷款、汽车经销商采购车辆贷款及营运设备贷款(展厅建设、零配件采购)等业务。

为了加快拓展新兴业务,重庆百货在2014年着手筹建了一系列金融平台,通过合资形式,共投入近2.6亿元资金成立了马上消费金融公司、重百小贷公司和重百商业保理公司。马上消费金融公司是目前第一家以实体企业作为主发起人的消费金融公司,也是中国首家线上线下相结合的消费金融公司。重庆百货借由消费金融公司的筹建,将消费金融与传统零售业务进行结合,为消费者提供增值服务,增加客户黏度,探索产融结合。

3. 消费者的接受度已经达到较高水平

调查数据显示,重庆消费者对消费金融的接受度已经达到了较高水平,在购买产品或享受服务而资金不足时,愿意了解分期消费的人占比高达95%,其中78%的人愿意主动了解,另外17%的人在被动了解时则不会拒绝。促使消费者选择分期消费的关键因素主要有:"免抵押、免担保""手续简单审核期短"以及"较低的贷款利率"。从年龄段来看,21~30岁的年轻消费者对分期消费接受程度最高,达97%,31~40岁的消费者次之,达95%;从消费者月度平均收入来看,在愿意接受分期消费的群体中,月平均收入在4 001~6 000元、2 001~4 000元、6 001~8 000元的消费群体名列前三,总占比超过60%。

另外,从数据来看,对于近一半的消费者来说,5 000元是其决定是否选择普通消费贷款的分水岭。调查报告显示,在面对达到一定金额的产品或服务时,有大约5%的消费者表示1 000元以上便会考虑申请消费贷款,15%左右的消费者表示2 000元以上会考虑,5 000元以上的占比近一半,大约45%,8 000元以上的约占7%,10 000元以上的约占28%。

从汽车消费金融来看(如图1-6),申请购车贷款的客户的年龄结构也趋于年轻化。2014年,大约57%的客户低于35岁,而2004年这个比例只有17%。据粗略统计,2014年,在我国所有的年龄群中,汽车金融的渗透率在20~30多岁的年龄群中分别达到了33%~52%,而这个比例在40~50多岁的年龄群中为20%~24%。我们认为,随着消费者教育程度的提高,更多人在做购车决定时会倾向于申请购车贷款,特别是年轻人,因此可以提升汽车金融的总体渗透率。

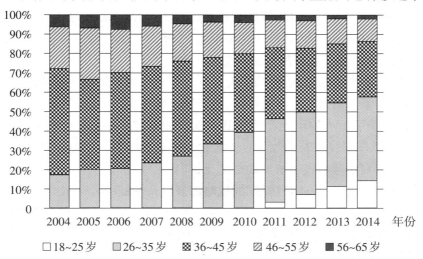

(数据来源:课题组问卷统计)

图1-6　汽车金融消费者的年龄结构

4. 互联网化程度进一步加深

伴随着互联网对传统经济的持续渗透,全国包括重庆的消费金融市场互联网化程度进一步加深。互联网消费金融主要体现在产品的互联网化、风险管理模式的互联网化以及服务模式的互联网化。首先,当前各大消费金融市场上的参与主体纷纷搭建自己的消费金融平台,推出在线消费金融产品,实现从消费者申请、审核到确认、放款、还款全程线上操作的模式。其次,基于分散数据而形成的大数据风险控制模式逐渐成为各大消费金融服务提供商风险控制的核心,消费金融企业越来越倚重互联网、云计算、大数据等信息化手段分析客户的信用程度和还款能力来防范欺诈风险和信用违约风险。与此同时,消费金融企业也不断用互联网拓宽企业的服务能力、服务广度和宽度,提升服务效率。可以预见,在互联网消费大环境的影响下,通过线上形式吸引潜在客户将成为消费金融业务发展的必然趋势。不过,"消费金融+互联网"不是简单地将消费金融搬到互联网上,也不是单纯地提高相关业务流程和技术的信息化程度,而是将互联网理念、技术、渠道和平台深度融入消费金融体系的一项系统工程。

(三)重庆消费金融发展SWOT分析

1. 优势(Strengths)

重庆人口基数较大。从人口总数来看,截至2014年末,我国内地总人口136 782万人,比2013年末增加710万人。重庆户籍总人口3 375.2万人,常住人口2 991.4万人,排名全国所有城市榜首。从人口结构来看,在全市常住人口中,城镇人口1 783.01万人,城镇化率59.6%。庞大的人口基数无疑为消费金融在重庆的开展提供了良好的社会和经济基础。

重庆经济快速增长,居民购买力提升。尽管全国经济增速下滑,但重庆经济依然保持了年均12%的快速增长,经济增速领跑全国,重庆居民购买能力大幅提升,城镇居民人均可支配收入从2004年的9 220元快速上升至2014年的25 147元,重庆居民提升的收入直接转化为了消费能力。据统计,2015年全市实现社会消费品零售总额6 424.02亿元,同比名义增长12.5%。新时期,国家"一带一路"和建设"长江经济带"的战略部署以及中新(重庆)战略性互联互通示范项目为重庆未来经济发展提供了难得的历史机遇。其中,在中新(重庆)战略性互联互通示范项目中,金融是重要的合作领域,必将为重庆消费金融的发展带来新的契机。

重庆居民消费观念不断升级,个性化消费日益提升。随着人均收入的不断提高,加之80、90后青年族群步入社会,使得消费个性化、体验式趋势日益提升,超前消费观念深入人心,消费方式不断变化,消费领域不断拓宽。

2. 劣势（Weaknesses）

人均可支配收入与北京、上海等一线城市相比还有很大差距。尽管近几年随着重庆经济快速发展，居民收入水平不断提高，但与北上广深一线城市居民收入水平相比还有很大差距。数据显示，2015年重庆城镇常住居民人均可支配收入27 239元，而同期北京人均可支配收入为52 859元，受收入约束影响，重庆居民消费水平与一线城市相比还有较大差距。

广大农村地区对消费金融接受度还有待提高。重庆"二元经济结构"十分突出，"大城市"与"大农村"并存。虽然城市经济发达，但是在广大农村地区，经济发展缓慢，信息闭塞，加之农村社会保障体系不健全，使广大农村居民还存在众多顾虑，不敢去消费，尤其是不敢借款消费。

3. 机会（Opportunities）

城镇化带来消费结构升级。我国已经进入中等收入国家行列，并进入城市化快速推进期，这必将带来消费结构的升级。城镇化与消费升级将产生巨大的耐用消费品需求和发展型消费需求，从而产生强烈的消费信贷需求，为消费金融的发展提供坚实的基础。

鼓励消费金融发展的政策持续出台。国家越来越重视消费金融在扩大内需方面的重要作用，不断出台文件促进消费金融的发展。2013年7月国务院发布《关于金融支持经济结构调整和转型升级的指导意见》，要求进一步发展消费金融促进消费升级。十八届三中全会《中共中央关于全面深化改革若干重大问题的决定》中提出要发展普惠金融，鼓励金融创新，丰富金融市场层次和产品，消费金融额度小、办理灵活、方便快捷的特点是帮助各阶段享受普惠金融服务的重要形式。

2013年11月，银监会发布修订版《消费金融公司试点管理办法》，新办法在股权多样化、放开营业地域限制、拓宽资金来源、放款额度、风险管理等方面做出了重要调整。2015年，银监会再次放开市场准入，将原在16个城市开展的消费金融公司试点扩大至全国。审批权下放到省级部门，鼓励符合条件的民间资本、国内外银行业机构和互联网企业发起设立消费金融公司，成熟一家、批准一家。这些消费金融发展的支持政策都为消费金融行业的发展创造了有利的条件。

大数据和云计算等互联网技术的迅猛发展，为消费金融的发展提供了良好的技术环境。互联网技术的发展一方面为消费金融服务提供商拓宽业务发展渠道，使得消费金融服务提供商可以更低的成本获取更多的目标客户。更重要的是消费金融服务提供商可以借助大数据和云计算等互联网技术更好地解决交易对象信息不对称性问题，识别业务风险，从而起到控制和降低风险的作用。

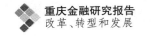

4. 重庆消费金融发展的威胁（Threats）

个人征信体系不完善，个人信用体系建设滞后。目前我国实施的个人信用体系是由中国人民银行牵头组建的，自2004年12月开始试运营以来为商业银行和其他金融机构提供征信服务做出了很大贡献，但是由于数据来源的局限，人数覆盖面比较低，个人征信体系很不健全，而健全的信用记录和评估系统是消费金融提供商控制风险的关键环节，个人信用体系的建设不是短期内可以实现的，从信贷风险管控的角度来看，消费金融业务的发展将面临信用风险的威胁。

相关法律法规还有很多欠缺和漏洞。我国目前的消费贷款法律体系尚不完善，消费者的基本利益得不到有力保障，不利于个人消费信贷业务的顺利进行和公平有效的消费金融市场的形成。而在美国，先后出台了《公信信贷法》《公平信贷结账法与电子资金转账法》《平等信贷机会法》《公平准确信用交易法》等法律，有力地保护了个人消费贷款业务的顺利运行，既有利于维护消费者的合法权益，也有利于控制金融风险。因此，对比之下，我国必须加快制定相关法律法规。

消费金融违约风险较高。消费金融产品大多无抵押、无担保，主要基于信用进行放贷业务，属于高风险、高收益业务。一方面，目前个人信用体系建设尚处在初级阶段，个人信用意识比较薄弱，个体消费者未对违约的后果引起充分关注。同时，消费金融风控主要是通过大数据征信来进行，阿里巴巴、腾讯、京东等利用自己生态圈中的数据进行大数据风控具有较大的优势，其他诸如小贷公司消费金融业务的征信体系都处于初级阶段，并没有大范围接入征信系统，主要审查点集中在申请人的身份核实、工作核实和资产核实的阶段，没有涉及申请人过往的信用历史、行为偏好和社交关系等深层次个人信用模型的构造，因而风险较大。另一方面，在防范违约风险的同时，也要警惕消费金融陷阱的日益频发对行业产生的恶劣影响。如校园网贷问题频发已引发社会关注，近来个体网络借贷平台、校园分期购物平台和电商平台的分期付款等消费金融形式慢慢渗入校园，一些平台野蛮生长，有些平台瞄准大学生群体消费意愿强烈但普遍缺乏相应的金融与网络安全知识，推出一些费率不透明、审核松懈、授信额度高但催收严酷的消费金融产品，诱导学生消费，制造消费金融陷阱，已对行业产生了不良的社会影响。

消费金融产业链尚不完善。完整的消费金融产业链包括上游的资金供给方、消费金融核心圈及下游的催收方或坏账收购方。目前消费金融下游催收行业尚未形成规模，坏账收购方目前只有四大资产管理公司专门处置银行业坏账，对消费金融其他提供商的坏账处置机制尚未形成，消费金融坏账将主要由消费金融服务提供商或资金供给方承担。催收行业刚刚起步，相应的法律法规尚未建立，对催收行业的正常发展缺乏规范，消费金融坏账难以通过催收收回。消费金融行业规模仍然较小，消费金融坏账相对于银行业坏账微乎其微，针对消费金融坏账的处置机制短期内难以形成，消费金融服务提供商或资金供给方将承担实质坏账。

(四)重庆消费金融代表企业

1. 马上消费金融股份有限公司

（1）公司简介

马上消费金融股份有限公司由重庆百货、北京秭润、重庆银行、阳光财产保险、浙江小商品城、物美控股共同发起设立。该公司是一家互联网消费金融公司，通过互联网平台，依托应用场景互联网化、服务互联网化、运营互联网化的模式设置，运用规则模型与大数据模型双引擎的风险控制手段，为消费者提供个人消费金融服务。

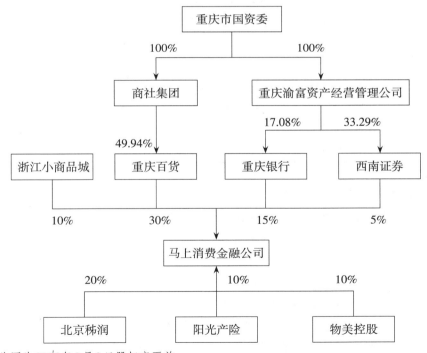

注：此图为2016年8月2日股权变更前。

图1-7 马上消费金融公司股权结构

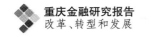
（2）主要产品

表1-10　马上消费金融公司主要产品介绍

产品名称	马上贷	社保贷（麻辣贷）
产品内容	"马上贷"马上消费金融主打的APP客户端，客户可以通过手机客户端APP，不用抵押，不用担保，随时随地申请贷款，最快三分钟即可完成审批和放款，是客户随时提现的小钱袋。在借款周期上，提供6、9、12、15、18期等多阶段借款周期，贷款周期最长可以长达24期，而且可以通过信用累积循环使用贷款额度	社保贷（麻辣贷）是为具有稳定、持续收入的客户提供的个人信息信用循环额度贷款，无须任何抵押，可循环使用
适用客户	持有中国大陆居民身份证的人士，年龄18～55周岁，具有稳定的职业或收入	目前仅支持现居住地在重庆市且缴纳了重庆社保的客户
利率	利率高低按照借款人的信用情况，信用越好，利率越低	日利率为0.48‰
最高额度	20万元	5万元
申请流程	下载"马上贷"APP客户端→选择贷款金额和期数→填写申请材料→审核通过→钱打入客户银行卡	申请界面填写社保信息→拍摄上传身份证及手持身份证→提交自动审批→系统核准额度→同意核准额度及相关条款→开立额度账户

注：表格由课题组整理。

（3）资金来源

公司的资金来源主要是：自有资金、股东境内子公司及境内股东的存款、向境内金融机构借款、经批准发行金融债券、境内同业拆借以及未来的资产证券化。

（4）经营情况

马上消费金融公司从2015年9月16日开始经营范围覆盖到全国，截至2015年末，公司主要开展了现金分期类贷款业务，包括基于合作方的消费场景来设计消费金融产品并进行销售拓展，渠道合作包括与股东的业务合作，以及与股东方以外的具有消费场景的其他渠道的合作等。最高日放款额突破1 200万元，累计发放贷款69 207笔、金额17 280万元，累计收回贷款3 098万元,贷款余额为 14 182 万元。

该公司主要为传统银行以往照顾不到的广大中、低收入消费者提供金融信贷产品。主要目标群体是26~30岁的年轻人,平均单次贷款金额在3 000元左右,远低于传统银行的平均贷款金额,并且以互联网渠道为主要模式,围绕租房、家居家装、旅游、教育等场景设计产品,消费者既可以直接申请贷款、又可以在消费后进行分期付款。

从还款方式上来看,该公司可以通过银联代扣、银行直连代扣和客户主动还款等多种方式还款,还款渠道丰富,最大限度地降低了客户由于渠道而不能还款的风险。客户在申请贷款到还款的整个过程中,均可以收到公司发送的贷款审核通过、成功放款、还款、逾期等提醒短信,最大限度地提升客户体验,切切实实地做到以客户为中心。

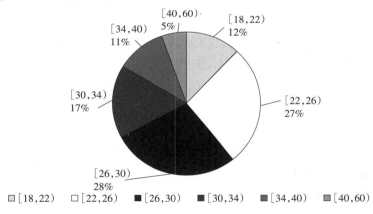

图1-8　马上消费金融公司客户的年龄段分布

(5)风险管理

马上消费金融公司是银监会批准设立的消费金融公司,受银监会的监管,同时该公司还聘请国际权威专家分别担任首席数据官和首席风控官,以大数据为基础构建数据模型和风控体系,目前该公司已纳入央行征信,与央行征信直接连接,上传和查询客户的征信信息,同时还对接各部委的数据源公司,连接社保、公积金等体系。

此外,该公司针对贷款的每个步骤,均制定了标准的操作规范,在申请、审核、确认、放款、还款、催收等环节均制定了标准的流程,通过系统和人工控制相结合的方式,保证所有的业务操作合法合规。

在操作上,因贷款金额不同,操作也有所差异,5万元以下的小额贷款通过

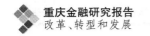

"马上贷"APP进行发放,用户无需面签,只要在此应用上进行实名信息绑定、拍照上传;5万元以上的大额消费贷款,马上消费金融会根据消费凭证进行监控。为了防止套现行为,马上金融发放的款项是直接跨过消费者,向贷款者的商品出售或服务提供商进行支付。

另外,为防止坏账风险,马上金融所出售的每一项贷款,会向马上消费金融公司股东之一的阳光财产保险进行相应投保。

2. 重庆汽车金融有限公司

（1）公司简介

重庆汽车金融有限公司系中国银监会批准,由庆铃汽车(集团)有限公司、重庆渝富资产经营管理集团有限公司、重庆农村商业银行股份有限公司发起设立的国有非银行金融机构,2012年8月,该公司正式开业运营。该公司一次性取得银监会许可汽车金融公司经营的所有12项业务,可以面向国内外、各种车型提供汽车金融服务。2015年初,长安汽车携手大股东中国南方工业集团及其关联公司对重庆汽车金融公司进行溢价增资,其中,长安汽车出资11.55亿元,股权占比35%;兵器装备集团财务公司出资13.2亿元,占比40%;南方工业集团出资1.65亿元,占比5%。

（2）主要业务

面向个人和公司客户提供购车贷款业务;向汽车经销商提供采购车辆贷款和营运设备贷款,包括展示厅建设贷款和零配件贷款以及维修设备贷款等;提供汽车融资租赁业务(售后回租业务除外)等。

（3）经营情况

重庆汽车金融公司成立于2012年,目前全国取得汽车金融贷款牌照的公司共计18家,汽车金融公司实际业务经营收入开展于2013年,其经营业务主要为新车按揭贷款,客户主要集中于云南、贵州、四川和重庆本地客户,客户群分为个人客户和公司机构客户,其中:个人客户占比66.44%,对外平均贷款利率为13.20%;公司机构批发贷款客户占比33.56%,对外平均贷款利率为11.36%。2015年末,重庆汽车金融有限公司资产总额33.8亿元,较年初增长127.26%,其中贷款8.4亿元,全年实现净利润764.5万元。同年,公司调整了市场导向,逐步收缩原有的销售渠道,业务重心向长安系列乘用车相关业务转移,顺利完成了对长安铃木、长安马自达品牌乘用车经销商库存融资业务的对接,并实现长安系列乘用车金融业务全面更替公司的各项业务。

表1-11　2014年重庆汽车金融公司主要经营指标

主要经营指标	个人客户	公司机构客户
累计发放贷款额度	8.77亿元	4.14亿元
累计发放贷款笔数	申请18 270笔;审批通过10 334笔	审批通过46笔
市场增长情况	余额净增6.38亿元,比年初增长262.05%	余额净增2.17亿元,比年初增长77.50%
平均贷款利率	13.20%	11.36%
融资成本	平均6.5%左右	

注:表格由课题组整理。

（4）资金来源

汽车金融公司资金主要来自三个渠道:股东存款、银行贷款以及发行金融债券,其中银行贷款为重庆汽车金融公司主要的融资渠道。近几年,重庆汽车金融公司加大与金融机构、非银行金融机构的洽谈力度,广泛建立合作关系,完成重庆农商行、重庆银行、建设银行、华夏银行、兴业银行等13家银行的业务授信,授信额度达34亿元。

五、重庆消费金融发展重点

近年以来,重庆市国民生产和消费水平不断提升,消费需求结构正发生重大改变。汽车、自用住房、高端奢侈品、旅游、教育、养老等高端消费品类正逐渐成为家庭消费的主流需求,人民群众日益增长的物质文化需求正发生结构性变革。在此背景下,我们将以下领域消费市场做为重庆消费金融的发展重点。

（一）汽车消费金融

截至2015年末,重庆汽车保有量达278.97万辆,较2014年同比增加41.80万辆,增幅为17.6%,高于11.5%的全国平均水平。按最新统计的重庆市常住人口2 991.4万人计算,平均每10.72人至少拥有一辆汽车。2015年,重庆平均每天汽车上牌量是1 835辆,其中主城区平均每天上牌量为529辆。所有新上牌汽车中,主城区占28.8%,主城区以外占71.2%。从增量上看,全市平均每天增加汽车1 150辆,其中主城区平均每天增加356辆。新增车辆中,主城区占30.9%,主城区以外占69.1%。

此外,重庆市广阔的汽车消费金融市场还体现在汽车的销售和购车贷款比例上。据重庆市统计局数据显示:2015年,重庆汽车产量达304.51万辆,实现总产值4 707.87亿元,行业总产值增速达20.2%;汽车类消费品零售总额1 052.05亿元,

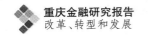
同比增长15.9%。购车方式方面,根据抽样问卷[1],在4S店购买汽车人群中,约有17.35%的人选用了贷款购车,其中约有9.97%到指定金融机构贷款,7.38%的人到非指定金融机构贷款。

(二)耐用品消费金融

一般情况,耐用品消费金融主要指耐用消费品信贷,是银行向借款人发放的用于支付其购买耐用消费品的人民币贷款,并明确规定贷款期限、贷款额度、贷款利率、担保方式和要求等。通常,耐用消费品的单价较高,正常使用寿命在2~3年。耐用消费品包括汽车、自用性住房、大家电或家具等家居用品、高档奢侈品等。

1. 自用性住房消费

关于住房购买是否属于消费,学界存在争议。现实中,住房消费是我国绝大多数居民消费最为重要的内容,但在现行国民经济收入体系的统计报表中,购房行为被归为投资而非消费。国家统计局规定,住房消费是指当住房用于居民居住时。租住的,其租金计入承租人的消费支出;自住的,比照相应市场价格,以虚拟房租形式计入房屋所有人最终消费。也就是说,住房消费仅指居民所支付的房租。易宪容认为,我国的房地产市场长期被异化为投资市场。然而,研究认为,由于房产本身具有普通商品(供需定价)和投资品(拥有以现金流折现的时间价值)的双重属性,应当将房屋购买以消费和投资差别对待。因此,本章将自用性住房购买行为归为耐用品消费。

首先,重庆市自用性住房消费的信贷需求保持了较高的总量规模。2005—2015年,中国房地产市场进行了一轮高速发展。重庆住房市场同样呈现出高速发展特征,在2009年后持续加速,市场规模急速上涨。截至2015年末,重庆商品房市场成交量2 170.4万平方米,紧跟上海、成都、武汉之后位居全国第四位,其中,个人住房贷款新增717.4亿元,首套房及改善性住房占比达97.7%。此外,2015年重庆商品房市场库存依然维持在1 300万平方米左右,信贷支持自用性住房消费需求依然较大。

其次,重庆自用性住房消费结构正在发生细微改变,高端改善型消费需求正逐步提高。住宅面积160平方米以上及总价100万元以上的消费需求加大,刚需消费与改善型消费开始细分市场,由此将推动自用性住房消费信贷需求发生适应性变化:在继续以公积金贷款、首套商品房优惠保障中低收入居民刚需消费需求的同时,部分中高收入者将可能抵押原有住房获取贷款以满足高端改善型住房消费需求,或者卖掉原有住房间接推动二手房消费信贷需求。

---

[1] 重庆消费者协会,《2015年重庆市汽车4S店消费者满意度调查报告》。

单位:平方米

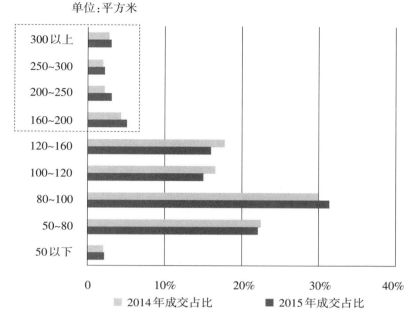

（数据来源:CRIC2015）

图1-9 2014—2015年重庆住宅面积段成交占比

单位:平方米

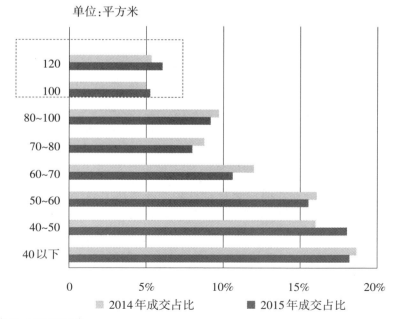

（数据来源:CRIC2015）

图1-10 2014—2015年重庆住宅总价段成交占比

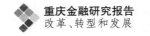

2. 耐用品家居消费

耐用品家居消费包括冰箱、电视、空调等大中型家用电器,沙发、床具、橱柜等家具用品,以及厨卫、地暖、墙体等与房屋装修相关的消费信贷。显然,耐用品家居消费与房地产市场密切正相关。通常来说,耐用品家居消费金额远低于住房消费金额,因此,耐用品家居消费信贷的风险相对较小,还贷期限较短,通常为3~18个月;大多无须抵押品,依靠信用卡等方式即可实现消费信贷,即使个别大额的消费贷款,也只需略加核实,金融机构即可实现快捷放贷。

2015年5月,重庆市人民政府出台了《关于进一步促进消费的意见》(渝府发〔2015〕31号),明确提出要求发展消费金融,积极支持居民家庭住房装修、大宗耐用消费品等消费领域的合理消费信贷需求,高效发展包括汽车、家电、家居等领域的线上、线下信用透支和分期信贷业务,建立全方位、一站式家庭金融服务链,为重庆市打开耐用品家居消费信贷市场提供了政策指导。据不完全数据统计,截至2015年11月,重庆地区限额以上企业家用电器和音像器材类商品零售额达23.82亿元,同比增长达39.9%;1—11月份零售额达234.08亿元,同比增长达14.9%;11月份和1—11月份同比增速分别高出全国平均水平21.9和3.8个百分点。家居装修类消费同样显示出明显的刚需潜力。耐用品家居消费市场的快速增长一方面说明重庆市具有发展耐用品家居消费信贷良好的市场条件;另一方面也说明,发展耐用品家居消费信贷对促进耐用品家居消费同样具有积极作用,两者是相互促进,相互依赖的。

3. 高档奢侈品消费

近年来,国内奢侈品市场异军突起,包括珠宝、配饰、箱包、服饰、腕表、化妆品等高端品牌在内的奢侈品成为部分国内居民的主流消费需求。重庆作为西部发展最快的城市,已成为各大奢侈品牌在中国的战略目标地。从2010年起,各种时装、名表、名包、珠宝等世界一线大牌纷纷涌入重庆,并逐渐形成了以解放碑、观音桥等商圈为代表的奢侈品市场。根据奢侈品行业资讯机构FDKG发布的《2015重庆高端奢侈品消费报告》,2015年重庆奢侈品消费人群奢侈品消费人均预算25 155元,平均单件预算达12 679元;25~34岁的青年人对单件奢侈品的接受价位最高,达13 824元,而35~44岁的人群的总预算最高,达36 205元;女性平均总预算较高,达26 063元,男性单件预算较高,达到15 696元;单件奢侈品最高预算在1万元以上的消费者占49%。

根据莫迪利安尼的生命期消费理论和弗里德曼的永久收入消费理论,人们或者根据其一生的预期收入来安排消费支出,或者根据消费者可预计到的长期收入(永久收入)来决定其消费支出。25~34岁和35~44岁属于人的早期收入阶段,在消费理念上,此类人群更愿意预支未来收入,即以信贷方式实现当前消费。因此,信贷方式在高端奢侈品消费中占有较大比例;同时,与耐用性家居用品相似,高档奢侈品消费信贷同样具有信贷方式便捷、还贷期限较短等特点。

(三)服务消费金融

1. 养老、家政和健康服务消费

2015年11月,国务院印发《关于积极发挥新消费引领作用加快培育形成新供给新动力的指导意见》(以下简称《指导意见》)。《指导意见》提出,支持养老、家政健康消费,加快落实金融支持养老服务业发展的政策措施;在风险可控的前提下,探索养老服务机构土地使用权、房产、收费权等抵质押贷款的可行模式;加大创业担保贷款投放力度,支持社区小型家政、健康服务机构发展。这为重庆发展养老、家政和健康服务消费金融提供了发展机遇。

重庆老龄化问题突出。据市统计局数据,重庆早在1994年底就已经进入人口老龄化,比全国提早5年;重庆老龄化率和老年抚养比均高于全国平均水平,2014年重庆60岁及以上老年人口有656.17万人,占总人口的19.45%,是中国"最老"的省市。因此重庆老龄化面临着时间早、老龄化程度高、家庭养老压力大等三大特点,形势严峻,但也孕育着巨大市场,养老、家政和健康服务消费急需金融支持。

2. 教育、文化和体育健身消费

根据《指导意见》内容,重庆在金融支持教育文化体育消费领域大有可为,包括创新版权、商标权、收益权等抵质押贷款模式,积极满足文化创意企业融资需求;运用中长期固定资产贷款、银团贷款、政府和社会资本合作(PPP)模式等方式,支持影视院线、体育场馆、大专院校等公共基础设施建设等方面,以服务消费金融的方式刺激教育、文化和体育消费发展。

总体来看,近十年重庆金融推动文化产业实现了快速发展。全市文化产业每年以20%以上的速度增长,产业投融资平台初步搭建,财政扶持资金逐步增加。市财政从2005年开始设立每年1 000万元的市级文化产业发展专项资金,2012年开始增加到每年3 500万元。2013年,重庆获中央文化产业资金资助5 680万元,同比增长469.3%;文化产业融资平台建设逐步完善。2010年以来,重庆文化产业融资担保公司累计实现担保金额54.1亿元,支持了484家文化企业发展;重庆市国有文化资产经营管理有限责任公司成功注册中期票据和

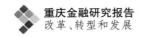

短期融资券,累计融资25.8亿元;成立重庆文化股权投资基金公司和重庆文化产权交易中心。2014年全市计划引进投资10亿元以上的重点项目10余个,总投资超过700亿元,主要有万达集团投资300亿元以上打造万达文化旅游商城,银泰置地集团投资110亿元打造两江新区东方梦工厂等。

通过发展,重庆目前形成了一大批具有教育、文化和体育健身消费信贷潜力的市场主体。截至2015年末,重庆市文化市场正常营业的持证主体7 748家,其中:文艺表演团体901个,演出场所经营单位28个,演出经纪机构67个,娱乐场所经营单位2 596个,经营性互联网文化单位43个,互联网上网服务营业场所4 094个,艺术品经营机构19个;从业人员5.05万人,经营面积190.22万平方米,资产总计112.1亿元。

3. 旅游休闲消费

《指导意见》中提出,以探索开展旅游景区经营权和门票收入权质押贷款业务,推广旅游企业建设用地使用权抵押、林权抵押等贷款业务,支持消费金融在推动旅游休闲消费中的积极作用。

重庆具有极大的旅游休闲消费潜力。在《福布斯》发布的2014年中国大陆旅游业最发达旅游城市中,重庆位列全国第3位。据《世界旅游城市发展报告(2015年)》发布的世界旅游城市景气指数排名,重庆首次进入前20名,位列第16名。据数据统计,2015年,全市A级景区达到198个;重庆全市共接待海内外游客3.92亿人次,比上年增长12.27%;旅游总收入2 250亿元,增长12.66%;全市旅游接待总人次、旅游总收入、入境旅游人次年均增长保持在20%以上。预计到2020年,重庆将实现游客接待量5.56亿人次以上,旅游业总收入5 200亿元以上,旅游业增加值占GDP达到6%以上,旅游休闲业成为全市综合性战略支柱产业。

旅游休闲业的快速发展,拉动了重庆旅游休闲消费,从而为重庆旅游休闲消费金融发展提供了广阔空间。旅游投资方面,2012年纳入统计的全市旅游业投资为173亿元,到2015年旅游投资突破千亿大关,达到1 019亿元,5年间增长5.89倍。旅游投资已成为新常态下投资的热点,越来越多的民营、社会资本转向投资旅游业,尤其是房地产企业纷纷转向投资旅游休闲地产、大型旅游综合体项目,旅游休闲消费金融不断增强。

(四)农村消费金融

农村消费金融需求主要分为生活和生产两类。生产需求主要只是个体农户农业生产用品的消费信贷需求,以区别于合作社或农村中小企业的投资类信贷需求。例如家庭或个体农户以信贷方式购买鱼苗、种猪、种子、化肥、农药以及其他小型农机用具等。生活需求主要为农民满足日常需要的资金需求,如家电、婚礼、葬礼、住房、医疗保健、儿童教育及其他资金需求。通常来说,越是具有较高收入水平或资产水平的农户,消费信贷需求越大且可获得性越强;收入条件越差或家庭资产条件越差的农户,则消费欲望和资金需求越强烈,但消费金融的可获得性越差。此外,条件越好的农户对生产性消费金融的需求越大,而条件越差的农户对生活性消费金融的需求越大。从而造成"好的更好",资金需求更能得到满足;"差的更差",信用能力越加恶化,资金需求越是不能获得满足。

因此,在《指导意见》中,要求金融支持农村消费,开展农村住房、家电、就学、生活服务等消费信贷产品创新。设计开发适合农村消费特点的信贷模式和服务方式。加大对农村电商平台发展的金融支持。鼓励引导金融机构建设多功能综合性农村金融服务站。到2017年,重庆将以金融精准扶贫,带动农村消费金融实现巨大突破。

六、重庆消费金融创新路径

(一)生产类企业的消费金融创新

1. 运用消费金融推动供给侧改革

推进供给侧改革是适应和引领经济发展新常态的需要,也是全面深化改革的重要内容。消费金融符合坚持消费引领、坚持创新驱动、坚持结构调整等供给侧改革的内在要求,一方面能带动整个供给侧,另一方面可以引导需求方向,有效调节需求和供给结构的不平衡。生产类企业围绕中央"去产能、去库存、去杠杆、降成本、补短板"要求,要注重从生产和消费两个端口,即供需两侧同时发挥作用,以消费金融为媒介,把供给端的生产经营向需求端的消费业务延伸,使消费者在接受金融服务的同时完成消费投资。

就重庆生产类企业而言,运用供给侧改革思路,不仅要不断激发自身的创新能力,提供更丰富、更高效的供给,还要充分发挥消费金融的资源配置作用,推动消费需求更好地被满足,反过来带动供给侧改革的升级。例如企业通过相对优惠的消费金融方案,引导消费者购买经济形势较好时期产生的过剩产品库存等,使企业有更多的资金用于生产设备与产品的转型、升级。通过消费金融

驱动作用,逐步实现生产类企业在产业链的优化,最终形成生产类企业供给侧和消费者需求侧相互促进、良性循环、积极互动的关系。在持续推动消费和供给相互作用的同时,消费金融自身也将得到发展。

2. 打造"生产链+金融链+消费链"链条

重庆生产类企业进入消费金融领域,应依据企业发展的战略目标,以优势产品为核心竞争力、以完善的销售网络为发展基础,积极打造从生产端向金融端和消费端延伸整合的消费金融模式,形成一条完整的"生产链+金融链+消费链"链条。

"生产链+金融链"包括自营与合作:一方面,以汽车行业为代表的实力雄厚的重庆大型生产类企业具备自营金融链的条件,通过统筹协调企业与自营消费金融服务商的发展目标和实施路径,使生产链相关的物流、资金流、商品流、信息流结合得更加紧密,以提高消费金融链条的综合运营效率和效果;另一方面,大多数中小型汽车微配、摩托车等生产类企业不具备自营金融链的条件,选择与成熟的金融类企业合作建立金融链的模式,充分运用金融类企业的专业性与经验,使这部分生产类企业获得自身企业不能提供的消费金融服务,同时规避自营金融链给企业带来的投资风险。

"生产链+消费链"包括运用自有渠道和直接面对消费者两种方式:一是汽车、笔电等生产类企业运用经销商等自有渠道建立消费链,进而推广消费金融,具有明显的规模效应,能在最短时间覆盖到有需求的客户,推动产业资本进入消费金融领域,同时运用消费金融提高产业竞争力,助推产业扩大市场;二是生产类企业直接面向消费者推广消费金融,在对销售产品的选择上具有更强的自主性,可以有效带动实物流与资金流的运转,为企业的生产经营及销售提供强有力的支持作用。

(二)消费类企业的消费金融创新

1. 发挥消费金融对消费的拉动作用

新常态下的经济形势要求消费类企业对接群众多样化需求,积极促进消费扩大和升级,进一步发挥消费对经济增长的基础作用。自2015年以来,国家层面出台了《关于积极发挥新消费引领作用加快培育形成新供给新动力的指导意见》(国发〔2015〕66号)、《关于促进消费带动转型升级的行动方案》等一系列鼓励消费的政策,对重庆市推动消费具有指向性意义。重庆市也出台了《关于进一步促进消费的意见》(渝府发〔2015〕31号)以及《关于加快发展体育产业促体育消费的实施意见》(渝府发〔2015〕41号)、《关于促进旅游投资和消费的实施意见》(渝府办发〔2015〕177号)两项具体的实施意见。消费金融作为与消费行为最密切相关的金融服务,直接推动消费者能消费、敢消费、愿消费,对消费具有较大的拉动作用。

重庆消费类企业结合市场,深挖消费金融的发展潜力,有两个重点发展方向:一方面,企业要注重提供与所售产品相匹配的消费金融服务,激发消费者的购买力,扩大消费总量;另一方面,企业要着重为服务消费、信息消费、绿色消费、时尚消费、品质消费和农村消费等国家倡导的消费升级方向服务,引入更便捷、丰富的消费金融产品和服务,引导消费升级。

2. 整合"消费链+供应链+金融链"模式

消费类企业明确企业在消费金融链条中居于"入口"的重要地位,完善供应链与金融链两个方面,发挥消费类企业平台功能,建立消费者与消费金融间的纽带关系。

供应链包括自营供应链与第三方供应链。大型百货公司等成熟的消费类企业自身已拥有完备的采购、仓储和区域配送中心,可选择自营供应链方式经营消费金融,不断整合自身优势,吸收外界资源,形成适合消费金融的供应链体系。同时,部分消费类企业,特别是网络消费平台,只具备平台功能,需要选择与京东商场等成熟的第三方供应商合作,从整体上提高从供方取得优惠价格的能力,降低采购成本,同时优化物流资源,提高配送效率,同时控制物流成本。

金融链既可以通过自营,也可以建立合作方式。具备资本实力的消费类企业通过自营金融链,减少与金融机构合作造成的利益分成,提高企业销售收入的同时,增加企业贷款利息收入。大多数消费类企业,如旅行社、培训机构、房屋中介、家电经销商等,不具备自营金融链的条件,通过与金融类企业合作,不承担金融业务带来的直接风险,并充分发挥双方在客户积累量与金融专业性方面的特点,带动消费金融链条的运转。

(三)金融类企业的消费金融创新

1. 发展消费金融践行普惠金融理念

党中央、国务院高度重视发展普惠金融,党的十八届三中全会明确提出发展普惠金融。2015年《政府工作报告》提出,要大力发展普惠金融,让所有市场主体都能分享金融服务的雨露甘霖。2015年12月,国务院发布《推进普惠金融发展规划(2016—2020年)》,明确大力发展普惠金融,是我国全面建成小康社会

的必然要求,有利于促进金融业可持续均衡发展,推动大众创业、万众创新,助推经济发展方式转型升级,增进社会公平和社会和谐。

消费金融作为普惠金融的有效实施载体,需要重庆金融类企业加大重视和投入力度,包括提供针对农民、城镇低收入人群、贫困人群等特殊群体的消费金融产品和服务,以消费金融为突破口,有效提高金融服务的覆盖率、可得性和满意度,增强所有市场主体和广大人民群众对金融服务的获得感。

2. 打造"金融链+消费链"垂直整合模式

金融类企业把握宏观政策鼓励扶持消费金融发展,大众对消费金融的认可度逐步提高等机会,整合消费金融与各垂直消费行业,把传统金融服务从金融机构网点拓展到真实的消费场景。

整合消费链包括与消费类企业建立合作、直接面对消费者两种方式。金融类企业普遍与商户等消费类企业联营,运用消费类企业的客户资源,构建以消费链为突破口的随买随贷形式,以商品的真实销售为基础,对接消费者的金融需求,将消费金融作为一种全新的消费方式加以推广,而非仅以金融产品形式进行兜售,提高消费者对消费金融的接受程度。此外,金融类企业也直接面对消费者推广消费金融:一是重庆银行、重庆三峡银行等公信力较高的银行,基于以往积累的客户群推广业务,扩大银行对消费者的控制力、影响力,为银行未来转型发展积累宝贵资源;二是马上消费金融公司等其他新兴起的消费金融服务商,以非常大的推销力度开展业务,逐步积累客户源。

(四)消费金融产品创新

1. 差异化定位消费金融市场

在多层次供给主体的基础上,鼓励不同消费金融服务商根据自身在股东结构、运营模式、市场定位等方面的独特优势,采取差别化的经营战略,明确自身在市场中的位置,在深度和广度上不断开发创新具有自身特色的产品和业务,以创新的产品培养稳定的客户群,切实提高自身竞争力,最大限度满足消费结构升级进程中不同层次消费者的多样化金融服务需求。

商业银行主要针对高端客户提供消费金融产品与服务。强化零售银行业务,整合信用卡、住房贷款、汽车贷款等业务,设置专门的个人消费金融事业部,拓展商业银行的利润空间。发挥银行网点优势,探索将传统理财业务与消费金融业务叠加,发展定位于单个客户的一站式金融服务,强化对客户关系的维护。

消费金融公司、汽车金融公司、小贷公司主攻中低端消费金融市场。发挥产品单笔授信额度小、审批速度快、服务方式灵活、贷款周期短等特点,开拓并维护有稳定收入但工作年限较短的消费群体,如:年轻群体、年轻家庭、二三线城市外来务工人员等,并逐步向农村消费领域延伸服务触角。消费金融公司业务重点向耐用消费品贷款调整,汽车金融公司业务集中汽车信贷,与小贷公司用于满足一般用途消费的个人信贷区分开,向差异化方向发展。

电商平台、分期平台针对互联网最活跃的群体——大学生提供消费金融服务。针对大学生群体潜在消费需求旺盛、经济能力有限以及还款意愿良好等特点,着力提供高质高效的消费金融服务,同时加紧布局校园创业、校园招聘、校园兼职等一系列配套服务,增强对大学生群体的影响力。

2. 垂直化提供消费金融服务

依据不同目标行业、目标群体的市场定位,探索建立专业化、垂直化、精细化的消费金融体系。细分消费类行业,根据汽车、旅行、教育、数码、家电、家具、房产、医疗等各类细分领域在生产经营模式、产业链格局等存在的不同特征,开发消费金融需求,研究提供分行业的消费金融产品和服务。

丰富旅游消费金融服务。加大宣传力度,推动消费者养成使用旅游消费金融的消费习惯,挖掘潜在需求,完善旅游消费金融市场。在推出旅游消费金融的同时,整合旅游理财、旅游保险等其他方面的金融产品和服务,增加用户的黏性和忠诚度。目前去哪儿网、驴妈妈、途牛等大型旅游平台正在完善旅游消费金融,寻找新的利润增长点。

普及医疗消费金融服务。强化医院与金融机构的合作,探索建立医疗金融平台,推出完整的医疗金融服务,突破医院与患者的信任障碍,成为医疗保险的一种补充。目前国内有少数医院与银行合作推出了分期支付医疗费,但在全国范围内还未得到普及。

深化教育消费金融服务。依据中国家庭高度注重教育的传统,针对国内教育改革导致学费上涨以及技能培训受到重视、留学群体增多的趋势,目前学好贷、龙门社交金融等平台以及众多培训机构都推出了针对大学生的教育消费金融。

布局农村消费金融服务。针对农民收入不断增长、农村社会保障体系逐渐完善、农村金融覆盖率持续上升等条件导致农村消费市场规模逐年递增的趋势,探索布局农村消费金融市场,加快普及农村互联网,培养农村消费金融习惯。农村金融是阿里、京东积极发展的领域,不过目前还没有实施农村消费金融,同时农分期、领鲜理财等平台已启动农村消费金融服务。

提高房产消费金融服务质量。新房交易平台、二手房交易平台、租房平台以及装修平台通过借助买房、租房以及装修房子的服务积累了大量用户,进一步提高服务速度与质量,把这部分用户转化为消费金融用户,目前房产消费金融市场规模庞大、竞争激烈。好房宝、搜房宝、家分期、房融所、土巴兔等房产消费金融平台众多,银行也一直都在强化房产消费金融业务。

提高汽车消费金融服务质量。继续发展银行、汽车金融公司汽车信贷业务,发挥汽车交易平台具备庞大流量基础与知名度,容易得到消费者认可的优势,简化申请手续、资质审核等内容,提供更便捷的消费金融服务。目前,汽车交易平台诸如汽车之家、易车网、天猫汽车等都推出了汽车消费金融。

3. 定制化设计消费金融产品

综合考虑消费者的年龄、性别、收入水平、教育背景、所在地区等具体特征,并结合消费者的实际需求,定制研发具有比较优势的消费金融产品,为消费者提供更加个性化、定制化的服务。定制服务的具体内容包括贷款利率、贷款期限、还款方式、消费场景、首付比例等各个方面。

定制贷款利率。在利率市场化前提下以及政策允许的范围内,鼓励消费金融服务商根据坚持利率覆盖风险的原则,加强利率定价能力建设,根据客户的信用等级、项目风险、综合效益和担保条件,通过贷款利率风险定价和浮动计息规则,合理确定消费贷款利率水平。针对征信状况好、评级高的优质客户允许贷款利率下浮等优惠,建立灵活的利率定价机制。

定制贷款期限。一是突破固有的贷款期限限制,根据消费者的实际需求与还款能力,设定相适应的贷款期限。二是推广"一次授信、循环使用",在客户满足贷款条件的前提下,客户在贷款额度期限内可以任意时间进行贷款和还款。

定制还款方式。根据消费者的习惯与条件,特别是收入呈上升或下降的趋势,设定按月还本付息、等额本息、等额本金、等额递增、等额递减、按期付息、按期还本、到期还本、本金归还计划等还款方式。

定制消费场景。在消费场景上提供线上、线下多种场景组合,统筹线上线下资源,提供线下消费—线下消费金融服务、线下消费—线上消费金融服务、线上消费—线下消费金融服务、线上消费—线上消费金融服务,满足消费者不同场景的消费与消费金融需求。

七、引导消费金融良性发展的若干建议

（一）正确认识、全面把握、客观对待消费金融

1. 正确认识消费金融的积极作用

消费金融作为推进国民经济发展的强劲动力，在国家政策支持与强大社会需求推动的背景下，以及科技创新的共同作用下，将爆发出巨大的发展潜力。发挥消费金融作为国民经济增长的助推器功能，提高内部消费在整个国民经济中的比重，推动我国加快由生产驱动型社会向消费驱动型社会转变，必须正确认识消费金融在拉动消费、推动供给侧改革等诸多方面对实体经济的积极作用。

加大消费金融的宣传力度。加大对生产类企业的宣传，推动企业认识消费金融对企业提高竞争力的作用，真正做到懂消费金融、用消费金融；加大对金融类企业的宣传，推动企业认识消费金融对企业持续发展的作用，不断丰富消费金融产品和服务；加大对消费者的宣传，推动消费者认识消费金融可以增加消费者当期消费水平、提高生活质量等作用，使消费者普遍接受消费金融模式，提高人们对消费金融的认知程度，为消费金融发展提供内在动力。

2. 全面把握消费金融的潜在风险

消费金融在我国作为新生事物，防范和抵御金融风险、保持金融稳定是消费金融创新发展的重要前提。在广泛认识消费金融积极作用的基础上，必须全面把握消费金融的潜在风险，防范消费金融可能衍生的社会问题。

正确认识监管存在的风险。银行作为传统金融机构，相关管理办法较为全面，《消费金融公司试点管理办法》《汽车金融公司管理办法》明确了对于消费金融公司、汽车金融公司的管理办法，小贷公司也被纳入了地方金融监管范畴，但是互联网金融相关监管细则未落地，导致京东白条、阿里花呗、百发有戏等互联网产品并没有取得相关资质，却仍然在提供消费金融服务。互联网类企业开展消费金融，存在较大的监管风险，需加快落实监管责任、完善监管办法。

正确认识过度授信风险。随着消费金融政策支持力度的提升，开展消费金融业务的主体不断增加，消费金融产品层出不穷，且各家机构的征信数据与风控手段不同，易产生重复授信现象，甚至产生恶意骗贷事件。消费金融服务商在开展业务时，必须遵守相应的程序并坚持必要的准入标准，加强对客户信用风险的审核。

正确认识学生市场存在的风险。《全国大学生信用认知调研报告》[①]显示,超六成高校学生缺乏信用知识,超八成大学生不了解个人信用报告,超三成大学生不知道个人信用报告里的逾期记录会影响未来的金融生活,导致四成大学生借贷产生逾期,一成存在借款偿还贷款的情况。针对学生市场发展消费金融,加大力度防范虚假、片面宣传,避免诱导学生过度借款而导致学生债台高筑、无力偿还的风险。

正确认识财务风险。强大的资金实力是消费金融良好开展的基础,消费金融前期业务拓展成本高,后期业务增长快,需垫付的资金多,消费金融服务商必须依据自身资本实力,有计划地开拓市场,以避免资金流转困难所致财务风险。

(二)完善政策、法规、监管、征信等配套建设

1. 出台科学的扶持政策

降低消费金融准入门槛。国家层面,在消费金融公司扩大试点、审批权下放到省级部门的基础上,参照《商业银行法》规定"设立城市商业银行的注册资本最低限额为1亿元人民币",将消费金融公司注册资本最低限额由目前的3亿元人民币降至1亿元人民币;将汽车金融公司注册资本最低限额由5亿元人民币降至2亿元人民币,鼓励自主汽车品牌设立汽车金融公司;汽车金融公司的主要出资者由现规定的"在中国境内依法设立的汽车企业和非银行金融机构",改为"在中国境内外依法设立的汽车企业和金融机构",增加境外汽车企业与商业银行作为汽车金融公司的直接出资人。

加大对生产类企业的扶持。国家层面,增加汽车金融公司进入境外市场的相关管理办法,鼓励汽车金融随自主汽车品牌开拓国外市场,提高汽车厂商设立汽车金融公司的积极性。在《关于加大对新消费领域金融支持的指导意见》(银发〔2016〕92号)已明确"经银监会批准经营个人汽车贷款业务的金融机构办理新能源汽车和二手车贷款,可分别在15%和30%最低要求基础上,按照审慎和风险可控原则,自主决定首付款比例",大力鼓励新能源汽车等绿色消费信贷发展。地方层面,对进入消费金融领域的生产类企业,经认定,按企业对地方的贡献程度给予一定奖励。鼓励针对地方支柱产业和龙头企业产品的特点,配套消费金融服务。

加大对消费类企业的扶持。国家层面,借鉴美国税法规定,把消费信贷或

[①]2015年,北京宜信至诚信用评估有限公司与中国人民大学信用管理研究中心联合发布《全国大学生信用认知调研报告》,报告覆盖252所高校的近5万名大学生。

分期付款中的消费者付息金额计入应扣税项,通过减轻还款压力,提高消费者在消费类企业采取消费信贷进行购物的积极性。支持涉及养老家政、旅游休闲、教育文化体育、农村等新消费重点领域的消费类企业提供消费金融服务。地方层面,推广北京市做法,地方财政出资启动信用消费补贴政策,只要符合相应条件的商家申报并审核通过后,消费者来店进行信用消费,商家就可以凭刷卡凭证以及银行对账单,申请信用消费金额2.5%的财政补贴,弥补向消费金融服务商支付的手续费等费用,提高商家提供消费金融的积极性。

加大对金融类企业的扶持。国家层面,首先参照《关于农村金融有关税收政策的通知》规定,在一定期限内对消费金融公司10万元以下的小额贷款利息收入按一定比例减征所得税;对消费金融公司涉农贷款实行财政补贴政策;其次,参照财政部对村镇银行、贷款公司、农村资金互助社三类新型农村金融机构的补贴政策,对消费金融公司开展的农村消费金融业务给予贷款余额2%的费用补贴;完善消费贷款呆账核销税前列支政策,适当放宽消费金融公司呆账损失的税前扣除条件,对其开展的不良贷款核销实行税前列支,盘活消费金融公司的存量信贷资产。最后,拓宽消费金融机构多元化融资渠道,鼓励汽车金融公司、消费金融公司等发行金融债券,简化债券发行核准程序;鼓励符合条件的汽车金融公司、消费金融公司通过同业拆借市场补充流动性;大力发展个人汽车、消费、信用卡等零售类贷款信贷资产证券化,盘活信贷存量,扩大消费信贷规模,提升消费信贷供给能力。地方层面,参照西部大开发税收优惠政策,将消费金融增加至《西部地区鼓励类产业目录》,对符合条件的企业减按15%的税率征收企业所得税。鼓励银行业金融机构在批发市场、商贸中心、学校、景点等消费集中场所,通过新设或改造分支机构作为服务消费为主的特色网点,在财务资源、人力资源等方面给予适当倾斜。引导保险公司、担保公司等第三方机构向消费金融服务商提供担保增信,充分运用各种风险分散手段,保障金融债权的实现。推动马上消费金融公司与阳光保险公司加快战略合作步伐,加大个人消费信贷领域"信用保证保险"产品的实践创新力度,探索消费金融机构与保险机构合作共赢模式。

2. 建立健全法规制度

加快消费信贷立法。出台消费金融相关领域的行政法规、规章或规范性文件,弥补我国在消费金融方面的立法空白,由目前消费金融服务商依据《商业银行法》《合同法》《担保法》等法律法规开展业务的现状,调整为依据更加专业的、适用于消费信贷的法律法规。

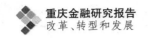

加快金融消费权益保护立法进程。通过法律形式,明确金融消费者的概念、保护范围、权利,重点强调知情权、公平交易权和选择权、隐私权、交易安全权等;确立金融消费权益保护的基本原则,如倾斜性保护原则、差异化保护原则、保护和教育并举原则等;确定银行、消费金融公司等各类金融机构普遍适用的规则;建立简捷、高效的金融消费纠纷处理机构,确保机构、人员方面的独立性及裁决的法律约束力和执行力等。

3. 完善监督管理体系

明确监管主体和范围。针对消费信贷商群体构成复杂、不同监管部门之间标准不一的现状,监管部门加快确认监管主体和范围、厘清监管责任、明确监管重点,改善目前银监会(41%)[1]、金融办(18%)、工商局(22%)分别监管一部分消费金融服务商,甚至部分消费金融服务商(19%)无监管的现状。加强负面清单管理,限制违规的消费金融服务商的营业范围。

加强贷后风险管理。消费金融服务商建立消费金融领域新产品、新业态、新模式的信贷风险识别、预警和防范机制,及时跟踪贷款去向,真实反映消费者的贷款风险状况。利用大数据挖掘技术或是借助第三方咨询服务等,构建内部风险评估模型,设置专人专岗进行实时监控和识别。

加强对不良贷款的管理。消费金融服务商采取专人负责或外包的方式,对到期未还款的情况,采取电话、信函或其他联系人等渠道提醒借款人还款,把风险主动控制在可接受的范围内。探索针对消费金融不良资产金额小、无抵押等导致贷后管理难度大、追债成本高的特点,成立专业的贷后管理外包机构,提供还款提醒服务与不良资产处置等。

加强贷后客户维护。消费金融服务商通过组织客户活动、附加产品营销(销售汽车的附加产品:导航设备、外观贴膜、充电桩等物理附属设备以及车辆延长质保、车辆保险等无形附加产品和服务)等方式,加强与客户的联系,及时掌握客户动态并深入挖掘潜在需求,提高客户对该消费金融产品的依存度,提升客户综合贡献水平,发挥贷后管理促进金融创新、提升服务客户能力的作用。

4. 改善个人征信体系

建立地方信用信息共享平台。根据《加快推进全市社会信用体系建设的意见》(渝府办发〔2014〕135号)要求,扩大信用信息记录的覆盖面,协调发展改革、财政、城乡建设、交通、民政、司法、人力社保、环保、规划、市政、水利、医疗卫生、税务、工商、质监、安监、食品药品监管、物价、园林、法院、消防、金融、海关、检验检疫等重点领域。探索建设统一、完备、全覆盖和一体化的地方信用信息共享平台，纳入信贷信息、行政执法信息、司法判决信息等所有能反映个人信用主体状况的信息。

发展社会信用中介机构。完善信用服务机构，鼓励包括民间资本在内的各类资本进入征信业。在有效监管、完善制度和维护信息安全的前提下，循序渐进、依法对外开放征信市场。完善信用服务市场监管制度，明确符合大数据征信业务特点的信用服务行业标准，加强信用服务机构自身信用建设，推进信用服务业健康发展，逐步建立公共信用服务机构和社会信用服务机构互为补充、信用信息基础服务和增值服务相辅相成的多层次信用服务体系。

加强社会信用惩罚机制。进一步加大对失信违约行为的处罚力度，提高个人违约成本。对于恶意逃废债行为，不仅要全额还债，还要采取行政处罚、法律制裁、市场惩戒等方式，加强社会对信用的重视程度。

（三）充分运用"互联网+"、大数据等技术手段

1. 发展"互联网+"消费金融模式

"互联网+"消费金融既包括互联网类企业探索消费金融市场，增强消费金融服务的覆盖率和可得性，又包括线下消费金融类企业发展互联网业务，实现传统消费金融活动的电子化、网络化、信息化。

消费金融相关的互联网类企业主要有电商平台、分期平台、个体网络借贷平台等。鼓励电商针对现有的、较固定的消费群体提供消费金融配套服务，支持分期平台专门针对某类客户群体提供消费金融，推动个体网络借贷平台直接面向消费者提供消费金融产品，或间接面向消费金融服务商提供资金支持。

鼓励线下消费金融服务商顺应移动互联网和手机通信快速发展的新趋势，发展互联网消费金融，促进电子消费金融业务在新兴移动载体和高科技平台上的延伸和推广。研究通过网站、电话、手机、自助设备等电子服务渠道，一站式实现消费金融各种流程，增加消费者获得渠道，改良消费者操作体验。

2. 发挥大数据技术重要作用

探索复制"工厂化"运作模式，将消费金融业务流程分解为不同的环节节点，通过互联网大数据技术，对信贷进行批量处理，实现按照流水线作业方式进行业务开拓、产品设计、业务审批等，降低运营成本。

在业务开拓方面，运用互联网大数据技术，通过网购平台等各种服务交付渠道，对行业消费者相关的海量历史服务信息流数据进行捕捉及分析，及时有

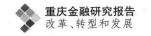

效寻找到目标客户,有针对性地进行推广,提高对客户的转化率。

在产品设计方面,开发产品设计模型,运用大数据对目标客户消费行为进行分析,分成不同门类的客户偏好。然后在产品端进行跨部门整合,贯彻定制化产品设计理念,创建以客户需求为分类导向的产品库。实现录入消费者信息,便自动生成匹配的消费金融产品。

在业务审批方面,依据"大数定律",结合消费金融业务相似度高、指标可量化、业务数量庞大三个特点,设计审批模型,逐步实现自动化审批,减轻人工评判成本和压力,提高运作效率和质量。

(四)发挥"消费链+金融链+生产链"刺激消费增长的作用

1. 促进消费总量增长

有效拉动内需,促进消费总量增长。支持消费金融发挥推动消费持续增长的动力,逐步改变我国居民相对保守的消费习惯,大规模启动国内消费市场,最大化释放中国的消费潜力,激发居民潜在购买力,促进个人消费增长,提高居民消费在整个国民经济中的比重,推动经济增长模式从投资主导型向消费主导型转换。

2. 促进消费结构升级

培育消费金融的新增长极,促进消费结构升级。消费金融服务商除了继续发展住房、大宗耐用消费品等传统消费金融主体业务,随着居民收入增长、消费结构不断改善、新型消费业态不断涌现,要适应和促进消费升级,加强对新型消费品、高端消费品,以及文化、教育、旅游、养老等服务消费领域的信贷支持,发挥消费金融促进消费升级、改善消费结构、提高居民生活质量的作用。

(五)发挥"生产链+金融链+消费链"促进供给侧结构性改革

1. 促进生产企业去库存

发挥消费金融对于居民消费方向所具有的较强引导作用,支持生产类企业有针对性地就库存商品引入消费金融服务,推动有消费意愿的客户加大对过剩产品库存的消费,促进生产企业去库存,推动企业资金周转,支持生产类企业将更多的资金用于生产设备及产品的转型和升级。

2. 促进生产企业去杠杆

推动消费金融架起供给和需求、生产和消费之间的桥梁,着力配置供给和需求资源,有效促进社会的总供求平衡,使当前购买力不足的潜在消费者变成现实消费者,促进社会远期购买力转化为即期购买力,实现供给方和需求方的快速、高效对接,促进生产类企业去杠杆,优化生产要素配置。

3. 促进生产企业去产能

转变经济发展方式从根本上讲是需求结构、产业结构和生产要素配置结构的转变。从长远看,引导消费金融推动扩大高端消费品的市场份额,进而引导生产类企业将更多资源投向高端、高附加值产品生产领域,促进生产类企业去产能、调整产业结构。

4. 促进生产企业降成本

通过消费金融有效推动生产类企业去库存,减少库存周期,加快资金回笼速度,从根本上减轻生产类企业的融资压力;通过消费金融推动生产类企业去杠杆,加快供需双方的对接,减少中间环节费用,减少企业运营成本;通过消费金融促进生产企业去产能,推动生产类企业调整产业结构,增强产业整体素质,提高企业经济效益。

5. 促进生产企业补短板

生产类企业通过自营或合作的方式,补齐消费金融板块,打造"生产链+金融链+消费链",推动生产类企业提高运营效率和质量,提高对消费者的服务能力和品质,实现产品销售、消费金融一站式服务,对生产类企业起到补金融短板的效用。

(六)发挥"金融链+消费链"对金融创新的引领示范作用

1. 扩大金融覆盖面

消费金融的发展对于我国金融机构类型的丰富、金融组织体系的完善及金融产品的创新方面能起到积极的促进作用。在做好传统信贷服务的同时,金融机构通过创新消费者金融服务方式,有利于满足不同消费群体不同层次的需求,释放和满足传统金融服务长期难以惠及的低收入人群消费金融需求,提高消费金融的覆盖面。

2. 增强金融可得性

拓展完善消费金融产业链,推动消费金融服务融入消费端,鼓励消费金融服务商不断创新消费金融产品和服务,大幅提高消费金融现有业务范围、服务内涵、客户结构及技术手段等,提高消费金融领域的金融服务水平,弥补传统金融服务的局限性,提高金融可得性,在增强经济持续增长动力的同时,实现金融业自身的完善发展。

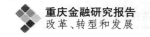

3. 提高金融满意度

引导消费金融向专业化方向发展,做大做强消费金融公司、汽车金融公司等专业消费金融服务商,鼓励涉足消费金融领域的商业银行、小额贷款公司、网贷公司等各类消费金融服务商加大对消费金融业务的重视程度,设立专门的消费金融部门,改善我国消费金融服务分散、专业化程度不高的现状,以消费金融为引领,促进我国金融创新,增强金融市场活力,提高金融满意度。

附件

我国消费金融的典型模式及案例分析

一、商业银行消费金融模式及案例

（一）商业银行消费金融模式

1.抵押消费贷+抵押物

抵押消费贷款+抵押物模式是我国商业银行最普遍的消费金融模式,具体是指借款人以银行认可的抵押物向银行申请贷款,该款项可用于各种消费,如购房、购车、住房装修、购买大额消费品等,但不得用于买卖股票。一旦借款人不能偿还贷款,银行有权依法处分抵押物,并优先得到偿还。抵押物一般为借款人或第三人已经合法拥有的、可上市流通的房产,在抵押过程中,借款人有权继续正常使用或出租抵押后的房产。银行对借款人抵押用途、资质、还款能力的审核,以及抵押物的变现能力评估等都颇为严格。客户办理抵押消费贷款时,银行一般会要求借款人提供相关的消费用途证明,如买房需提供购房合同、装修需提供装修合同等。

尽管银行提供的消费金融较其他模式消费金融具有贷款期限长、利率低的优势,但相对于银行本身提供的其他商业贷款而言,却存在贷款期限较短的缺陷。抵押消费贷期限一般为10年,如果客户资质良好,个别银行可以提供25年的贷款产品,而商业贷款一般最长可以贷到30年。此外,抵押消费贷款利率一般为基准利率,不享受银行对于用途为购房的商业贷款提供的利率下浮等优惠政策。

2.信用消费贷+信用保证保险

信用消费贷与信用保证保险合作的模式,是指消费者先向保险公司购买个人信贷保证保险后,然后在银行获得个人消费贷款,一旦个人无法履行向银行还款的责任,就由保险公司来承担还款。保险公司按照"保险费 = 贷款金额×月基准费率×保险期间(月)×客户评级调整系数"的公式计算出产品费用。目前,

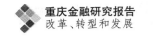
多数个人消费信贷保险的月基准保费率在1%~1.5%之间。客户评级调整系数则是根据客户的信用评级设置的,调整系数的范围在0.2~2.0之间波动。

从2015年初至2015年9月,已经有11家财险公司申请的个人消费信贷保证类保险产品获得保监会的通过。目前,包括人保财险、大地财险、平安产险、富德财险、太平财险、天安财险等在内的11家公司,均已涉足个人消费信贷保险业务。保监会网站数据显示,2015上半年,我国保证保险原保险保费收入117.38亿元,同比增长30.73%,在财产险公司所有险种中保费增速最快。工商银行的个人信用贷款、农业银行的消费报捷贷等,均是以个人信用保证保险为条件的个人信用消费贷款。个人信用保证保险的推广将推动更多银行创新无抵押、无担保的信用消费贷款产品。

3. 分期业务+商城

银行通过提供分期付款产品来运作商城的消费金融模式可分为三类:第一类是银行与电商平台达成合作,由银行为电商平台消费者提供分期付款或者贷款业务的方式,比如招商银行与东方美宝、中国银行与京东商城的合作等。这种模式有利于整合客户资源,发挥各自专业优势进行客户精细化经营,推出更具吸引力的优惠策略,共同为商城和银行的客户提供优质优惠的产品和服务。

第二类是银行专门为自有客户或者某类专属客户提供消费平台,以商业银行自建的积分商城、信用卡商城为代表,兴业银行可以归于此类。目前这类模式最为普遍,招商银行、光大银行、广发银行等均在其官方网站设置有商城链接,但相较京东、淘宝等网购平台而言过于封闭,此外还存在营销手段匮乏、人气不足、购物体验差、价格无太大优势、严重同质化等问题。

第三类则是银行建立纯电商平台,性质完全与其他网购平台一样,货源来自外部,且消费者不局限于本行客户,如建设银行的电子商务金融服务平台——善融商务个人商城。这种模式可以很好地解决银行系电商在运营过程中的各种问题,企业本身也不用考虑更多的人力资源,只要单方面外包给某个专业的电商运营公司即可。

4. 分期业务+信用卡

信用卡分期又分为两种模式:

一种是信用卡任意分期,即借款人可随意购物,但需在次月还款日前通过致电信用卡中心、使用网上银行、至银行网点等方式确定账单为分期付款,才能享受银行分期业务,这种模式的特点是购物方便,但手续费用较高。借款人运用信用卡任意分期模式购物,无须受到商场、商品的限制,购物更为方便。信用卡任意分期计划虽免息,持卡人只要按期缴纳还款额就不会产生任何利息费用,但银行每个月都要收取一定比例的手续费。以工商银行为例,工商银行任意分期付款针对刷卡交易单笔600元以上的消费,3期手续费为1.65%,6期手续费为3.6%,9期手续费为5.4%,12期手续费为7.2%,18期手续费为11.7%,24期手续费为15.6%。

另一种是信用卡商户分期,指银行与商户合作,就特定商品提供分期业务,借款人在用信用卡购买该商品时就确定该笔借款为分期业务。指定商户分期付款比任意分期付款计划费用低,但持卡人购物的产品及商场要受限制。以招商银行为例,该行信用卡与国美、苏宁、工贸等商户合作,借款人购买任意一件价值在1 500元以上的电器,均可实行分期付款,视分期不同一次性收取2.5%或4.5%手续费;在王府井百货、大洋百货等商场,购物(黄金除外)达600元就可分期付款,而且手续费用全免。

(二)商业银行消费金融案例

1. 农业银行:消费保捷贷

农业银行的消费保捷贷是国内"信用消费贷+信用保证保险"模式较早运行的代表,是2011年农业银行与平安集团进行战略合作推出的个人消费信贷产品。消费保捷贷是为符合农业银行贷款条件,并在平安保险公司购买个人消费信贷保证保险的借款人发放的用于个人合法消费用途的贷款,平安保险公司履行理赔担保责任,贷款逾期80天后将由系统自动处理赔付。

消费保捷贷的贷款期限最长为3年,贷款额度起点1万元,最高不超过15万元,利率为基准利率上浮35%左右。借款人申办保捷贷需满足以下条件:①具有合法公民身份,能提供合法有效身份证明;②在当地有固定住所或稳定的工作单位;③具有稳定的经济收入,税后月收入在2 000元及以上,有按期偿还贷款本息的意愿和能力;④无不良信用记录;⑤已在保险公司以借款人本人名义购买被保险人为中国农业银行的个人消费信贷保证保险保险单。

2. 建设银行:善融商务个人商城

建设银行的善融商务个人商城(http://buy.ccb.com)(如图1-11)为"分期业务+商城"模式中"纯电商平台"模式,是建设银行推出的以专业化金融服务为依

托的电子商务金融服务平台。善融商务个人商城定位为B2C^①平台,面向个人消费者,消费者在购买商品的时候可以直接实现分期支付或者申请贷款支付,也可采用信用卡积分兑换券进行支付。

建设银行在"分期业务+商城"模式方面的探索分为三个阶段:

第一阶段(2009—2010年)为建设银行与电商密切合作期。在这段时间,建设银行积极与阿里巴巴、金银岛、敦煌网等电子商务平台合作,平台提供网商信用信息,银行提供信贷服务。

第二阶段(2011年)为建设银行计划自建商城期。2010年3月,阿里巴巴正式拿到小贷牌照。2011年4月,阿里巴巴与建行的合作中止。这种情况下,建设银行下决心自己建立网上商城,开始探索大型国有商业银行如何在电子商务环境下提供金融服务的课题,通过几十家咨询商征求银行做电商的方案。

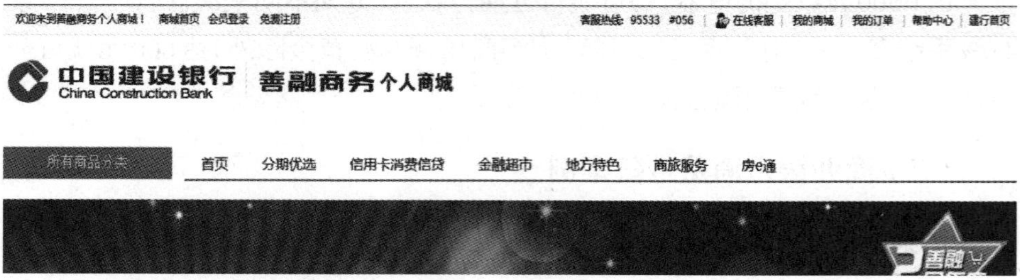

图1-11　建设银行善融商务个人商城首页

第三阶段(2012年至今)为商城运营阶段。历经一年多的筹备,2012年6月,建设银行终于推出善融商务个人商城,商城采用外来商户入驻的形式提供产品,由建设银行提供金融服务。商城门类齐全,商品涵盖手机数码、电脑办公、家用电器、家居家具、家装厨具、美容个护、珠宝首饰、服饰鞋包、运动户外、图书母婴、汽车用品、食品饮料、酒类生鲜共13类。截至2015年6月末,善融商务平台入驻商户5.72万户,注册会员1 193万名,2015年上半年成交金额294亿元。

3.平安银行:信用卡分期

平安银行信用卡分期业务是"分期业务+信用卡"模式的代表,除了通常的任意分期付款和商户分期业务以外,平安银行还开拓了保费分期、自动分期、灵用金、消费专用备用金等业务。

---

① B2C是Business-to-Customer的缩写,而其中文简称为"商对客","商对客"是电子商务的一种模式,也就是直接面向消费者销售产品和服务的商业零售模式。这种形式的电子商务一般以网络零售业为主,主要借助于互联网开展在线销售活动。

保费分期业务是指对于平安银行认定的保费类交易,即持卡人与平安保险产生的保费交易,持卡人可申请将保费消费金额逐笔分期,在约定期限内按月偿还的业务。

自动分期业务是指持卡人申请当单笔消费达到预设的起始金额时,系统自动按照预设的分期期数对消费进行单笔消费分期的功能。

灵用金业务是指持卡人为满足自身消费需求,一次性在平安信用卡信用额度内全额或按一定比例透支取现,分期偿还本金及一定数额手续费。

消费专用备用金业务指持卡人为满足自身消费需求,向平安银行申请一笔小额备用金,并分期偿还本金及一定数额手续费。

平安银行信用卡分期业务的申请方式多种多样,具体包括:①致电平安银行客户服务热线95511-2申请;②登陆平安一账通网站点选"信用卡"频道申请;③登陆平安银行信用卡网上银行申请;④回复消费分期邀请短信申请。

二、消费金融公司模式及案例

(一)消费金融公司消费信贷模式

1.直接支付

直接支付模式是指借款人成功向消费金融公司申请消费贷款后,由消费金融公司直接将一定额度的贷款发放到借款人指定的账户上,以供借款人用于消费使用。

直接支付模式的特点包括:一是受理平台广泛,借款人可通过互联网、移动终端、消费金融公司营业厅、自助机、人工电话等平台向消费金融公司进行贷款申请;二是购物选择多样化,借款人可不受限制,自由选择商家和产品进行消费。

2.受托支付

受托支付模式是指借款人在消费金融公司合作商户店面购买商品或服务时,通过向消费金融公司申请个人贷款,并办理消费分期,先由消费金融公司替客户将费用支付给商户,客户再向消费金融公司按期还款。

受托支付模式的特点是审批速度快,消费金融公司通过合作商户,可以很

快地核实借款人的消费用途真实性以及具体额度。消费金融公司与某些行业的商户进行长期合作，还有助于消费金融公司积累大数据，进行批量授信。

3. 循环信用

循环信用模式是指消费金融公司根据借款人的信用情况，向借款人提供可以循环使用、提取现金的贷款产品，借款人可以根据消费习惯选择使用实体卡或者虚拟卡。

循环信用模式的特点是便利、自由、快捷。借款人只需要通过一次审批，便可循环使用信用额度；借款利息按日计算，方便借款人随时借款与还款。

(二)银行系消费金融公司案例

1. 北银消费金融：消费金融+各行业商户

北银消费金融有限公司成立于2010年3月1日，是由北京银行发起设立的国内首家消费金融公司，成立时注册资本3亿元人民币，注册地为北京。2013年，注册资本增至8.5亿元人民币，股东包括外资企业和民营企业。增资后，北京银行持股比例由100%降至35.29%，仍为第一大股东；第二大股东是西班牙桑坦德银行有限公司的子公司桑坦德消费金融有限公司，出资金额为1.7亿元人民币的等值外币，持股比例为20%；第三大股东为利时集团股份有限公司，出资1.275亿元，持股比例为15%。此外，联想控股有限公司、大连万达集团股份有限公司、北京联东投资(集团)有限公司、北京正道九鼎创业投资有限公司、华夏董氏兄弟商贸(集团)有限责任公司各出资4 250万元，持股比例分别为5%，余下为北京市京洲企业集团公司，持股比例为4.21%，上海锐赢教育信息咨询有限公司持股比例为0.5%。

目前，北银消费金融有限公司业务覆盖范围多元、广泛，已形成消费金融与各行业商户全面合作的格局，包括以华尔街英语、樱花日语、北大青鸟、用友软件、东方时尚驾校为主的教育培训类贷款渠道体系，以迪信通、腾创锐力、中天志恒为主的手机通信类贷款渠道体系，以大中电器、国美电器、格力电器为主的白色家电类贷款渠道体系，以居然之家、龙发装饰为主的装修装饰类贷款渠道体系，以亲亲宝贝、罗威婚纱为主的婚庆婴幼类贷款渠道体系。

截至2015年11月末，北银消费金融有限公司贷款余额近200亿元，累计发放贷款超350亿元，服务客户数量超80万户。

表1-12　北银消费金融公司部分重点产品介绍

产品名称	特点	资格条件
轻松付	用于购买家电等各类耐用消费品。贷款款项直接汇入合作商户账户	18~65周岁，在北京有工作收入，对收入金额没有限制
轻松贷	用于日常购物、旅游、婚庆、装修、培训等消费事项，贷款额度不超过20万元。贷款款项直接汇入借款人指定账户，无须提交资金使用凭证	
应急贷	用途及资金划转路径与"轻松贷"相同，借款期限不超过三个月，允许提前还款，无须提交资金使用凭证	
Mini循环消费贷	小额循环信用产品，借款人持Mini卡可在北京银行柜台和自动取款机区县，但无法进行刷卡消费。额度最高为1万元，无须提供资金使用凭证	
助业贷	针对应届毕业生发放，可用于购买家电、家具、教育、旅游等各类消费支出	
教育培训贷款	采用受托支付的方式，为教育培训机构学生提供教育培训贷款	

注：表格由课题组整理。

表1-13　北银消费金融公司产品列表

直接支付类产品	线上互联网	轻松e贷、极速贷
	线下营业点	轻松贷、白领贷、惠农贷、尊享时贷、助业贷等
受托支付类产品	轻松付、易分期	
循环信用类产品	Mini循环消费贷、消金盈	

注：表格由课题组整理。

2. 中银消费金融：消费金融+教育行业商户

中银消费金融有限公司成立于2010年6月12日，由中国银行发起，注册资本5亿元人民币，注册地为上海。2015年8月14日，注册资本金变更为8.89亿元人民币。在后续引进的战略投资者中，中银信用卡（国际）有限公司、北京红杉盛远管理咨询有限公司和深圳市博德创新投资有限公司分别出资1.1亿元、8 800万元和4 000万元，出资比例分别为12.37%、9.9%和4.5%。北京红杉盛远管理咨询有限公司和深圳市博德创新投资有限公司均为民营资本，中银信用卡

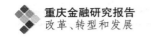

(国际)有限公司为中国银行子公司中银香港的全资附属机构。在引进新股东同时,中银消费金融有限公司三家发起股东也进行增资,其中中国银行增资到3.558亿元,持股比例变为40.02%,百联集团和上海陆家嘴金融发展有限公司分别增资3 350万元和1 670万元,出资比例为20.64%和12.57%。

成立初期,中银消费金融公司主要通过股东开拓业务。百联集团旗下有第一八佰伴、东方商厦、好美家家装卖场等购物中心,中国银行的合作商户更是遍布各地。经过近五年的发展,教育行业逐渐成为中银消费金融公司最主要的业务,占总业务的23%~34%。业务开展方式为与培训机构合作开拓业务,由培训机构主动向客户推广消费金融产品。目前,中银消费金融公司的合作对象几乎涵盖了国内所有教育机构,包括英孚英语、华尔街英语、新东方精英英语、韦博英语、新动态国际英语、樱花国际日语、新世界教育、新尚教育、精锐教育等。此外,中银消费金融有限公司还积极进军互联网教育行业,借款人可以通过合作教育网站申请消费贷款。

中银消费金融有限公司业务已延伸到全国80多个城市和地区,包括重庆在内的10个城市设立了区域中心,业务受理网点500多家。其中,上海市、重庆市2015年每月新增贷款分别稳定在6 000万~7 000万元。从中银消费金融有限公司整体业务来看,自2010年成立以来,每年都以高于100%的速度增长,现金类产品(包括直接支付类和循环信用类产品)占比略高于50%,商户类产品(即受托支付类产品)占比略低于50%。截至2015年6月末,公司不良率为1.8%,离中银消费金融有限公司此前预计的3%~5%的均衡点至少相差1.2个百分点,不良率过低也表明中银消费金融有限公司的审批还有进一步放宽的空间。

表1-14 中银消费金融公司产品列表

直接支付类产品	新易贷
受托支付类产品	教育专享贷、数码家电专享贷、租房专享贷款
循环信用类产品	随心贷

注:表格由课题组整理。

3. 四川锦程消费金融:消费金融+当地商户

四川锦程消费金融有限责任公司于2010年3月1日在成都正式开业,是我国首家中外合资消费金融公司,也是我国第一批消费金融公司之一,注册地在成都。该公司由成都银行与马来西亚丰隆银行联合组建,注册资本3.2亿元人民币,其中成都银行持股51%,马来西亚丰隆银行持股49%。

四川锦程消费金融有限责任公司主要围绕当地客户的消费需求运营。比如"丽人贷",针对18~55(含)周岁之间对外貌有追求的人群,合作机构主要为四川省内的美容整形机构;"电动/摩托车贷"则针对四川平原地形造成电动车、摩托车消费需求较大的情况推出;"车饰贷"针对四川省内已购车用户等。

在营销模式上,四川锦程消费金融有限责任公司主要采取直接派驻销售代表在四川省内各零售终端(成都苏宁电器、龙翔通讯等)直面客户的驻店模式、委托商户代理的非驻店模式,同时利用电话、短信、专项推广活动等方式进行直接销售,并借助成都银行的客户资源及营销团队资源开展交叉营销。

表1-15　四川锦程消费金融公司产品列表

直接支付类产品	乐居贷、薪时贷
受托支付类产品	消费分期(时尚数码、丽人贷、家电家具、教育培训、车饰贷、电动/摩托车)
循环信用类产品	无

注:表格由课题组整理。

4. 招联消费金融:消费金融+互联网

招联消费金融有限公司注册于深圳前海,由招商银行旗下香港永隆银行与中国联通共同组建,注册资金20亿元人民币,远超我国其他消费金融公司,招商银行、中国联通各占50%股权。2013年10月8日,招商银行与中国联通便启动消费金融合资项目可行性研究,直到2015年3月,深圳银监局下发开业批复,公司获得金融许可证,并完成工商注册。

股东双方在当前网上贷款、理财类业务迅猛发展、第三方支付市场规模不断扩大的背景下展开合作,充分发挥各自优势,开展合作。联通的优势在于网络支撑和运营能力、庞大的客户资源和线上线下渠道,能够创造消费金融运营的互联网金融模式;招商银行的优势则在于零售金融的客户资源与业务经验,双方可以形成优势互补。

虽然招联消费金融成立时间晚,但联手蚂蚁金服,已于2015年4月8日在支付宝芝麻信用服务窗推出"好期贷"产品;联手国内互联网装修领导者土巴兔,于2015年4月13日推出"好期贷"装修贷服务;此外,2015年3月,招联消费金融还分别针对包括在校大学生在内的年轻群体和都市年轻白领,推出了"零零花"和"好期贷"两款消费信贷产品。

表1-16 招联消费金融公司产品介绍

产品名称	特点
零零花	面向包括大学生在内的年轻群体,最高可借1万元,预借现金的利息按日计算,日利率为万分之六。分期的期数3~24期,分期费率0.75%~0.90%。消费者可用于预借现金、分期消费购物等
好期贷	面向年轻白领发放的消费贷款产品,无担保、无抵押,额度最高20万元,借款期限最长5年

注:表格由课题组整理。

表1-17 招联消费金融公司产品列表

直接支付类产品	零零花
受托支付类产品	好期贷
循环信用类产品	零零花

注:表格由课题组整理。

5. 兴业消费金融:消费金融+银行网点/商会

兴业消费金融股份公司是2014年12月22日经银监会批准,兴业银行发起的国内首家由股份制商业银行控股的消费金融公司,也是国内第五家银行系消费金融公司。兴业消费金融股份公司注册地在福建泉州,注册资本3亿元人民币。兴业银行为主要出资人,联合泉州市商业总公司、特步(中国)有限公司及福诚(中国)有限公司等共同出资设立,其中兴业银行出资1.98亿元人民币,持股比例66%。特步、福诚两家民营企业的参股,对中国金融混合所有制改革进行了有益的尝试。

作为股份制消费金融公司,兴业消费金融股份公司更注重依托母公司兴业银行雄厚的综合性集团金融平台优势,通过遍布全国的银行网点拓展互联网及线下个人消费信贷业务。此外,兴业消费金融股份公司积极探索与商会合作,已与泉州工商联等多家商会签约,计划共同挖掘商会下辖的众多资源。截至目前,兴业消费金融股份公司已经在泉州、福州、厦门、漳州、广州、深圳、重庆、石家庄、杭州、南京等国内多个城市设有事业部。

表1-18　兴业消费金融公司产品介绍

产品名称	特点	条件
家庭综合消费贷款	用途涵盖旅游、婚庆、教育、装修等;专属客户经理上门办理;贷款期限长达36个月	1.中国公民22~55周岁 2.贷款申请地区本地户籍或近半年在本地工作 3.月收入3 000元以上
网络贷	面向互联网客户的信贷服务产品,通过电脑或手机即可在线申请贷款,借款过程全线上完成	
信用消费	在签约合作商户购买商品或服务时,申请相应额度个人贷款。期限灵活,可分为2、6、12、24、36个月	

注:表格由课题组整理。

表1-19　兴业消费金融公司产品列表

直接支付类产品	家庭综合消费贷款
受托支付类产品	信用消费
循环信用类产品	网络贷

注:表格由课题组整理。

(三)产业系消费金融公司案例

1.捷信消费金融:消费金融+银行+数码家电商户

捷信消费金融有限公司于2010年12月1日在天津开业,是我国首批消费金融公司之一,是由捷克PPF集团控股的国内唯一一家外商独资消费金融公司,注册资本为3亿元人民币。PPF集团是捷克最大的金融信贷集团公司,其在我国申请首批消费金融牌照竞争中胜出,主要是由于PPF集团在捷克、俄罗斯、白俄罗斯、乌克兰等中东欧和独联体国家拥有成熟的消费金融运营经验,自2006年以来便展开与原德阳市商业银行等国内银行的合作,基本实现了整套技术在我国的本土化,银监会希望其为试点提供经验上的借鉴。截至2015年6月,捷信消费金融有限公司在全球拥有57 600名员工,累计服务超过4 780万户,强大的业务网络覆盖超过16.1万个POS点、贷款办理处、分支机构和邮局。

目前捷信消费金融有限公司仅在天津地区直接提供贷款服务,而在四川、广东、湖北及全国其他地区则采取担保模式,即捷信消费金融有限公司为客户提供担保,合作银行机构为客户发放贷款。捷信消费金融有限公司主要面向中低消费群体,平均额度只有2 500元,期限为3个月。目前捷信消费金融有限公

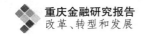
司的不良率控制在4%以内,大多数客户均为首次借款,没有或仅具备有限的信用记录。

捷信消费金融有限公司是我国最早进入数码家电行业的消费金融公司,目前已占据国内该细分市场消费金融的绝大部分市场份额。与捷信消费金融有限公司建立战略合作关系的数码家电企业有苏宁、国美、中域、迪信通、恒波、龙翔、迅捷等大型连锁企业,这些大型连锁企业所到之处,捷信消费金融有限公司都可以提供金融服务。

表1-20 捷信消费金融公司产品列表

直接支付类产品	消费现金贷
受托支付类产品	商品贷
循环信用类产品	无

注:表格由课题组整理。

2. 海尔消费金融:消费金融+生产商+经销商

海尔消费金融公司成立于2014年12月,注册地在青岛,是我国首家由产业发起设立的产融结合消费金融公司。注册资本5亿元人民币,股东包括海尔集团、海尔财务、红星美凯龙、绿城电商及中国创新支付大型企业集团。

海尔作为知名家电、家居生产商,通过旗下3.8万个经销商,与亿万家庭建立了关系。海尔消费金融针对这些家庭,提供与家庭生活息息相关的金融产品,例如家电、家居、旅游等的消费分期产品。海尔消费金融将消费者、商户、厂家和消费金融公司四方有机串联,形成紧密联系的产融结合的金融服务网。对于终端消费者来说,通过提供信用贷款,不但可以刺激消费,减缓海尔集团与经销商的库存压力,更重要的是通过信用服务,可以获得终端消费者消费行为的数据,未来海尔集团通过大数据,可以更具针对性的研发生产家电产品,另外也可以按照小批量定制式的方式,满足部分小客群的需求。

以产融结合模式为基石,海尔消费金融线上搭载海尔商城(http://www.ehaier.com),线下布局经销商网点以及全国家居连锁龙头上百家卖场,开拓消费金融市场。其首推的海尔"零元购",即"零首付、零利息、零手续费"的零元购产品,自2015年1月上线后便实现高速增长,周业务量增幅高达549%,客单价增幅50%~72%,"0元购"商户快速突破3 000家,2015年第一季度累计成交10 839笔。2015年,海尔消费金融贷款余额破12亿元,服务超过10万用户,并初步完成家电、家具、旅游、手机分期等方面的金融布局。

表1-21　海尔消费金融公司产品列表

直接支付类产品	嗨付贷
受托支付类产品	嗨付分期
循环信用类产品	嗨付贷

注:表格由课题组整理。

3. 苏宁消费金融:消费金融+零售端

苏宁消费金融有限公司为民营为主的混合所有制消费金融公司,于2015年5月正式开业,注册地在江苏省南京市,注册资本3亿元人民币,由苏宁云商、南京银行、法国巴黎银行个人消费金融集团、洋河股份、先声再康药业共同出资成立,各股东出资比例分别为49%、20%、15%、10%和6%。尽管苏宁消费金融有限公司被归为非银行系消费金融公司,但南京银行与法国巴黎银行也在其股东名单中间,除为满足银监会监管需求,也遵循了业务发展的需求。

战略层面来看,苏宁消费金融的诞生是苏宁零售生态圈的延伸。在产业链上游,苏宁已经成立了面向供应商的小额贷款公司和商业保理公司;在产业链中游,苏宁上线了为苏宁售后、物流等服务商提供保险计划的互联网保险销售业务,以及以提升客户黏性为目的的"零钱宝"基金销售业务;而苏宁消费金融公司开业,则是立足海量用户和海量商品布局产业链下游的消费信贷。

表1-22　苏宁消费金融公司任性付产品介绍

用户对象	18~60周岁中国公民均可申请
贷款额度	最高20万元
贷款期限	最长5年

注:表格由课题组整理。

表1-23　苏宁消费金融公司产品列表

直接支付类产品	任性付
受托支付类产品	暂无
循环信用类产品	任性付

注:表格由课题组整理。

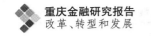

三、互联网类企业消费金融模式及案例

(一)电商消费金融

1. 电商消费金融模式

(1)电商平台+自有金融机构+自有大数据征信

起初电商涉足金融领域,无论是京东集团设立京东金融,还是阿里巴巴集团创立蚂蚁微贷,都是基于为电商平台的庞大供应商群体——众多中、小、微企业,积极开拓互联网金融相关业务。随着消费金融观念逐步被国人接受,才衍生出电商消费金融模式。

这类大型电商依托平台和旗下金融机构,创立了"电商平台+自有金融机构+自有大数据征信"的消费金融模式。电商平台直接对接广大实名制消费者,消费者直接通过网站申请消费金融服务;自有金融机构运用自有资金,为消费者提供金融服务;平台积累的用户历史交易记录使得电商企业可以直接运用自有大数据来评判消费者的信用,进而给定消费额度,信用越高,消费额度越高。

(2)电商平台+合作金融机构+合作大数据征信

对于一些规模不够庞大、体系不够完善,实力不足以支撑自有金融机构运作的中小型电商平台,则选择"电商平台+合作金融机构+合作大数据征信"的模式运营消费金融。

这类电商平台的合作机构包括商业银行、消费金融公司、小贷公司等各类金融机构,也包括其他大数据征信机构。一些大型电商平台除了围绕自家电商平台注册用户提供消费金融,也与其他电商平台合作。阿里巴巴旗下蚂蚁金服与阿里芝麻信用分,就将目标客户延伸到了阿里体系之外的其他电商平台,目前已有40多家购物、生活类电商和O2O平台接入阿里旗下的花呗服务,其中包括小米、OPPO等手机厂商网站,此外阿里旗下的芝麻信用在我国专业征信缺乏的情况下,更是受到金融业界的广泛欢迎。

2. 电商消费金融案例

(1)京东商城:白条

京东商城推出的白条是"电商平台(京东商城)+自有金融机构(京东金融)+自有大数据征信(京东集团大数据)"模式下的消费金融产品。自1998年京东商城(http://www.jd.com)成立至今,已成为中国最大的自营式电商平台,2015年第一季度在中国自营式B2C电商市场的占有率为56.3%。2014年2月,京东商城推出我国互联网金融第一款面向个人用户的信用支付产品—白条,实质是京东平台的应收账款管理,消费者通过白条购买京东商城的产品,最高可获得1.5万元授信额度,使用分期形式进行按期还款,产品服务费约为银行类似产品的一半。同时还款完毕后,消费者的授信额度还可以循环使用。

在金融机构方面,京东金融于2013年10月成立,目前京东金融在牌照方面,已拿下支付、小贷、保理、基金销售支付结算等多张金融牌照,京东众筹与京东白条是其最重要的两项产品。

在征信方面,京东集团尚未成立专业机构,目前通过掌握的1.7亿名消费者真实有效的订单交易信息,进行消费者行为和信用分析。2015年6月,京东金融已投资美国知名大数据分析公司ZestFinance,计划成立名为JD-ZestFinance-Gaia的合资公司,专注于互联网金融领域大数据分析。同时,京东金融正在积极申请征信牌照,力图推出专业化的中国消费者信用数据系统。

表1-24　白条服务内容介绍

目标客户	面向完成网银钱包快捷支付实名认证,资质符合系统评估的京东平台客户
贷款金额	最高1.5万元授信额度
适用范围	京东全网商品,暂不支持非自营商品和黄金、首饰等硬通货
贷款期限	可进行3、6、12及24期分期设置
费用情况	最长30天免息期,使用分期付款,京东收取分期服务费。分期服务费=消费本金×分期费率×分期期数。根据分期的期限差异会产生不同的分期手续费,全部分期服务费计入首期应付款中一次性收取,逾期违约金=当期应付金额×违约金比例×违约天数,违约金比例为每日0.03%

注:表格由课题组整理。

表1-25　白条分期手续费表

分期期数(月)	服务费率(%)	总服务费率(%)
3期	0.5	1.5
6期	0.5	3.0
12期	0.5	6.0
24期	0.5	12.0

注:表格由课题组整理。

(2)淘宝网:花呗

淘宝网(http://www.taobao.com)推出的花呗业务,也是"电商平台(淘宝网)+

自有金融机构(蚂蚁微贷)+自有大数据征信(芝麻信用)"模式下的消费金融产品。花呗业务使消费者可先在网上消费,然后再确认收货之后的下个月的10日之前还款,可使用支付宝账户余额、账户中绑定的储蓄卡、余额宝自动还款,也可以主动进行还款。目前天猫和淘宝的大部分商户或商品都支持花呗服务,具体商品是否可以使用花呗购买以收银台页面显示为准。

在金融机构方面,花呗是由蚂蚁金服提供金融服务。2014年10月16日,阿里小微金融服务集团以蚂蚁金融服务集团的名义正式成立的,旗下的业务包括支付宝、支付宝钱包、余额宝、招财宝、蚂蚁小贷和网商银行等。

在征信数据方面,2015年1月5日,中国人民银行发布了允许8家金融机构进行个人征信业务准备工作的通知,芝麻信用位列其中。芝麻信用基于阿里巴巴的电商交易数据和蚂蚁金服的互联网金融数据,并与公安网等公共机构以及合作伙伴建立数据合作,与传统征信数据不同,芝麻信用数据涵盖了信用卡还款、网购、转账、理财、水电煤缴费、租房信息、住址搬迁历史、社交关系等等。本质上来说,芝麻信用是一套征信系统,该系统收集来自政府、金融系统的数据,还会充分分析用户在淘宝、支付宝等平台的行为记录。从形式上来看,芝麻信用分与美国的FICO信用评分[1]类似,采用了国际上通行的信用分直观表现信用水平高低,芝麻分的范围在350分~950分之间,分数越高代表信用程度越好。

表1-26 花呗费率表

费用类别1	适用服务类型	期数	费率(%)
手续费	贷款分期	3期	2.5
		6期	4.5
		9期	6.5
		12期	8.8
	交易分期	尚未上线	
费用类别2	适用服务类型	日利率(%)	
逾期利息	全部服务类型	0.05	

注:表格由课题组整理。

_____

[1] FICO评分系统有五类主要影响因素:客户的信用偿还历史、信用账户数、使用信用的年限、正在使用的信用类型、新开立的信用账户。

（3）车猫网：二手车消费贷

车猫网（http://www.chemao.com.cn）推出的二手车消费贷，是"电商平台（车猫网）+合作金融机构（平安银行）+合作大数据征信（芝麻信用）"模式下的消费金融产品。

在电商平台运营方面，车猫网于2012年5月创立于浙江省杭州市，以建立二手车交易模式为运营理念，提供二手车检测认证，交易顾问、售后保障等服务。车猫网同时面向二手车商户与用户，车商的车源经由平台的质检认证，最大程度保证质量。用户可以在线浏览车源，找到感兴趣的车后，由车猫网的顾问致电确认意向、按需派单，之后线下顾问随同验车，即通过"帮买"模式，最终完成消费过程。车猫网目前服务范围已经覆盖杭州、宁波、温州、苏州、北京、上海这6座城市，计划至2016年，覆盖范围50个城市，建设500个认证中心，打造5 000人的专业检测认证和购车顾问团队。

在合作金融机构方面，车猫网与平安银行达成战略合作，为二手车消费者提供广泛的金融服务。平安银行与车猫网合作，全面进入二手车消费贷等金融业务，通过车猫网平台独特的互联网"帮买"模式，降低了二手车消费贷的违约风险，平安银行则推出更具竞争力的金融产品反馈消费者，赢得更大的汽车消费金融市场份额。下一步，车猫网将拿出2015年获得的B轮12亿元融资中的10亿元用来自主研发金融产品。

在大数据征信方面，车猫网一方面利用自身平台交易数据，另一方面结合阿里巴巴旗下的芝麻信用，给消费者提供更便捷、更人性化的二手车消费金融方案，如：零首付、分期付购车、凭身份证和手机号就能申请车贷等。

（二）分期购物平台分析及代表平台

1.分期购物平台模式

（1）分期平台+供货平台

分期购物平台商业模式的主要参与主体有：消费者、分期平台、供货平台和融资平台。其中，供货平台通常直接对接电商，运用电商的供货网络。融资平台对接分期购物平台的资金来源，小型平台可运用自有资金做营运资本和风险垫付。当分期平台的资金来源是自有资金时，无须建立对外融资平台，为"分期平台+供货平台"模式。

（2）分期平台+供货平台+融资平台

销售额上千万元、上亿元的大中型平台需要从外界融资来填补现金流缺失。此时，分期平台的资金来源是渠道资金，常见的做法是将购物借款打包成债权资产,放到网贷平台上出售,模式则有与平台合作的融资平台环节,为"分期平台+供货平台+融资平台"模式。消费者的信用风险是模式中的基础性风险,消费分期平台的经营风险是关键风险,投资人是最终风险承担者。

具体操作模式如下:①消费者向消费分期平台提出分期消费申请;②消费分期平台对消费者的信息进行审核,并与消费者签订相应的服务协议;③对于通过审核的消费分期申请,消费分期平台将债权打包转让或出售给网贷平台和互联网理财平台;④网贷平台将债权在平台上发布,互联网理财平台将债权打包成理财产品在平台上销售;⑤投资人在网贷平台和互联网理财平台上进行投资;⑥网贷平台和互联网理财平台将募集的资金给消费分期平台放款;⑦消费分期平台根据消费者的需求向电商平台和供应商采购商品;⑧电商平台和供应商向消费分期平台发货,再由消费分期平台将商品送至消费者手中,或者直接由电商平台和供应商向学生发货;⑨消费者按约定向消费分期平台还款,消费分期平台也按约定向网贷平台和互联网理财平台回款,网贷平台和互联网理财平台将收到的回款按时向投资人回款。

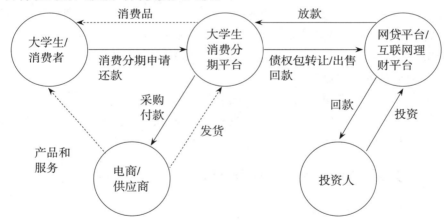

图1-12　消费分期平台模式

网贷平台作为分期购物平台的融资渠道,又分为合作平台和自建平台。选择合作的分期购物平台如分期范、优分期等,通过合作网贷平台进行债权转让,而规模更大的分期购物平台,由于交易额巨大,债权资产包规模较大,会倾向于自建网贷平台,如趣分期的金蛋理财和分期乐的桔子理财。

2.分期购物平台案例

(1)分期乐:大学生分期购物平台

分期乐的模式是"分期平台(分期乐)+供货平台(京东商城)+自建融资平台

(桔子理财)"的代表。分期乐(http://www.fenqile.com)于2013年成立,是一家专注于大学生分期购物的在线商城及金融服务提供商,提供分期购物和现金消费服务。经过两年多的发展,分期乐成为全国规模最大的大学生分期平台之一,业务已覆盖全国大多数高校,并在35个城市设立了营销及自提中心。

在供货平台方面,分期乐以购物商城模式一直作为京东商城的分销商向用户销售商品,同时也依托京东的优势做好品控和物流,现在分期乐已经成为京东商城最大的分销商。在融资平台方面,分期乐将大学生的欠款以债权的形式在桔子理财平台上向投资者销售,同时投资者获得相应回报。

桔子理财于2014年6月正式上线,是分期乐集团旗下的独立品牌。具体流程为:大学生在分期乐自建的购物商城上进行半年到两年期限分期购买物品或借款,形成债权;债权成为分期乐旗下理财平台——桔子理财的标的,投资人则在桔子理财平台上购买标的(年化收益率为7%~12%),实现快速回款,同时投资者获得相应回报;分期乐再通过电商平台贷款给大学生,大学生可用这笔钱消费,并分期偿还本息。

此外在贷款审批方面,分期乐的风控团队有400多人,与桔子理财采取的是同一风控体系。线下地推人员在一线核实用户的下单意愿,并提交风控要求的材料。材料主要是学生证、身份证及校园一卡通,通过探访寝室、电话父母的形式来验证身份的真实性。线上则根据不同的地域、学校,设定不同的风险等级,并标准化风控指标。

表1-27　分期乐发展历程记录表

时间	事项
2013年8月	获得天使轮融资,分期乐在深圳成立
2013年10月	分期乐上线正式营业
2014年3月	获得经纬中国领投的A轮千万美元融资,与京东达成战略合作
2014年5月	服务客户超过10万人次
2014年9月	支持全国近百个城市,近千所学校
2014年12月	获得DST领投的B轮PE融资1亿美元
2015年3月	获得京东战略投资
2015年9月	举办首届大学生分期购物街,首日交易额突破1亿元

注:表格由课题组整理。

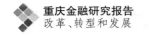

（2）斑马王国：白领房租分期平台

斑马王国的运营模式是"分期平台（斑马王国）+供货平台（爱直租网）+合作融资平台"。斑马王国（http://www.wezebra.com）于2015年2月份成立，是一家专注于年轻白领人群在线申请房租分期、房租月付申请的服务平台，起初在成都试运营，2015年进入了北京、上海市场，2016年已覆盖深圳和广州。斑马王国为租房者提供限期的线上房屋租金借贷，租房者可以免去一次性交付3个月或者6个月的高额租金，改为每月偿还租金模式。斑马王国的目标群体正是大学毕业生或短期内有资金压力的普通白领。用户事先需要在APP注册账号，并进行实名认证，填写身份证、工作证明等信息。待斑马王国审核完毕后，用户就可以申请租金借贷服务。申请后，斑马王国会派人线下联系租房者签署一份认证协议，过程大概只有30分钟时间，签署完毕后租房者就可以拿到资金。

在供货平台方面，斑马王国将与爱直租（http://www.aizhizu.com）合作，在帮助用户解决租金问题的同时也解决房源问题。未来租房网站将全线接入斑马王国的租金借贷服务，真正形成全产业链覆盖。在融资平台方面，斑马王国平台背后也是基于个人网络借贷模式，但在投资人端目前尚只开放给有牌照的放贷公司，还没有向个体投资人开放的计划。

在风险控制方面，斑马选择将用户资料和行为接入北京征信、上海征信两家个人信用评级机构。此外，在斑马王国的风控模式里，核心是验证真实性，包括借款人信息的真实性和场景的真实性。传统的小贷或金融机构无法明确出借资金的具体用途，而斑马王国不仅可以明确资金用途，还可获悉借款人（租客）的具体租住地等信息，安全性相对提升。实名认证是现阶段斑马王国最有效的风控方法，未来计划与银联合作，降低对用户实名资料的需求。

表1-28　斑马王国运营部分情况表

信息服务费	每位用户每月收取总借款的2%
初始额度	10 000元
实名认证方式	方式1：用户上传两组照片，一组是租房者本人持有一张写字的图片，另一组是租房者身份证照片
	方式2：通过租房者填写的工作证明和联系人验证，完成上述认证后得到斑马的初始借贷额度提升奖励

注：表格由课题组整理。

（3）孩分期：孩子成长教育费用分期平台

孩分期的运营模式属于"分期平台+供货平台"。孩分期（http://www.haifen-qi.com）是趣分期[①]集团推出的独立品牌，创立于2015年3月，团队成员来自京东、360、腾讯、新浪、百度等知名互联网及电商公司。孩分期是针对孩子消费分期的金融服务平台，主要针对有0~18岁小孩的父母群体，定位于为优质家庭提供孩子生活、教育等相关领域的中高档消费分期。孩分期为用户提供签约机构的分期付款项目，包括游泳课、早教、儿童保险、幼教课程、课外辅导班的全部课程。下一步，孩分期还将推出孕期、保险及游学等与孩子成长相关的分期。用户注册成为孩分期用户，完成身份认证后需要在线提交资料审核，审核通过后，孩分期的客户经理会上门签订分期合同，签约前用户需准备好身份证、工作证、收入证明等有效证件及资料，合同签订后即可开始上课，按月还款至指定账号。

作为趣分期旗下细分品牌，孩分期的融资端由趣分期负责。孩分期的供货平台除了有环球亲子网（http://www.qinziying.com）等网络平台，更多的是早教、幼教、兴趣班、小初高辅导等线下培训机构，形成"分期平台+线上线下供货平台"的消费金融模式。

四、传统金融类企业消费金融模式及案例

（一）汽车金融公司消费信贷

1.汽车金融公司消费信贷模式

（1）汽车金融公司+自有经销商

我国23家汽车金融公司中，绝大多数汽车金融公司是由汽车生产商发起设立，这类汽车金融公司成立的主要目的都是为了推动自身品牌汽车销售、创造新的盈利增长点、延伸汽车产业链条。这些汽车金融公司在消费金融业务方面的主要服务对象是自身品牌的个人汽车消费者。目前，我国汽车消费金融公司表现出较强的品牌依赖性，在客户开发与维系上，一般不涉及其他品牌范畴。因此，同业的汽车金融公司间形成的直接竞争并不明显。

（2）汽车金融公司+合作经销商

还有一类汽车金融公司不是由汽车生产商设立发起，这类没有汽车品牌背景的汽车金融公司在消费信贷的操作模式上，必须通过与大量汽车经销商建立

[①] 趣分期是主攻大学生消费金融市场的分期平台（http://www.qufenqi.com）。

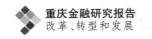

合作关系,才能有效地开拓业务。此外,部分拥有汽车品牌背景、实力雄厚的汽车金融公司为了抢占市场规模,也会与本品牌外的经销商合作,抢占市场份额。

2. 汽车金融公司消费信贷案例

(1)大众汽车金融公司:汽车金融公司+自有经销商+合作经销商

大众汽车金融公司的业务遍布欧洲和亚太地区的38个国家和地区,是目前欧洲最大的汽车金融服务公司,旗下的银行、租赁公司和保险公司能够向汽车消费者和经销商提供全方位的汽车金融服务。该公司在2004年8月初正式获得银监会允许开业的批复后,于2004年9月正式在中国营业,成为中国第一家外商独资的专业汽车金融服务企业,其中国的子公司总部设在北京。

大众汽车金融(中国)有限公司主要采用的是"汽车金融公司+自有经销商+合作经销商"的运营模式。经过十几年的发展,借助其可靠的服务,广泛且具有创新的产品,大众汽车金融(中国)有限公司已与全国近300个城市的2 000多家经销商建立了紧密的合作关系,成为汽车行业价值链中较为领先的汽车金融服务提供商。

首先是与自有经销商合作,这种方式为购买大众自有品牌汽车的消费者提供了极大便利。大众汽车金融(中国)有限公司与自有经销商紧密合作,联合大众集团在华合作伙伴,上海大众和一汽大众,为购买大众自有品牌汽车的消费者提供全方位、专业化的金融产品与服务。先后推出的标准信贷、弹性信贷、尊享平衡贷、玲珑轻松贷、跃贷–标准贷、跃贷–弹性贷与二手车信贷等多种消费金融产品有效满足了消费者购车的信贷消费需求。该类产品的支付模式较为灵活:客户在选好车型、支付一定比例(一般为30%和50%两个档次)的首付款后,在贷款期(一般为12个月、36个月、60个月)内,根据具体产品、具体情况给付月供。

其贷款具体流程为:①客户在大众自有经销商处选择合适的车型;②客户与大众自有经销商达成合作意愿;③由经销商销售人员收集客户的相关资料并EMAIL给大众汽车金融公司;④大众汽车金融公司进行审批;⑤由经销商与客户签订合同、购买保险;⑥大众汽车金融公司或自有经销商约见客户并办理相关抵押手续。

其次是与其他经销商合作,这种方式使消费者利用大众汽车金融公司汽车信贷购买汽车的渠道更加多元化。大众汽车金融公司先后与盈众集团、恒信汽车集团、新双立集团、晨阳集团与华熙集团等经销集团建立了长期战略合作关系,为在合作经销商处购买其他品牌汽车的消费者提供相应消费信贷服务。在具体运作方式上,与其他经销商合作和与自有经销商合作的模式大体相同,值得注意的是,与其他营销商合作扩大了消费者的购买选择范围,满足了不同消费者的差异化需求,同时也提高了大众汽车金融公司的市场占有率。

表1-29　大众汽车金融公司产品列表

产品名称	优势	申请流程
标准信贷	每月固定还款额;简便易操作;最长达5年的贷款期;简便快捷的申请方式;透明的价格	1.填写申请表格,提供相关证明 2.缴纳首付,签署合同,抵押登记 3.提车
弹性信贷	除首付和月供外,还有可控的弹性尾款,资金周转灵活;资产流动性较好;最长达5年的贷款期;简便快捷的申请方式	
尊享平衡贷	贷款方式全新;低月供半价贷;有效解决短时间资金周转不灵问题	
玲珑轻松贷	低首付低月供	
跃贷—标准信贷与跃贷—弹性信贷	极简手续,极简批复条件,极快放款时间	
二手车信贷	首付比例最低为车价的50%,贷款期限最长达3年	

注:表格由课题组整理。

（2）一汽汽车金融公司:汽车金融公司+自有经销商

经中国银监会批准,一汽汽车金融有限公司于2011年12月31日成立,注册资本10亿元人民币。其中,吉林银行出资3.4亿元人民币,占股34%;一汽财务有限公司出资6.6亿元人民币,占股66%。2012年1月18日,该公司正式挂牌开业。

公司以"依托集团、服务集团"为经营宗旨,秉承"以客户为中心、以市场为导向"的经营理念,凭借完善的金融客户服务体系和风险控制体系,在全国范围内搭建了辐射一汽集团全品牌系列的汽车金融网络,为一汽金融板块及一汽集团后产业衍生经济的发展做出了巨大贡献。

一汽汽车金融公司主要采用"汽车金融公司+自有经销商"的模式拓展业务,增加市场占有率。经过多年的发展,公司目前共设置7个区域管理中心,29个区域,业务辐射城市212个,业务往来经销商及机构客户近1 600家。

在汽车信贷客户体验方面,一汽汽车金融公司设计了个性化的贷前体验服务与集还款、提醒、查询、保险与结清为一体的贷后体验服务。在产品方面,依托卡车个人汽车消费信贷业务与轿车个人消费信贷业务,公司先后设计了易贷通、捷贷通与尊贷通等符合消费者消费水平和理财习惯的金融信贷消费产品,满足了消费者的购车信贷消费需求。在个人汽车消费贷款业务的运营流程方面,公司主要遵循以下流程:①区域客户经理与经销商人员联合对客户进行贷前调查;②本部后台审查及审批;③区域客户经理与客户面签合同;④由区域及本部后台共同对经销商及终端客户实施动态管理。

表1-30 一汽汽车金融公司产品列表

产品名称	资料提供	完成手续地点	服务效率	适用对象
易贷通	1.身份材料 2.收入证明	经销商店内	最快两小时可获知贷款核准意见	1.贷款额15万元以下; 2.首付不低于成交价的60%; 3.贷款期不超过24个月
捷贷通	1.身份证明 2.收入证明 3.居住证明 4.驾驶证明	由经销商转递给一汽金融	最快4个工作小时可获知贷款核准意见	贷款额在40万元以下
尊贷通	一汽金融视情况与客户进行电话确认	客户家中	视客户资料准备以及面谈时间确定	1.贷款额在40万元以上 2.车型级别较高

注:表格由课题组整理。

(二)小贷公司消费信贷

1.小贷公司消费信贷模式

(1)小额贷款+存量客户

部分新兴小额贷款公司的性质虽然是传统金融企业,但其背后支持的集团公司可能是制造类企业、高新技术企业,甚至互联网企业,这类小额贷款公司通常运用集团公司积累的存量客户资源开展金融业务。在开展消费信贷业务方面,对于手机生产商等直接拥有大量个人客户的集团公司,适用直接针对存量客户提供金融服务的模式,把产业链向金融业衍生。

（2）小额贷款+合作商户

对于没有强大存量客户做支撑的小额贷款公司，传统的小额贷款业务采取"点对点"的形式，消费类小额贷款适宜采取"点对面"的形式，即通过合作商户，与合作商户的大批消费者建立联系，通过不断地与商户建立合作关系，形成自己的客户网络。

2. 小贷公司消费信贷案例

（1）小米小贷公司：手机APP

小米小贷公司运用"小额贷款+存量客户"的模式。小米小贷公司于2015年6月由小米旗下全资境外子公司出资5 000万美元设立，总部设在重庆，是小米互联网金融的一部分。小米小贷的基础就是用户，自2011年发布第一台小米手机以来，小米手机市场占有量不断攀升，2014年小米手机出货量为6 112万台，MIUI①用户超过1亿人次；2016年小米手机销售量已超过1万台，MIUI用户数量更高，基于大量存量客户，小米小贷应运而生，将原有用户转化为金融服务用户，深度挖掘存量客户市场潜力。

在经营模式上，小米小贷针对为大批小米手机与MIUI存量用户，提供方便快捷的小额贷款业务。用户可通过手机申请贷款额度，同时，小米小贷会要求用户提供一些在小米手机上使用的数据和其他方面的数据，以此计算出用户的信用等级，并据此发放贷款额度，信用等级越好利率将会越低。可申请贷款数额为1元起贷、最高3万元。小米小贷在消费金融方面的发展，使得用户使用小米配套服务成为小米新的利润来源，而不是传统只依靠硬件收入。

（2）普罗米修斯小贷公司：小额贷款+合作商户

普罗米斯小额贷款有限责任公司运用传统小贷与"小额贷款+合作商户"模式。该公司由具有多年经营经验的消费信贷企业Promise（Hong Kong）Co., Ltd.（邦民香港）创立，目前在国内7个城市成立了小额贷款公司，分别为深圳、沈阳、天津、成都、武汉、上海、重庆。旗下品牌博民快易贷纯信用贷款产品"博民自由贷"主要针对工薪阶层提供最高30万元的贷款额度。

---

① MIUI是小米科技旗下基于Android操作系统所开发的ROM（刷机所用的镜像），以绿色极简、独特体验、华丽界面、电话短信打造自身特色，更好满足用户需求。其经历了MIUI 1、MIU 2、MIUI 3、MIUI V4、MIUI V5、MIUI 6等多个版本，2015年8月，MIUI7正式发布。

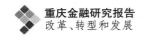

表1-31　普罗米斯小额贷款申请条件(以重庆市为例)

年龄要求	年满18~60周岁
收入要求	税前月收入2 000元以上
工作要求	在现单位连续工作满3个月
工作居住要求	在重庆主城九区工作或居住

注:表格由课题组整理。

在经营模式上,普罗米斯小额贷款公司除了运用传统小贷营销模式,即客户经理开拓个人客户外,在实际经营中也采用了"小额贷款+合作商户"的形式。以重庆普罗米斯小额贷款公司为例,客户经理以个人名义,通过与福建商会、巴南区建材市场管理方等单位建立良好的沟通联系,通过合作方间接接触到有消费贷款需求的个人客户,比传统小贷营销模式更有效地找到目标客户,并确定客户真实的消费行为。

研究报告二

互联网金融本质、现状、趋势研究

互联网金融本质、现状、趋势研究[*]

一、互联网金融兴起的时代背景

(一)互联网金融的发展和意义

1. 互联网金融引领重庆市金融发展新常态

发展互联网金融,提高金融增长速度。在全国经济增长速度放缓的新常态背景下,通过发展互联网金融,寻找重庆市新的经济增长突破口。目前重庆市第二产业的劳动力饱和,资源开始向第三产业转移。金融业作为第三产业中劳动生产率较高的行业,持续为经济增长做出贡献,互联网金融运用新思想和新技术,有助于提升金融业效率,赢得金融增长速度的提高。

发展互联网金融,适应金融结构调整。目前,重庆经济运行总体平稳,经济增速仍处于合理区间,但经济运行中不确定、不稳定的因素增加,结构性矛盾依然突出。要实现经济持续健康发展,提高经济发展质量和效益,必须着力推进经济结构战略性调整问题,加快经济转型升级。在实体经济创新能力滞后的现实情况下,互联网金融通过自身活力和创新力,成为促进金融结构调整的生力军,助力优化金融资源配置,推动利率市场化,适应新常态下经济结构转型升级的要求。

发展互联网金融,加强金融增长内生动力。现阶段重庆市金融资源分布不合理现象仍然存在,部分领域融资难、融资贵的问题仍然严峻。发展互联网金融,不仅是服务实体经济,推动经济结构调整和转型升级的需要,也是深化金融改革,不断提高金融服务水平的要求。

发展互联网金融,实现与传统金融相互融合,错位发展。传统金融和互联网金融都是金融体系中不可或缺的组成部分,传统金融具有庞大的人才队伍、成熟的金融技术和雄厚的资金实力,而互联网金融也具有传统金融所没有的优势。互联网金融要和传统金融实现融合式发展,在同一制度环境下,以优势互补为抓手,从而实现共同发展,为经济转型提供资金支持。

---

*主研人员:张洪铭、黄庆华、罗超平、沈朋雁、孙迎新、曹婷等。

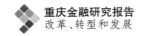

2. 发展互联网金融的理论意义及现实意义

现代金融理论的创新与金融实践的进步推动了金融中介理论的不断发展。作为信息网络技术与现代金融相结合的产物,互联网金融伴随着互联网的快速发展,将对金融行业产生根本影响。

首先,互联网金融能产生巨大的社会效益,可达到比间接融资更高的资源配置效率,并在促进经济增长的同时,大幅度降低交易成本。在互联网金融模式下,现代金融业的分工和专业化也被大大淡化了,被互联网及其相关软件技术所替代,从而形成的金融市场既可以让市场参与者更加大众化,又可以提供更易于操作的便捷服务。

其次,不少企业看到余额宝等多类互联网金融产品产生的巨大收益后,开始尝试自身业务改革,参与到互联网金融的发展大军中来。无论是单一的金融行业还是单一的互联网行业,由于技术进步速度快、商业模式多、运营过程中风险较大等,都对参与者提出了较高的要求。

此外,互联网金融的出现并非是对传统金融的替代,更多的是一种革新,对传统金融机构提出了顺应时代发展的新要求,对传统金融机构的未来发展有所启迪。

因此,系统分析互联网金融体系,总结互联网金融行业发展过程中需注意的问题,为企业涉足互联网行业提供借鉴,对促进互联网金融的健康"有序"持续发展具有重要的理论和现实意义。

(1) 理论意义

近几年,我国互联网金融的迅速发展,使我国传统金融业的发展受到一定冲击,这引起了全社会的极大关注。在中国人民银行发布的《中国金融稳定报告(2014)》中,曾专题探讨了互联网金融的发展对我国经济的利弊,认为互联网金融有助于改善小微企业融资环境,优化金融资源配置,提高金融体系包容性,发展普惠金融。

与此同时,国内外学者对互联网金融的理论研究已经十分广泛,普遍认为互联网金融的发展对我国社会的进步具有积极意义。大部分学者认为:一是有助于发展普惠金融,弥补传统金融服务的不足;二是有利于发挥民间资本作用,引导民间金融走向规范化;三是满足电子商务需求,扩大社会消费;四是有助于降低成本,提升资金配置效率和金融服务质量;五是有助于促进金融产品创新,满足客户的多样化需求。

然而,互联网金融在我国毕竟是一个新生事物,发展还很不成熟。国内外学者对互联网金融的理论研究,对我国互联网金融以后的发展道路以及可能会遇到的问题都进行了一定的预判,但理论界针对重庆市互联网金融发展现状、问题及对策的研究却相对滞后。互联网金融作为重庆市金融业的重要组成部分,在理论上还显得有些薄弱。特别是在当前国内互联网金融日益活跃、互联网金融风险频繁发生的情况下,加强对重庆市互联网金融发展的研究具有十分重要的理论意义。此外重庆市的金融业发展由于经济发展、历史文化等方面原因都与国内其他地区有较大的差别,因此,不可能完全照搬其他地区的发展模式或依据其他地区的发展经验进行金融业的改革。因此,有必要对我市互联网金融的发展现状做一个系统的总结和描述,有针对性地对重庆市互联网金融发展过程中呈现的特有问题进行探讨,最后提出适合重庆市互联网金融发展特点的政策建议,逐渐丰富重庆市互联网金融发展的理论体系,保证互联网金融能够在重庆市社会、经济的发展中发挥应有的作用。

(2)现实意义

一是分析国内、外互联网金融情况,总结经验教训。国外互联网金融发展较早,相关行业已经形成了一定的发展模式,相应的行业监管措施也相对完善。我国金融业较发达的地区前几年也已经开始了互联网金融业的全局部署,积累了一定的发展经验。这些经验对重庆市互联网金融的发展具有一定的参考借鉴价值,因此,在对重庆市互联网金融的研究之初应对国内外的互联网金融业发展现状进行系统的梳理,总结其发展过程中存在的问题和相应的解决方法,分析重庆市互联网金融发展过程中可能会遇到的困难,为我市互联网金融的发展提供价值。

二是研究重庆市互联网金融发展现状,探讨发展特点。重庆市互联网金融企业2013年开始起步,2014年迅速发展,相比较北京、上海等发达地区的互联网金融企业较晚。截至2014年末,重庆市拥有2家互联网支付机构,占全国支付机构比为0.8%;拥有44家个体网络借贷平台,占全国网贷机构比为2.6%,相比于广东330家、浙江206家差距很大;其他互联网金融机构总体水平相比而言也很薄弱。

三是分析重庆市互联网金融存在问题,明确产生原因。重庆市互联网金融的发展时间还比较短,行业的发展还处于探索阶段,发展经验也很不足,因此,在发展过程中不可避免地会遇到各种各样的问题。有的问题是整个行业在发展过程中都会遇到的,属于行业问题。但有的问题是由于重庆市的政治、经济、文化发展特色形成的具有地域性的问题,比如重庆市为鼓励互联网金融行业发展而发布的特殊政策会造成该行业发展过程中的特殊问题等。

四是结合现状,提出利于互联网金融发展的建议措施。本章在总结重庆市

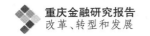

互联网金融行业发展现状的基础上,深入分析互联网金融行业发展存在的问题,最后根据重庆市金融业总体的发展规划,站在决策者高度,为重庆市互联网金融行业发展提出可行性建议。

(二)互联网金融的内涵和外延

1.互联网金融的内涵

互联网金融提供了一个共享、共治的平台,跳出了必须通过人才能形成贷款决策的框架,它虽然没有改变金融的本质,但促使金融的内涵和外延不断地演进和发展,甚至发生了很大变化,且其内涵和外延在行内目前还没有统一的定义和边界,业内存在的各种对互联网金融的探讨,也一直处于模糊概念之中。介于此,目前亟须梳理互联网金融的内涵和外延,明确互联网金融行业的发展依据。

目前,业内对于互联网金融的内涵一直没有统一的界定,而且当前人们对所谓互联网金融的认识还不够全面,对互联网金融运作模式、存在的风险和隐患均缺乏系统全面的了解。

直至2015年7月18日,《关于促进互联网金融健康发展的指导意见》正式出台,首次从国家层面明确互联网金融是传统金融机构与互联网企业利用互联网技术和信息通信技术实现资金融通、支付、投资和信息中介服务的新型金融业务模式。

阿里巴巴集团董事长马云认为,互联网企业从事金融业务的行为称为互联网金融,而传统金融机构利用互联网开展业务称为金融互联网。中国投资有限责任公司副总经理谢平认为,互联网金融模式是随着以互联网为代表的现代信息科技,特别是移动支付、社交网络、搜索引擎和云计算等技术的发展而出现的,是既不同于商业银行间接融资,也不同于资本市场直接融资的第三种金融融资模式。中国人民银行原副行长、国家外管局原局长吴晓灵认为,互联网金融的本质是利用互联网和信息技术,加工传递金融信息,办理金融业务,构建渠道,完成资金的融通。

2.互联网金融的外延

(1)互联网金融快速发展,成为经济发展重要推力

近年来互联网金融快速发展,成为经济发展的重要推力。一方面,互联网金融是将互联网技术和传统金融行业的业务处理有机结合而形成的一个新兴领域,是金融领域的重要创新。其与传统金融的区别不仅仅在于金融业务所采

用的渠道不同,更重要的是金融参与者深谙互联网"开放、平等、协作、分享"的特点,通过互联网、移动互联网等工具,传统金融业务具备透明度更强、参与度更高、协作性更好、中间成本更低、操作上更便捷等,其兴起和发展为金融业态和模式、金融理论和机制的创新提供了良好契机。

另一方面,互联网金融已成为推动中国经济发展的新力量。在我国经济发展进入新常态后,为保证经济持续、稳定增长,国家已出台多项措施推动互联网金融发展。2014年8月14日,国务院办公厅发布了《关于多措并举着力缓解企业融资成本高问题的指导意见》,其中提到尽快出台规范发展互联网金融的相关指导意见和配套管理办法。2015年3月5日,李克强总理在政府工作报告中提出"制定"互联网+"行动计划,推动移动互联网、云计算、大数据、物联网等与现代制造业结合,促进电子商务、工业互联网和互联网金融健康发展,引导互联网企业拓展国际市场。"

(2)抓住互联网金融契机,推进传统金融转型升级

从全国金融业发展历程来看,互联网金融快速崛起正倒逼传统金融改革。党的十八大以来,中国金融改革动作频繁,在金融改革不断推进的大潮中,作为新型金融业态的互联网金融异军突起。2012年下半年至今,我国互联网电商竞相涉足金融领域,推出了如淘宝基金店、百度"百发"理财产品、阿里余额宝、腾讯微信支付、人人贷、众筹等一系列互联网金融创新理财产品,并形成了新的投、融资渠道,互联网金融发展还重新切割传统银行业务版块,各大银行为此纷纷着手进行改革。

从重庆市金融业发展来看,互联网金融为重庆金融发展提供了契机。互联网金融依托互联网优势,打破了重庆金融业发展的空间限制,同时作为传统金融的有力竞争者和补充者,适时地把握互联网金融带来的机遇,有助于重庆市在整体金融体系、金融服务能力、金融支柱地位等各个方面的提升,并进一步激发重庆市的整体发展潜力,带动社会发展的跨越。

(3)互联网金融风险激增,须做到发展与监管并重

一是互联网金融风险大。现阶段我国信用体系尚不完善,针对互联网金融监管的相关法律还不健全,互联网金融违约成本较低,导致互联网金融容易诱发恶意骗贷、卷款跑路等风险问题。特别是网贷平台,由于准入门槛低和缺乏监管,成为不法分子从事非法集资和诈骗等犯罪活动的温床。2014年以来,淘金贷、优易网、安泰卓越等网贷平台先后曝出"跑路"事件。据统计,截至2014年末,风险暴露的平台数量已达到367家,其中,2014年新出现问题的平台达275家,是2013年的3.6倍。仅2014年10月,涉案金额7 000余万元的四川铂利亚、涉

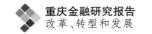
案金额2.8亿元的浙江传奇投资等20余家网贷平台,纷纷陷入关停甚至"跑路"的危机,被称为行业发展史上的"黑色10月"。

二是网络自身安全风险大。我国互联网安全问题突出,网络金融犯罪问题不容忽视。计算机病毒可通过互联网快速扩散与传染。在传统金融业务中,电脑技术风险只会带来局部的影响和损失,在互联网金融业务中,技术风险可能导致整个金融系统出现系统性风险,进而导致体系的崩溃。此外,计算机操作系统本身就存在漏洞,且层出不穷,当人们通过互联网进行投资或融资业务时,也就将个人信息及资产暴露于互联网风险之前,一旦遭遇黑客袭击,互联网金融的正常运作会受到影响,危及消费者的资金安全和个人信息安全。

三是互联网金融相关领域法律及监管措施不健全。由于互联网金融的虚拟化、无国界化、技术装备水平高的特点,再加上相关法律缺位等问题,加大了互联网金融监管的难度,使其风险进一步加大。

因此,基于互联网行业的发展优势以及发展过程中存在的风险,综合考虑必须在保持互联网行业持续发展的同时加强行业的监管。

(三)互联网金融兴起的背景

互联网金融是互联网与金融相结合的产物,这种崭新的金融模式有着深刻的产生背景。我国互联网金融的崛起速度是惊人的,其原因既有技术性的,也有中国固有的金融压抑和金融产品供给不亲民导致的爆发性增长。技术进步是互联网金融崛起的首要因素,是互联网技术发展对金融服务领域的自然渗透。同时,金融个体对于金融服务更便捷、更低成本的需求催生了互联网金融。因此,互联网金融的出现是互联网技术对人们生活方式改变过程中产生的一个自然现象,它是需求型拉动与供给型推动二者合力的结果。

1. 需求创造发展空间

传统金融市场流动性弱,金融资源所能覆盖的企业或人群大都处于经济结构的上层,而广大中小微企业、平民百姓,能享受到的金融资源极为有限,大量的财富管理需求、投资需求无法得到满足。同时,传统金融市场各主体的运营成本、信息不对称风险、时间消耗等众多成本的存在使得各个主体对金融模式创新显得更为强烈,这种由需求拉动的因素,是互联网金融产生的内生动力。在我国,互联网金融的兴起有以下一些特定背景:

(1)小微企业需求

传统金融机构从资金的安全性方面考虑,对贷款企业的条件要求相对较高,审批手续也很繁琐,特别是由于信贷产品创新不够,缺乏针对小微企业的信贷产品。然而小微企业规模小、固定资产比重低、财务信息透明度低等经营特征，以致缺乏有效的资产抵押使其融资更加困难。长期以来，我国传统金融机构未能有效满足小微企业的金融需求，同时，民间金融因其内在局限性导致风险事件频发，小微企业急需开拓合理的融资渠道。

（2）消费信贷需求

我国经济结构调整产生了大量消费信贷需求，但提供居民耐用品消费、旅游、教育等一般用途个人消费信贷金融服务的机构较为分散。传统金融机构虽已涉及个人消费信贷领域，但用于个人的消费信用贷款所占比重极为有限，形成了我国个人消费金融服务覆盖面窄、专业化程度不高的特征。互联网金融的发展，对释放和满足传统金融机构长期难以惠及的低收入人群的消费金融需求，引导我国个人消费金融走上专业化轨道，有着极其重要的促进作用。

（3）投资理财需求

在我国存款基准利率偏低，股票市场长期不景气，房产限购的背景下，老百姓的投资理财需求得不到有效满足；股权融资渠道在目前的IPO管理体制下，也存在很大的局限；传统金融机构证券、基金、保险等的产品销售受制于银行渠道，因而，有拓展网上销售渠道的必要性。

我国市场经济发展对互联网金融的强烈需求为中国互联网金融的崛起提供了机会。

2. 供给创造发展条件

互联网金融的兴起与大数据、云计算和移动支付等技术的发展密不可分，它们的兴起与发展为互联网金融的产生创造了条件。

（1）大数据基础普及化

在大数据时代，消费者、企业等各个经济领域都在不断挖掘大数据的潜力，人类社会正处于一个大数据驱动的创新、生产率的提高、经济增长以及新的竞争形式和新价值产生的顶峰。后台大数据处理技术的普及应用，提升了机构积累及处理大数据的能力，有助于互联网企业及金融企业高速创新互联网金融业务。

（2）全社会走向数字化

目前，全社会已有约70%的信息被数据化了，未来更多的经济活动将会从线下转到线上。随着人类的信息不断数据化，一些实体经济企业转做电商，在积累了大量数据后，运用风险控制工具，进入金融领域。

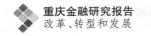

（3）移动支付技术广泛应用

通信设备和网络技术的发展大大促进了移动互联网的发展，进而加快了智能手机和掌上电脑的普及。随着移动互联网的发展和智能终端的普及，移动支付技术得到了极大提高，从而带动了移动支付业务井喷式发展，在互联网金融模式下产生交易支付方式，促进第三方支付平台的发展。

（4）云计算支付技术广泛应用

云计算具有提高运算效率和节约服务器资源等优势，大型银行通过采用私有云，中小型银行采用公有云，能够为银行带来降低成本、降低风险、增强数据分析能力、缩短运行时间和响应时间等竞争优势。不仅传统金融行业越来越重视借助云计算技术促进自身发展，而且国内以百度为首的互联网公司也已经开始开发自己的云计算商业模式。

（5）互联网金融自身优势突出

在用户拓展上，互联网金融突破了地域的限制，所有使用互联网的人群均成为互联网金融企业潜在的用户。企业通过对用户的地域分布、年龄、性别、收入、职业、婚姻状况和爱好等基本资料的分析处理，有针对性地投放广告，并根据用户特点做定点投放和跟踪分析，对广告效果做出客观准确的评价。网络营销的精准定位，将部分潜在客户变为企业实际用户，在一定程度上帮助企业拓展了用户群体。互联网金融能够凭借自身优势，针对每位顾客多样化、差异性需求，根据客户信息进行创新，以此为支点推出量身定做的金融产品。通过对客户细分定位，在互联网平台或移动支付平台上提供不同类型的金融产品，客户自主在互联网平台或诸多移动金融服务中进行个性化选择以决定接受何种金融服务，从而最大化满足客户需求。

3. 传统金融升级的必然选择

互联网金融以其独特的优势向传统金融发起了挑战，包括改变传统金融机构的盈利模式、调整业务结构、改变客户基础、改善服务水平、建立和引进新的信息管理系统、创建适合新模式下的新的管理体制和机制及方法等，在长期的发展过程中将促进传统金融转型升级，促进传统金融向前发展。传统金融受到的挑战具体表现在五个方面。

（1）中介角色受到弱化

互联网金融的挑战使银行传统金融中介地位的角色受到弱化。互联网金融会使金融脱媒现象越来越严重，这是互联网金融的核心意义所在。大量的传统金融机构职能不断分化甚至消失，绕开银行直接办理金融业务会变得普及。

互联网金融模式下,资金融通双方不再需要银行或交易所等中介机构撮合,可以通过网络平台自行完成信息甄别、匹配、定价和交易,去中介化作用明显。

(2)经营模式受到挑战

传统金融模式有两个明显特征:一是利用实体网点,通过客户经理的营销,服务辐射半径内的客户,通过柜员来经办,以此开展业务活动,所以传统金融模式宣称"渠道为王";二是信息搜集和处理方式比较原始,一般人工搜集后,采用录入的方式进入封闭的内部系统。但互联网金融彻底改变了这种传统的经营模式,利用互联网搭建网络金融平台,客户自行选择适合的金融产品,自己便可办理业务。在信息搜集处理方面,互联网金融将庞大分散的信息资源以及数据,利用"云计算"原理,将不对称、金字塔形的信息扁平化,实现数据处理的开放性、标准化、结构化,提高数据的使用效率。

(3)收入来源受到冲击

传统的金融模式下,银行创造和实现价值主要是通过其专业的技术、复杂的知识和冗繁的流程向客户提供服务获得,利差仍然是商业银行的主要收入来源。商业银行的发展模式和盈利方式基本上是外延粗放型的,但在互联网金融模式下,目标客户发生改变,客户的消费习惯和消费模式不同,其价值诉求也会发生根本性转变。随着市场参与者更为大众化和普及化,社会分工和专业化被大大淡化,加之利率市场化进程的加快,利差收入将减少,非利息收入在收入中的比重会明显提高,传统金融模式下银行收入的来源受到严重冲击。

(4)客户基础受到动摇

客户是商业银行等金融机构开展各项业务的基础。但由于受"二八定律"的支配,传统金融模式下,银行服务了20%的客户,却赚了80%的钱。为数众多(80%)的客户为银行做贡献,却享受着低端服务,一旦这批客户发生动摇,对银行业的冲击不可低估。据悉,截至2014年末,我国网民人数已达6.49亿人次,人均每周上网26.1小时,较2013年末增加了1.1个小时,此外,手机即时通信以其庞大的用户基数为其他服务提供了巨大的潜在商业价值,在网民中的使用率继续上升,达到91.2%,较2013年底末提升了5.1个百分点,逐步成为我国网民上网趋势增长的一个主要推动力。互联网金融正是发现这一契机,对传统金融模式下被忽略的客户发起精准营销,这直接导致传统银行的客户基础受到动摇。

(5)管理方式受到影响

互联网金融模式下,对传统金融管理方式的影响主要集中体现在两个方面:一是挑战银行传统的僵化而复杂的内部流程;二是颠覆传统银行对物理网

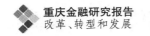
点的高度依赖。正是这种僵硬的管理体制和与之相匹配管理方式阻碍着业务的发展。互联网金融的优势在于效率,如阿里信贷,其淘宝商户贷款流程包括:三分钟网上申请,没有人工审批,一秒贷款到账,既不用去物理网点,又没有复杂繁琐的审批环节。

二、互联网金融的业态及特点

(一)互联网金融的业态

在我国,互联网金融业态逐渐明晰,单独出现的互联网金融业态较少见。按支付、信息处理和资源配置的差异,互联网金融业态大致可分为互联网支付、网络借贷、股权众筹融资、互联网基金销售、互联网保险、互联网信托和互联网消费金融。

1. 互联网支付

互联网支付是指通过计算机、手机等设备,依托互联网技术发起支付指令、转移货币资金的服务,银行负责监管。

(1)第三方支付

第三方支付是互联网支付功能的另一种表现形式,其本质上是一种资金托管代付,它成功地解决了资金的安全流转,使互联网金融交易双方能够安全、放心地进行网上交易。对于平台而言,它所获得的就是资金沉淀利息、出入金手续费和渠道费用等。

采用第三方支付模式,一是可以消除人们对网络购物和交易的顾虑,推动电子商务的快速发展;二是可以为商家提供更多的增值服务,维护客户和商家的权益;三是可以帮助商家降低运营成本,帮助银行节省网关开发费用;四是有助于打破银行卡壁垒,避免为完成网络购物,消费者手里面须持有十几张银行卡,以及商家网站须装有各银行的认证软件的情况产生。

(2)移动支付

2005年由中国人民银行制定的《电子支付指引(第一号)》指出,"电子支付是指单位、个人直接或授权他人通过电子终端,发出支付指令,实现货币支付与资金转移的行为。"移动支付就是移动通信领域和电子货币领域相互作用的结合体,具有随身移动性、信息及时性、可定制化、功能集成性的特点。

2. 网络借贷

网络融资平台是指应用互联网、大数据技术,结合行业特点,在线上进行融资的活动。网络借贷包括个体网络借贷和网络小额贷款,前者属于民间借贷范畴,受合同法、民法通则等法律法规以及最高人民法院相关司法解释规范,后者应遵守现有小额贷款公司监管规定,由银监会负责监管。

(1)个体网络借贷

个体网络借贷是指个体和个体之间通过互联网、小额信贷等创新技术、创新金融模式紧密结合实现的直接借贷形式。借款人和出借人在平台进行注册,需要资金的人发布信息(简称发标),有闲余资金的人参与竞标,一旦双方在额度、期限和利率方面达成一致,交易即达成。

截至2016年6月,我国正常运营的个体网络借贷平台达2 300多家,由个体网络借贷的概念衍生出了很多模式,根据其平台的模式各有不同,归纳起来主要有以下三类:一是担保机构担保交易模式。这是最安全的个体网络借贷模式,此类平台作为中介,平台不吸储,不放贷,只提供金融信息服务,由合作的小额贷款公司和担保机构提供双重担保,典型代表如人人贷,此类平台的交易模式多为"一对多",即一笔借款需求由多个投资人投资。二是个体网络借贷平台下的债权合同转让模式——宜信模式,也可以称为"多对多"模式,借款需求和投资都是打散组合的,甚至由宜信股东将资金出借给借款人,然后获取债权对其分割,通过债权转让形式将债权转移给其他投资人,获得借贷资金。三是大型金融集团的个体网络借贷平台。与其他平台几百万的注册资金相比,金融集团的规模更大,例如平安集团旗下陆金所4亿元的注册资本,其个体网络借贷业务采用线下的借款人审核,并与平安集团旗下的担保公司合作进行业务担保,由专业团队进行风控。

(2)网络小额贷款

网络小额贷款是指互联网企业通过其控制的小额贷款公司,利用互联网向客户提供小额贷款。目前主要是供应链融资业务模式,即电商企业利用互联网、云计算等信息化手段,对其长期积累的平台客户交易数据进行专业化的挖掘和分析,通过自建小额贷款公司或与银行合作的方式,向其平台上的小微企业提供信贷服务。如阿里小贷、京东金融、民生易贷等。一方面,电商小贷满足了其平台上小微企业短、频、快的资金周转需求以及固定资产投资需求;另一方面,电商向银行提供平台客户交易数据,帮助银行解决风险控制问题,助力平台客户获得授信,推动小微企业突破资金需求瓶颈。

网络小额贷款可以归纳为以下三种模式:一是以阿里和苏宁为代表的直接

放贷模式。电商通过成立小额贷款公司,获得开展贷款业务的牌照,由旗下小额贷款公司直接向客户发放贷款。二是以慧聪、京东为代表的与银行合作放贷模式。电商提供客户源并将平台数据转化为一定的信用额度,银行依此进行独立审批并发放贷款。三是商业银行推出电子商务平台,为客户提供包括小额贷款在内的金融服务。

3. 股权众筹融资

股权众筹融资(以下简称众筹)主要是指通过互联网形式进行公开小额股权融资的活动,采用预购的形式,向网友募集项目资金,由证监会负责监管。

众筹利用互联网传播的特性,让小企业、艺术家或个人向公众展示他们的创意,争取大家的关注和支持,从而获得所需要的资金,出资人通过创意实现的盈利来获得相应的报酬。相对于传统的融资方式,众筹更为开放,能否获得资金也不再是由项目的商业价值作为唯一标准。只要是投资者喜欢的项目,都可以通过众筹方式获得项目启动的第一笔资金,这为更多小本经营或创作的人提供了资金。

众筹主要包括以下三种模式。一是股权众筹模式。股权众筹是筹资公司出让一定比例的股份,投资者通过出资入股公司,获得未来收益。这种融资形式通过互联网的渠道来完成,资金需求方将项目介绍挂在众筹网站上,通过路演、展示等方式向平台的投资者介绍项目内容,最后由投资省申请认购。天使汇是国内首家发布天使投资人规则的众筹平台。二是回报众筹模式。回报众筹指的是预售类的众筹项目,团购包含在此范畴,但团购并不是回报众筹的全部。回报众筹指的是对仍处于研发设计或生产阶段的产品或服务的预售,团购则更多指的是对已经进入销售阶段的产品或服务的销售。回报众筹面临着产品或服务不能如期交货的风险,而且回报众筹只是为了募集运营资金、测试需求,而团购主要是为了提高销售业绩。三是捐赠众筹模式。捐赠众筹指的是投资者对项目或公司进行无偿捐赠,如红十字会等这类NGO的在线捐款平台可以算是捐赠众筹的雏形。

4. 互联网基金销售

互联网基金销售属于基金销售业务的一种业态类型,指基金销售机构与其他机构通过互联网合作销售基金等理财产品的行为,由证监会负责监管。基金销售机构必须具备基金销售业务资格,同时互联网在基金销售过程中,承担销售渠道和支付结算的功能。因此,互联网基金销售合作体进行合法基金销售必须具备如下三个要件:具备基金承销资格,具有互联网推介渠道,具备第三方支付结算业务资质。互联网基金销售属于合法的基金销售行为,依法接受相关金融机构监管。余额宝就是典型的互联网基金销售案例,天弘基金和支付宝合作,依托阿里巴巴平台,一举成为最大的互联网基金销售产品。

5. 互联网保险

互联网保险包括保险公司开展的互联网保险业务与专业互联网保险公司业务两类,由保监会负责监管。

专业互联网保险公司的核心定位又分为两类:一类是聚焦于保险产品的垂直搜索平台,利用云计算等技术精准、快速地为客户提供产品信息,从而有效解决保险市场中的信息不对称问题,典型代表有富脑袋、大家保和eHealthInsurance等。另一类保险类门户定位于在线金融超市,为客户提供了一种全新的保险选购方式,并实现了保险业务流程的网络化,具体包括保险信息咨询、保险计划书设计、投保、核保、保费计算、缴费、续期缴费,充当的是网络保险经纪人的角色,能够为客户提供简易保险产品的在线选购、保费计算以及综合性保障方案等专业性服务,典型代表为大童网、慧择网以及Leaky等。

6. 互联网信托

互联网信托是近年来火热的互联网金融的一个全新模式,即P2B(个人对企业)金融行业投融资模式与O2O(线下线上)电子商务模式的结合,即通过互联网实现个人和企业之间的投融资,由银监会负责监管。

互联网信托业务一般涉及三个方面当事人,即投入信用的委托人、受信于人的受托人以及受益于人的受益人。互联网信托由委托人依照契约或网站条款的规定,为自己的利益将自己财产上的权利通过受托人(即互联网平台)转给受益人(即中小微企业)作为周转资金,受益人按规定条件和范围通过受托人转给委托人其原有财产以及该过程中所产生的收益。

7. 互联网消费金融

消费金融是向购买消费品的消费者提供消费贷款的现代金融服务方式。互联网消费金融是指消费金融借助于互联网的高效、便捷和平等,从而实现投资者、融资者、生产者和消费者的共赢生态圈的一种新兴金融服务方式,由银监会负责监管。要做到消费金融互联网化必须具备以下几点:一是金融场景互联网化;二是产品互联网化;三是渠道互联网化;四是规则风控和数据模型风控并重;五是支付互联网化;六是服务互联网化;七是基础设施互联网化。整体来说,互联网消费金融关注的是如何充分利用互联网的优势,更快捷、迅速、安全地为客户提供面向全场景的消费金融服务。

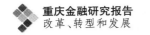
(二)互联网金融的特点

互联网金融具体包括以下六大特点。

1.资源开放化

基于互联网技术的开放性和社会资源共享精神,因此所有使用网络的人都能不受限制地获得互联网提供的资源。而基于互联网技术发展起来的互联网金融,兼具互联网资源的开放性和共享性两个主要特点。资源开放化的互联网金融使用户获取资源信息的方式更加自由,同时拓展了互联网金融受众的有效边界。

2.成本集约化

互联网金融模式下,资金供求双方可以通过网络平台自行完成信息甄别、匹配、定价和交易,无传统中介、无交易成本、无垄断利润。一方面,金融机构可以避免开设营业网点的资金投入和运营成本;另一方面,消费者可以在开放透明的平台上快速找到适合自己的金融产品,削弱了信息不对称程度,更省时省力。

3.选择市场化

互联网金融的产生不仅为传统金融市场的参与者提供了一个展示产品的平台,也提供了更多的可供选择的金融产品,这些金融产品提供更具竞争力的收益率,以及更低的进入门槛,金融市场的参与者可以在市场上自由选择合适的产品。优质金融产品的大量出现加剧了金融机构间的竞争,金融市场由资源垄断型市场逐渐转换为自由选择型市场。

4.模式多样化

互联网金融是互联网与金融的结合,在结合的过程中创新了许多商业模式,比如众筹模式、个体网络借贷模式、与电子商务企业合作的货币基金销售模式,当然也有传统金融机构向互联网金融转型的模式。

5.监管复杂化

互联网金融在我国处于起步阶段,多样化的模式为互联网金融行业带来了活力与创新,但同时也给监管带来了困难。我国现有的分业监管体系还处于初步阶段,实际操作中,面临着诸多政策和法律问题。

6.风险扩大化

互联网金融的出现使得进入金融行业的门槛降低,一定程度上实现了普惠,但是这同时也加剧了该行业的风险。缺乏金融风险控制经验的非金融企业大量涌入,加之互联网金融行业发展迅速,涉及客户数量多,一旦出现风控事故,极有可能产生"多米诺骨牌"效应,使得风险迅速蔓延以致造成群体性事件,最终给互联网金融行业及关联经济体造成损失。

三、国内外互联网金融发展的启示

(一)国外互联网金融发展的借鉴意义

1. 美国互联网金融概况

美国互联网在20世纪90年代高速发展,渗透到社会各个领域,也进入了金融领域。借助互联网发展的浪潮,美国的互联网金融业发展时间较早,目前处于比较成熟的阶段。美国的互联网金融以建立于1992年的美国亿创理财(E*Trade)为代表,它的成立标志着美国进入电子交易时代。如图所示,美国互联网金融的发展历程,经历了从电子交易走向个体网络借贷的过程。

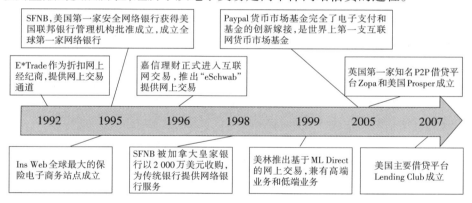

图2-1 美国互联网金融发展历程

互联网金融主要有以下几类方式:

(1)网络银行

1995年,Security First Network Bank(简写:SFNB)成立,标志着全球第一家网络银行诞生。SFNB在1995—1998年间,充分发挥网络银行的方便性和安全性,几个月内吸收了6 000多万美元的存款。但由于经营上的问题,公司一直未获盈利,直到1998年被加拿大皇家银行以200万美元收购后,SFNB转型为传统银行,提供网络银行服务。SFNB在经营中处处以客户为中心,提供一系列优惠、方便的服务,其业务涵盖了电子账单、支付、利息支票业务、基本储蓄业务、ATM、CDS、信用卡、回报性项目等。

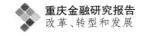

（2）网络券商

美国亿创理财（E*Trade）于1992年创立后不久，就赶上了美国第二波佣金降价潮，并成为美国佣金价格战的先驱。随着E*Trade的兴起，网络券商行业经历了快速的整合和发展，包括嘉信理财和TD Waterhouse都开始进入网络券商领域。

（3）网络保险

Ins Web公司于1995年2月在美国加州成立，成为后来美国十分著名的第三方保险网站。不同于传统意义上的保险企业，第三方保险网站通过互联网提供多家保险企业的产品报价和信息，可以为客户提供更多比较和选择保险产品的机会，更为公正和客观，随后很多保险公司都开始设立自己的网站。网络保险主要通过代理模式，与保险公司业务合作，从而实现网上保险交易并且获得规模经济效益，此外还有网上直销模式。

（4）网络基金销售

Paypal成立于1998年12月，由Peter Thiel及Max Levchin建立，允许在使用电子邮件来标识身份的用户之间转移资金，1999年，Paypal货币市场基金完成了电子支付和基金的创新嫁接，是世界上第一支互联网货币市场基金。Paypal货币市场基金于2007年达到峰值，规模接近10亿美元，在2008年金融危机期间，基于宏观金融环境的变化，PayPal货币市场基金收益也直线下跌。数据显示，2008年后，Paypal货币市场基金的收益急剧下降，2011年仅为0.05%，相对于2008年贬损达98%，Paypal最终选择抛弃货币市场基金。

（5）网络借贷

截至2013年末，美国两家主要的个体网络借贷平台——Prosper和Lending Club，各自促成了6.92亿美元和30亿美元的总贷款。Prosper成立于2005年，Lending Club则成立于2007年，这两家公司成立之初正好碰上了Web 2.0的兴起和2008年金融危机，前者提供了个体网络借贷产生的可能性，后者则是个体网络借贷成长的助推器。2013年，美国个体网络借贷的规模达到50亿美元，如果在接下来的五年内个体网络借贷还能保持现有的增长速度，从2013年到2017年，Prosper和Lending Club预计可以总共发放1 430亿美元的贷款。

2. 英国互联网金融概况

在英国，互联网金融被广泛称为"另类金融"（Alternative Finance）。"另类金融"在英国得到发展主要有以下原因：一方面，金融危机后，银行业萎缩，对企业贷款的限制加强，尤其是中小企业贷款。2011年2月，汇丰银行、巴克莱银行、莱斯银行、苏格兰皇家银行和西班牙国际银行英国分行同英国央行英格兰银行达成一致，承诺2011年向当地企业提供1 900亿英镑（约合3 002亿美元）贷款，其中760亿英镑(约合1 201亿美元)发放给中小企业。数据显示,五大银行超额完成2011年全年贷款目标,总共提供2 149亿英镑(约合3 395亿美元)新增贷款,但未完成中小企业贷款目标,实际贷款749亿英镑(约合1 183亿美元)。据2013年英国启动的基于消费的资产定价模型"布里顿观察"预计,未来5年,英国中小企业的融资缺口或将在840亿至1 910亿英镑之间,而这无法单纯依靠商业银行贷款的传统金融融资方式得到解决。

另一方面,据AltFi News调查,信用卡的使用孕育了不断上升的债务,英国3 000万信用卡持有人平均负有4 500英镑左右的信用卡债务,66%的持卡人每月支付利息,其中20%用户选择每月支付最低还款额,这可能需要长达17年才能还清,最终借款人需要偿还原有债务的两倍以上。但在英国55%的信用卡持卡人甚至不知道自己的信用卡余额的利率,许多英国人不切实际地认为自己能够在平均只有3年11个月还清他们目前的信用卡债务。个体网络借贷通过提供不到信用卡还款利率一半的借款利率,能够更快帮助人们偿清信用卡债务。

英国P2P金融协会(Peer-to-Peer Finance Association,P2PFA)报告显示,截至2014年第一季度末,英国个体网络借贷协会累计贷款12.07亿英镑,是2013年同期4.91亿英镑的2.46倍。2011年,由三家领头借贷公司Zopa,Rate Setter,Funding Circle自行成立行业自律协会P2PFA,现有成员共8位(Zopa,Rate Setter,Funding Circle,Thin Cats,Lend Invest,Madiston LendLoan Invest,Wellesley&Co和Market Invoice),都是具有一定规模的英国个体网络借贷公司,占英国P2P借贷市场95%以上,P2PFA成员累计贷款额从2010年4月到2014年4月不断升高,2014年增长率达到145.82%,显示出个体网络借贷强劲的增长势头和发展潜力。

3. 其他国家互联网金融业概况

(1)德国互联网金融业概况

在德国,个体网络借贷的规模较小,市场主要有两家:Smava和Auxmoney,其中Auxmoney的月交易额约在500万欧元,Smava的月交易额在100万欧元以下。两个交易平台均不承担信用风险,其中Auxmoney的投资人风险完全自负。

(2)法国互联网金融业概况

Prêt d'Union是法国唯一一家有信贷机构牌照的个体网络借贷平台,其提供的贷款非常多样化,有家电、汽车、旅游,甚至还有分娩等。截至2014年2月,已累计实现6 000万欧元的贷款。

(3)澳大利亚互联网金融业概况

Society One是澳大利亚第一家个体网络借贷平台,成立于2012年。借助于

澳大利亚2014年3月全面推行的新征信系统,Society One采用了更加严格的审查方式和更加透明的信息披露。比如投资者可以看到对方借款理由,借款人在谷歌地图上的位置,还有其简易的财务报表。

4. 国外互联网金融发展经验借鉴

(1)市场环境方面

发达的市场环境和完善的信用评级体系促进了个体网络发展。如Lending Club、Kabbage等公司均可获得本国的基础信用评级数据,并将其作为评估客户风险的重要依据。Lending Club由银行完成借款后,随后将借款进行类似资产证券化的操作,通过对债券进行打包、组合与拆分再出售,提高了资产的流动性,并实现了风险的分散。

成熟的个人和企业征信系统有利于个体网贷发展。美国、英国利用三家市场化的征信公司建立了完整的征信体系,可提供准确的信用记录,实现机构与客户间对称、双向的信息获取,如美国个体网络借贷平台Lending Club与多家银行实现征信数据共享,将客户信用等级与系统中的信用评分挂钩。德国、法国则发挥政府主导征信体系的权威性和完备性,大大减小了市场的违约风险。

(2)行业自身方面

强化运营管理机制的完善。一是结合多方信息进行融资项目筛选。利用网络渠道获取非传统信息,并结合传统信用基础信息对照分析,提高信用甄别效率、控制业务成本和业务风险。Lending Club公司运用多渠道数据评估信用,包括美国信用统计局的基础数据,以及通过第三方获得客户的IP地址、邮箱、电话号码和住址等信息评估其信用和欺诈风险;英国Kabbage公司结合企业Facebook上的客户互动数据、地理信息分享数据、物流数据进行信用甄别。二是规避过度价格竞争。国外互联网金融公司多采用以管理费用、佣金为主的盈利模式,避免以高利率、零费率、超低费率等单纯价格竞争吸引客户。以项目筛选和信息披露作为风险控制的主要手段,不以自身资本金进行项目担保,从而防范项目欺诈风险。如Zopa通过资金借出人之间的竞标有效降低资金利率;Lending Club通过对不同用户进行信用等级评定及贷款利率、期限限定,为不同风险偏好的客户配置与之相适应的投资项目。三是把握资金运用的集中度和流动性结构。Paypal货币市场基金主要是投资高质量证券,并限制将该基金集中投资于某个发行者发行的证券。为防范流动性风险,规定所投资的以美元加权的证券投资组合到期时间不超过90天,投资的单一证券到期时间不超过397天。

大力发展行业自律监管体系。在行政监管的同时,各国也在积极发展各类互联网金融的行业自律监管组织。国际上,很多行业协会通过制定行业标准,推动同业监督,规范引导行业发展。英国三大个体网络借贷平台就建立了全球第一家小额贷款行业协会,美、英、法等国积极推动成立众筹协会,制定自律规范。很多企业本身,也通过制定企业内部监管规定,规范交易手续,监控交易过程,实施自我监管。如澳大利亚众筹网站 ASSOB 注重筹资流程管理,为平台长期安全运行发挥了关键作用。

（3）行业监管方面

将互联网金融纳入现有监管框架。国外互联网金融市场相对较为成熟,对各类金融业务的监管体制较为健全和完善,体系内各种法律法规之间互相配合协调,能大体涵盖互联网金融新形式,不存在明显的监管空白。国际上的普遍做法是,将互联网金融纳入现有监管框架,不改变基本的监管原则。例如,美国证监会对个体网络借贷公司实行注册制管理,对信用登记、额度实施评估和管控。英国从 2014 年 4 月起将个体网络借贷、众筹等业务纳入金融行为监管局（FCA）的监管范畴,德国、法国则要求参与信贷业务的互联网金融机构需获得传统信贷机构牌照。

积极完善相关法律法规。在将互联网金融纳入现有监管体系的同时,世界各国也在根据形势发展,不断创新监管理念,针对互联网金融以后可能出现的监管漏洞,通过立法、补充细则等手段,延伸和扩充现有监管法规体系。例如,美国、澳大利亚、意大利通过立法给予众筹合法地位,美国、法国已拟定众筹管理细则。英国 FCA 在正式对互联网金融进行监管的同时,配套推出涵盖众筹、个体网络借贷等产品的一揽子监管细则。加拿大计划年内启动《反洗钱和恐怖活动资助法》修订工作,打击利用网络虚拟货币从事洗钱和恐怖融资活动等内容。目前多数发达国家已将虚拟货币纳入反洗钱监管体系。

注重行为监管,明确监管部门。互联网金融业务交叉广、参与主体来源复杂,因此国际上普遍做法是,针对不同类型的互联网金融业务,按照其业务行为的性质、功能和潜在影响,来确定相应的监管部门以及适用的监管规则。例如,美国、意大利、西班牙将互联网融资分为股权、借贷两种模式,分别由金融市场监管机构、银行监管机构实施监管。法国根据众筹机构是否同时从事支付和信贷发放,来确定负责监管支付行为的金融审慎监管局是否参与。

监管适度的必要性。2008 年 10 月,SEC（美国证券交易委员会）正式介入美国个体网络借贷市场监管。一是提高注册门槛,有效阻止了劣质新参与者的加入,同时大量的小机构却由于达不到注册要求以及无力负担高昂的法务费用而被迫关闭,这次洗牌造就了今日美国个体网络借贷行业近似双寡头垄断的市场格局。二是要求个体网络借贷平台每天都要至少一次或者多次向SEC提交报告。其中,贷款列表需要每天提交,以保证当消费者对个体网络借贷平台提起法律诉讼时,有存档记录证明平台是否存在错误信息误导消费者。从一方面来看,SEC以如此迅雷之速介入监管,严格把关平台运营,确实起到了清洗市场、提高平台透明度、增强社会对其信心的作用。但同时也早早地束缚了美国个体网络借贷的手脚,难免压缩了互联网金融自由成长的空间。

相比美国,英国监管的相对灵活对于创新的保护更为有利。P2PFA是由行业自发组织的自律组织,其对英国个体网络借贷行业的监管起到了巨大作用。P2PFA提出了成员需要履行的"8个必须"和"10项原则",不仅对最低运营资本金、高级管理人员和平台IT系统提出了基本要求,强调公司不能成为自己平台的借款者,还要求成员平台须公开预期违约率、实际违约率、逾期贷款等。在P2PFA的推动下,英国金融行为监管局2014年3月发布了《关于网络众筹和通过其他方式发行不易变现证券的监管规则》,促进了英国互联网金融的合规发展。

(二)国内互联网金融发展的启发

1. 杭州市打造总部基地,构建全国互联网金融创新中心

2014年末,杭州市出台了《关于推进互联网金融创新发展的指导意见》(以下简称杭州市《指导意见》),力争2020年基本建成全国互联网金融创新中心。杭州市《指导意见》明确由杭州市完善创新金融服务体制机制改革小组研究确定全市互联网金融产业发展的重大举措,协调解决互联网金融产业发展中遇到的困难和问题,由杭州市金融办负责牵头组织实施杭州市《指导意见》。

杭州市《指导意见》提出重点培育发展互联网金融机构和第三方支付机构、网络债权融资企业、网络股权融资企业、互联网金融门户、互联网金融后台五类互联网金融企业,从杭州市级金融服务业专项资金中统筹安排资金,重点用于扶持互联网金融集聚区和基础设施建设、互联网金融企业培育等。鼓励杭州市各区、县(市)设立配套专项资金,支持互联网金融产业发展。通过市、区、集聚区三级联动,落实行业准入、人才培养、信用建设等方面的扶持政策,强化行业管理和风险防控,营造宽松、包容的创新创业氛围和良好、有序的行业发展环境。

自2013年6月阿里巴巴集团旗下支付宝推出"余额宝"以来,杭州市不断有创新的互联网金融公司成立,例如数银在线、连连支付、盈盈理财、挖财网、铜板

街、51信用卡、爱学贷、仁仁分期、同盾科技等。其中支付宝、蚂蚁金服、浙江网商银行、同花顺、元宝铺等一批大中企业的出现和发展，促使杭州成为我国互联网金融产业领跑城市。

2. 深圳市依托现有金融机构，培育互联网金融品牌企业

2014年2月，深圳市政府常务会议通过了《关于支持互联网金融创新发展的指导意见》（以下简称深圳市《指导意见》）。深圳市《指导意见》除了鼓励传统的银行、券商、保险、基金、期货等金融机构与互联网企业合作，更鼓励深圳进一步拓展金融产业链，创新金融产品和服务模式，大力发展现代网络金融、移动金融，培育衍生金融新业态和新型要素交易平台，加快构建互联网金融创新集聚区。目标是到2017年，力争培育和发展一批行业地位居前、特色鲜明、竞争力强的互联网金融品牌企业，进一步巩固和提升深圳全国金融中心地位。

发展互联网金融产业，深圳市有得天独厚的优势。深圳市在过去30年的发展里，产生了两个优势产业：一是以腾讯等为代表的互联网业；二是以深交所、招商银行、平安集团等为代表的金融业。无论是新兴的互联网产业，还是传统产业的互联网应用，深圳都有得天独厚的优势。

深圳市互联网金融的发展，主要依托金融机构互联网化。其中以平安集团最具代表性，招商银行、国信证券、中信证券、建设银行深圳分行、农业银行深圳分行、博时基金、微众银行、投哪网、财付通等众多知名机构也为深圳市互联网金融的发展做出了重要贡献。

3. 北京市以民间资本为主导，打造全国互联网金融中心

2013年10月，北京市海淀区政府发布《关于促进互联网金融创新发展的意见》（以下简称《意见》），并成立了"互联网金融基地"，《意见》提出了多项吸引互联网金融机构聚集的优惠政策，如对2013年及以后新设立或新迁入海淀区，具备独立法人资格且在海淀区注册纳税并经海淀区认定为互联网金融企业的，可享受相关购房补贴和三年租房价格补贴；入驻海淀区科技金融重点楼宇（中关村金融大厦、中关村PE大厦、互联网金融中心等）的互联网金融企业，享受相关支持政策，给予三年的房租价格补贴：第一年50%、第二年50%、第三年30%；对认定的重点互联网金融机构高管人员给予北京户口、工作居住证、子女入学、公租房等方面政策支持等。

北京市的互联网金融发展以民间资本为主导。人人贷、有利网、融360、好贷网都是注册地在北京的个体网络借贷平台；京东金融集团目前针对自营平台的供应商提供贷款，未来计划拓展到POP开放平台；小米集团计划与北京银行

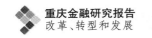
合作,以"小米钱包"的形式推出理财产品及信贷业务;此外北京市还有一大批民营互联网金融企业,如"我爱卡"信用卡门户网站、"拉卡拉"第三方支付平台等。

4. 上海市以产业基地为支撑,建设互联网金融发展高地

2014年8月,上海市政府印发《关于促进互联网金融产业健康发展若干意见通知》,明确提出促进上海市互联网金融产业健康发展,把上海市建成互联网金融发展的高地,进一步提升上海国际金融中心的影响力、辐射力、创新力和资源配置能力,推动中国(上海)自由贸易试验区金融改革创新,助力上海打造具有全球影响力的科技创新中心的目标。

2014年12月,上海市金融办、市经信委与浦东、黄浦、长宁、嘉定四区政府联合召开上海互联网金融产业基地合作共建推进会,正式推出五家互联网金融产业基地。这五家互联网金融产业基地,都在吸引、集聚、服务互联网金融企业方面已具备一定条件,并已积累一定基础的。它们分别是:浦东新区新兴金融启航基地、黄浦"宏慧·盟智园"互联网金融产业园、长宁虹桥互联网金融财富天地、嘉定工业区互联网金融产业基地、张江互联网金融园。

上海力推的五家基地,以园区形式集聚互联网金融创新创业企业,已经形成"聚团化"发展的活跃势头。它们各具特色,可以满足不同发展阶段、不同产业背景的互联网金融企业的差异化需求。浦东新区的新兴金融启航基地和黄浦区的"宏慧·盟智园",地处市中心金融集聚区,金融人才和各类金融资源高度集聚;长宁区虹桥互联网金融财富天地和张江互联网金融园区域,位置离市中心有一定距离,但商务成本适中,信息产业发展基础良好;嘉定工业区互联网金融产业基地,尽管位于郊区,但办公场地相对宽松,商务成本相对更低,同时以电商企业为主的互联网金融及汽车金融业态,已经形成了较为良好的市场基础。

更为重要的是,浦东、黄浦、长宁、嘉定这四区,已经相继出台促进互联网金融产业发展的相关扶持政策措施。比如,浦东推出的《陆家嘴互联网新兴金融产业园暨创新孵化基地配套措施》(俗称"陆九条"),从园区业态、办公场所、市场准入、财力扶持、政策支持、创新奖励、行业自律、创业指导、交流平台、孵化措施和人才服务等方面明确了对互联网金融产业园区企业的支持;黄浦区最近换代升级的2.0版促进互联网金融发展政策意见,进一步明确了加快专业园区(楼宇)的空间拓展和功能提升,优化基础设施保障、商务配套和交通环境,提高互联网金融企业和从业人员的舒适度和满意度。

上海市运用自贸区优势,建立互联网产业基地,吸引全国互联网金融公司落户上海,跨区域发展互联网金融。平安集团旗下的陆金所注册地在上海。此外,互联网巨头百度也在上海成立了小额贷款公司,优先考虑百度推广的现有老客户,重点扶持小微企业。

四、重庆市互联网金融发展现状

(一)发展环境

重庆市作为国家级中心城市、直辖市,在政策环境、区位环境、经济环境和产业配套环境方面,对于发展重庆相互联网金融都具有一定优势。

1.政策环境

首先,西部大开发等国家政策给重庆带来了旺盛的投融资需求和发展金融业的机遇。作为西部唯一的直辖市、国家城乡统筹综合配套改革试验区、全国五大中心城市当中唯一的一个中西部城市,国家政策优势会持续作用于重庆的改革发展。其次,地方政策方面,重庆市政府出台了《关于加快建设长江上游区域性金融中心的意见》(渝府发〔2013〕3号),提出鼓励创新,加大开放,健全体系,服务实体经济等金融发展目标,加强重庆市金融方面的发展。此外,重庆市政府还出台了《关于加快推进互联网产业发展的指导意见》(渝府发〔2008〕117号)、《关于加快电子商务产业发展的优惠政策》(渝办发〔2011〕236号)和《重庆市人民政府关于进一步推动互联网产业发展若干政策的意见》(渝府发〔2013〕47号)等一系列互联网金融相关的政策,就重庆市互联网金融的健康快速发展提出了具体的指导意见。

2.区位环境

重庆市特殊的区位环境为互联网金融的发展提供了良好的条件。首先,长江上游经济中心的地位使重庆市具有与龙头呼应配合的作用和对西部地区的示范作用。其次,以重庆市为起点的"渝新欧"国际铁路联运大通道直达德国杜伊斯堡,是丝绸之路的重要载体,承担向西开放作用,对重庆市的经济增长有很大的促进作用,进而增加各类企业的融资需求,间接促进了互联网金融产业的发展。再者,重庆市还可以通过昆明进入越南或缅甸,再通过印度洋或南中国海,可直接联系"21世纪海上丝绸之路",这也是重庆市另一个经济路优势。位于"一带一路"和长江经济带战略节点,也将极大地促进重庆市对外经济增长,

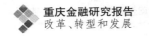

拉动本地企业的融资需求,促进本地互联网金融企业快速发展。除此之外,对外贸易跨境结算的增加也将促进重庆地区的第三方跨境支付结算业务的快速发展。

3.经济环境

重庆市经济发展健康高速,为互联网金融提供了充足的发展空间。一是重庆市产业基础雄厚。2014年重庆实现地区生产总值14 265.40亿元,比上年增长10.9%,增速位居全国首位,高于全国增速3.5个百分点。未来重庆将继续发挥制造业优势,重点打造汽车、摩托车、芯片等10个千亿级产业链。二是依托政策和区位的优势,金融业一直保持高速增长。2014年重庆市金融资产规模接近3.8万亿元,在过去5年里,年均增长45%,金融业增加值占GDP比重已经达到8.6%,仅次于北京、上海和天津地区。三是重庆市依托强大的工业基础,三大产业结构不断优化,有助于提供更多的投资机会,促进重庆经济的可持续发展。四是重庆市发展新型农业和推进新型城镇化的战略举措也要求充分发挥金融的服务功能。五是随着"一带一路"和长江经济带战略的实施,全市的产业进入新一轮转型期,未来将产生强烈的资金需求和大量的投资机遇。

4.产业配套环境

重庆市强大的信息化基础、完善的产业配套,以及优越的创业条件,为互联网金融的发展创造了良好的产业配套环境。

(1)强大的信息化基础

重庆市一直在努力建成中国最大的离岸和在岸数据处理中心,"云端""大数据"项目持续推进。2014年上半年,华硕云端、宜信互联网金融、九次方大数据、数位通大数据等多批项目落户重庆市,2015年,重庆市云计算产业形成30万台服务器规模,预计到2020年将实现100万台服务器运营,美国惠普也计划在渝设立大数据机构。2014年8月20日,重庆国家级互联网骨干直联点开通,使重庆市成为国家通信网络架构中10个一级节点之一,进一步巩固了重庆市在西部的互联网枢纽地位,提高重庆市乃至全国用户服务的质量和水平,极大地增强了西部和全国网络基础设施的支撑能力,同时也为重庆市和周边地区互联网云计算和大数据产业的发展注入新的动力,为互联网金融机构的发展提供了数据优势。

(2)完善的产业配套

重庆市的整个金融产业链企业齐备,消费金融、科技金融、离岸金融结算、金融保理、投资基金等金融业态蓬勃发展。京东集团、阿里巴巴、易迅网、齐家网等知名电商在重庆市落户,2014年电子商务交易额超过4 500亿元。同时,重庆市互联网金融企业科技实力雄厚,创新意识强,也是互联网金融发展的重要力量。

（3）优越的创业条件

互联网金融行业的发展急需高端人才。重庆市作为西部中心城市,发展机遇丰富,环境宜居,生活条件便利,周边各类高校众多,都有助于集聚优秀人才和先进技术。

（二）发展历程

1. 发展阶段

近年来,随着移动通信技术和网络技术的飞速发展和普及,重庆市互联网金融迅猛发展。互联网金融的业务越来越广泛,功能内涵越来越深刻,人们逐渐从传统金融观念的禁锢中逐渐脱离出来,越来越多的人开始使用互联网金融产品。总体说来,重庆市乃至全国的互联网金融发展大致可以分为以下三个阶段。

（1）金融机构开始运用互联网技术提供服务（1997—2003年）

1997年,招商银行率先成立网上银行"一网通"。随后传统金融机构纷纷开通互联网服务,网络银行、网络证券和网络保险等形式的网上金融在重庆乃至全国范围内蔓延开来。

（2）互联网企业涉足金融业（2003—2011年）

互联网企业发挥技术优势,运用电子商务、社交网络、移动支付、大数据、云计算、搜索引擎等新技术形式将其业务范围渗透到重庆市各个金融领域。

（3）互联网金融彻底兴起（2011年至今）

无论传统金融企业还是互联网企业都开始涉足互联网金融并将其提升为企业的发展战略,互联网金融成为重庆市各个企业抢占未来金融业制高点的关键。

2. 时间历程

重庆市互联网金融产业大格局,不仅是互联网企业将其业务边界拓展到金融行业,也是传统金融企业借助互联网技术创新业务模式,延伸业务触角,提供更丰富的金融产品。自2011年6月,以重庆市阿里巴巴小额贷款公司为代表的互联网金融企业在重庆市工商行政管理局登记注册以来,重庆的互联网金融企业开始起步。2012年12月,重庆苏宁小贷的成立和重庆易极付科技有限公司互联网支付牌照的获批,使重庆互联网金融产业得到进一步的发展。至2013年,重庆的互联网金融行业,凭借着坚实的信息技术基础和优越的政策指引,呈现出高速增长态势。自此,重庆第三方支付、电商网贷、传统机构互联网化等典型互联网金融业态得到完善并呈现快速发展趋势。主要发展历程如下。

2011年,重庆市阿里巴巴小额贷款公司登记注册,注册资本10亿元人民币;重庆易极付科技有限公司登记注册,注册资本1亿元人民币,重庆市互联网金融企业开始起步。

2012年,重庆联付通网络结算科技有限责任公司登记注册,注册资本1亿元人民币;重庆苏宁小额贷款有限公司登记注册,注册资本3亿元人民币。同时,重庆市阿里巴巴小额贷款公司累计贷款总额突破260亿元;重庆易极付科技有限公司获得中国人民银行批准的互联网支付许可证,成为重庆第一家获得互联网支付牌照的公司,使重庆市互联网企业得到进一步发展。

2013年,重庆易极付科技有限公司获得第一批跨境电子商务外汇支付(含服务业)试点资格,并获得跨境人民币支付的试点许可,目前是中西部第一家获得此牌照的支付企业。

2014年,重庆种钱网投资管理公司登记注册,注册资本3 000万元人民币;重庆海尔小额贷款有限公司登记注册,注册资本61 495万元人民币;重庆惠融投资咨询有限责任公司登记注册,注册资本2 000万元人民币;重庆易八投资服务有限公司登记注册,注册资本1 000万元人民币;重庆神州数码慧聪小额贷款有限公司登记注册,注册资本100000万元人民币;重庆金宝保信息技术服务有限公司登记注册,注册资本3 000万元人民币;重庆惠民金融服务有限责任公司登记注册,注册资本4 500万元人民币。

同时,互联网金融发展规模逐渐壮大,2014年6月,易九金融"投融保"CDO产品发行额度突破15亿元;2014年7月10日,重庆联付通网络结算科技有限责任公司获得中国人民银行批准的互联网支付许可证,成为重庆第二家获得互联网支付牌照的公司;2014年9月,重庆易极付科技有限公司实现每天28亿元的交易流水;2014年9月22日,重庆惠融投资咨询有限责任公司运营的惠融通平台累计融资金融突破1.5亿元;2014年10月,重庆惠民金融服务有限责任公司运营的联保通累计融资金额超过5亿元。

（三）第三方支付发展现状

1. 第三方支付发展概况

重庆具备互联网支付功能牌照的第三方支付公司包括2011年底获得第三方互联网支付牌照的易极付科技有限公司和2014年7月获得第三方互联网支付牌照的联付通网络结算科技有限公司。易极付的业务主要专注于企业支付，建立专属于中小微企业及高净值个人用户的支付平台；联付通的业务则主要是方便重庆联交所支付结算，同时，在这个基础上积极拓展多元化市场，加快走出去的战略步伐。目前联付通公司暂未获得相关的业务数据，易极付公司近年来发展快速发展，用户数以及支付流水都保持持续的跨越式增长。

两家公司的成立标志着第三方支付机构跨境电子商务外汇支付业务试点在重庆市实现"破冰"。

同时，由于个体网络借贷行业的发展，重庆本土的个体网络借贷平台引入了大量的外地互联网第三方支付企业，其中环迅支付已于2012年9月在重庆建立了分公司。

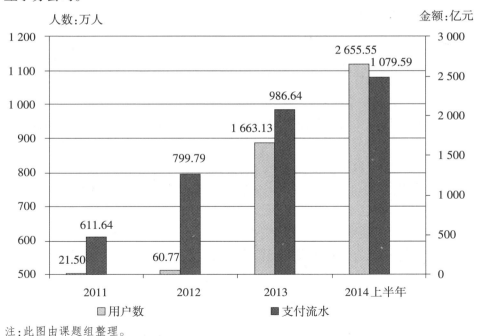

注：此图由课题组整理。

图2-2 易极付用户数及支付流水情况

传统银行机构也涉水互联网支付业务。2011年，重庆农村商业银行推出了

"NFC SD 银联标准手机金融产品"。此款金融产品融合自助银行、远程支付、近场支付、电子钱包等便利功能,将基础金融服务、多领域移动支付应用以及跨行业移动支付运用高度整合,并同时支持移动、联通、电信网络,让"出门不带银行卡,手机银行走天下"成为现实,实现刷手机即可实现乘地铁、缴费、购买电影票等,甚至支付货款、购买机票。2013 年 7 月,重庆银行联合腾讯旗下第三方支付公司财付通科技有限公司推出了长江借记卡财付通快捷支付业务。客户只需通过互联网将手上的长江借记卡绑定财付通账号,在网上支付时输入支付密码与短信验证码,即可完成付款。2014 年 7 月,中国邮政投资 1 亿元在重庆建立电子支付服务基地,致力移动电话支付与互联网支付,目前该基地正在筹建中。

2. 第三方支付发展特点

(1)互联网第三方支付企业数量少

截至 2014 年 11 月,全国获得第三方支付牌照的企业共有 269 家,互联网第三方支付企业共 99 家,其中北京、上海、深圳、杭州、天津分别以 29 家、19 家、11 家、8 家位居全国前列,重庆第三方支付公司目前却仅有易极付和联付通 2 家,相对来说数量还较少,行业规模较小。

(2)第三方支付企业业务范围较狭窄

目前,易极付公司已获批开展跨境电子商务外汇支付业务试点的申请并成功完成重庆首单跨境电子商务外汇支付服务。但联付通公司目前仍主要是为重庆联交所支付结算,拓展多元化市场战略步伐较慢,业务范围急需扩展。

(3)网络资金安全建设有待加强

在目前中国第三方支付企业兴起和发展时间较短,硬件设备和技术等不够成熟的大环境下,互联网第三方支付企业仍存在客户资金安全的漏洞问题。易极付公司近年来采取了多项加强资金管理的措施,但仍偶尔出现客户资金错转等问题。第三方支付企业需进一步完善内控流程,加强支付体系建设,保障消费者权益。

(4)普遍采用独立第三方支付模式

目前我国第三方支付公司的运营模式可以归为两大类:一类是以快钱为典型代表的独立第三方支付模式;另一类就是以支付宝、财付通为首的依托于自有 B2C、C2C 电子商务网站,提供担保功能的第三方支付模式。重庆市第三方支付公司普遍采用独立第三方支付模式,面向 B2B、C2C 市场,为有结算需求的商户和政府、企事业单位提供支付解决方案,收益来自和银行的手续费分成以及为客户提供定制产品的收入。

(四)电商小贷发展现状

1. 电商小贷发展概况

近年来,重庆市电商小贷数量不断增加。重庆市阿里巴巴小额贷款有限公司于2011年成立,截至2014年12月31日,阿里小贷累计发放贷款额1 035.05亿元,比2013年同期增加4.9亿元,年末贷款余额79.02亿元,不良贷款余额0.7亿元,不良率0.89%。

苏宁于2012年12月获批成立重庆苏宁小额贷款有限公司,服务苏宁产业链上的中小微型企业,包括供应链金融、小额信贷、消费信贷等业务。截至2014年12月31日,苏宁小贷累计发放贷款112 413.15万元,贷款余额25 339.65万元。

2013年8月阿里又获批在重庆成立了第三家网络小额贷款公司——重庆市阿里小微小额贷款有限公司,目标客户为阿里B2B业务、淘宝、天猫三大平台的商家,业务类型包括信用贷款、订单贷款等。

2014年3月27日,重庆海尔小额贷款有限公司在重庆市工商行政管理局登记注册,股东方为海尔国际有限公司。该公司面向全国发放小额贷款,主要服务对象包括海尔集团所属的38 000家经销商,以及广大小微企业、个体工商户。与一般的小额贷款公司不同,海尔小贷同时接受线上和线下的贷款申请,并采取"大规模定制"的服务方式,推出客户可自选还款条件的贷款产品。同时,海尔小贷以重庆为总部基地,深入到各市、县、乡镇,建立分支机构,更加贴近、深入对接小微企业的融资需求。

2014年5月13日,重庆神州数码慧聪小额贷款有限公司在重庆市工商行政管理局登记注册,股东方为企业法人香港慧聪国际集团有限公司和神州投资有限公司,为重庆本地小微企业融资带来了新的渠道。

2. 电商小贷发展特点

(1)电商小贷对监管具有灵活性

由于互联网金融机构没有专业金融机构牌照,从事的业务范围受到了一定程度的限制,但电商小贷巧妙创新,弥补了这部分缺陷。2013年5月,阿里巴巴推出余额宝,余额宝通过包装成基金产品的销售,巧妙地避开了"非银行机构法律规定不允许吸收存款"的监管,传统金融机构难以做到如此灵活变通。

(2)电商小贷更具数据优势

电商依托于大数据时代理论,从事金融交易有显著优势,主要就是低成本地通过数据技术解决信息不对称所带来的风险和成本问题。依托网络交易平台建立,能够清楚地知道在这个平台上每一家企业的经营状况和业绩,通过其

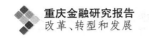

他用户的回馈也能够基本掌握这些企业的信用情况,这就解决了"微贷"之于传统银行的风险问题,也因此大大降低了中小企业在信贷申请审批上需要花费的人力和物力等成本。借助于数据优势,电商小贷在以后开展的诸多金融活动中都将占据有利地位。

(3)电商小贷操作具有便捷性

与单独某一家银行或基金公司所能提供的产品相比,电商小贷所能集成的功能更加多元,这大大简化了用户的操作流程,更容易赢得使用者的青睐。2013年,互联网金融的代表企业阿里金融以商家在淘宝或天猫上的现金流和交易额作为放贷评估标准,建立了无人工干扰、无担保、无抵押、纯信用的小额信贷模型,将申请贷款到发放的流程缩短到只需要几秒钟。

(五)传统金融机构互联网化情况

1. 传统金融机构互联网化概况

随着互联网金融业务的快速发展,重庆各传统金融机构开始迈出触网步伐,主要表现在银行不断推出互联网金融创新服务,金融服务综合平台兴起。

近年来,各银行纷纷推出直销银行、手机银行、微信银行、商城供应链金融等银行系新业务。

重庆本地三家商业银行也加快了银行金融互联网化创新步伐。重庆银行2014年7月设立了直销银行平台进军互联网金融,主推"乐惠存""聚利宝""DIY贷"等3款业务,涵盖了存款、理财、贷款3种银行最主要的个人业务类型;重庆三峡银行2014年打造并推出了互联网金融平台产品——"三峡付",为企业用户提供网上支付、清算服务及全面的互联网金融解决方案,为个人用户提供多元化、个性化的电子支付和账户管理服务;2013年重庆农村商业银行在网上支付平台中新增了B2B和B2C模式。实现了网上支付批量清算文件实时入账、交易结果智能通知、网关协议签约、二级商户跨行清算等功能,同时,积极探索新型金融服务渠道,成功推出微信银行,实现精准营销、业务咨询等功能。

2. 传统金融机构互联网化特点

(1)证券业互联网化程度高

从整体金融行业来看,证券业在经纪业务领域已较早实现网络化,通过电脑或者手机交易软件实施交易已经成为常态。这类互联网金融模式的发展主要体现为证券网上交易。

（2）银行业加大网络化力度

近年来,银行业整体加大了网络化力度,电子银行业务发展迅猛,电子渠道已成为交易主渠道。我国银行业互联网化包括个人网上银行、企业网上银行、手机银行、短信金融服务、家居银行、国际互联网站、电子商务金融平台等全面的电子银行服务体系。同时,进一步加快网络化步伐,针对移动互联网的迅速发展,银行推出 iPhone、android 手机银行客户端,而且多家银行已推出网络融资产品,主要业务模式是由外部公司提供客户信息,银行按照一定标准对客户进行评级,通过线上或线下完成融资。

（3）保险业网络化步伐较慢

直营保险主要是基于互联网销售车险和财险产品的业务模式,在欧美各国均有不同程度的发展,但在我国保险业网络化步伐则稍显缓慢。近年来,平安保险在此方面发展较为迅速,包括大力拓展网络销售渠道,成立网络保险公司,从根本上进行创新,可视为加速业务互联网化的标志。

（六）重庆市互联网金融发展存在的问题

1. 重庆互联网金融发展存在的主要问题

（1）行业极不规范

一是缺乏成熟的市场运作机制。重庆互联网金融发展规划、市场秩序等方面都未形成成熟的机制和行业规范模式。重庆的互联网金融企业,有威客交易平台、有实物产品电子商务平台、也有第三方支付平台等,但是它们并没有像阿里巴巴的淘宝、支付宝、余额宝一样,实现三种平台的自然集成,这将制约重庆互联网金融行业的发展。

二是互联网金融产品多数存在过度宣传和美化问题。如:使用不当的宣传用语、片面强调产品高收益、对产品风险问题避而不谈等。重庆部分互联网公司甚至为抢占市场、吸引用户,一方面宣传自身产品的收益高于对手,另一方面用“收益倒贴”的方式进行恶意竞争,因此产品的真实收益可能达不到其承诺的投资收益率,但剩余部分由互联网公司倒贴给用户,这种方式为互联网金融产品带来系统性风险的同时,也扭曲了互联网金融产品在公众眼中的真实形象。

（2）缺乏完备的征信体系

互联网金融缺乏完备的征信体系,无法形成有效的惩戒机制。金融网络交易由于交易信息的传递、支付结算等业务活动在虚拟世界进行,交易双方互不见面,只通过互联网联系,交易者之间在身份确认、信用评价方面就会存在严重的信息不对称问题,信用风险极大。与此同时,由于重庆市部分民间互联网金融平台无法接入中国人民银行征信系统,其本身对借款人真正的信用水平、贷款用途和偿还能力缺乏有效的资质审查,容易导致信贷坏账率高,债务追偿困难等问题。

(3)尚未建立规范的信用担保机制

互联网金融本质上是一种直接融资方式,客户依托互联网金融企业搭建的平台,完成信息甄别、匹配、定价和交易。在这种金融模式下,客户能够突破地域和时间限制,在互联网上寻找需要的金融资源,有效地弥补了传统金融模式的不足,提高了资源配置效率。但是,作为信息技术与金融的结合体,互联网金融也因此产生了更加复杂的信用风险,在网络建立的虚拟世界中,信用造假更容易,信用识别更加困难,借款者的真实用途较难核实,借贷的道德风险将加剧。目前重庆尚未建立规范的信用担保机制,互联网金融业务大多缺乏风险缓冲分担机制及预防控制措施,对互联网金融的发展构成了很大的威胁,不利于重庆互联网金融的持续健康发展。

(4)交易主体权益保护机制缺失

1994年颁布实施的《消费者权益保护法》中缺乏对金融消费者权利保护的规定,也未明确规定互联网金融机构在业务流程中对交易主体承担的义务种类(如信息披露义务、保护隐私义务)以及适用范围,各方在网上金融交易中所应承担的法律责任不清晰,极易发生纠纷。由于缺乏有关此类纠纷诉讼程序的法律规定,纠纷也因无法可依而不易及时解决,如盗用密码攫取银行卡资金等互联网金融诈骗起诉银行等纠纷,常常因举证责任不明而不能得到及时、公平的解决。

互联网金融中,交易主体权益保护存在两类较为突出的具体缺陷:一是消费者售后服务不完善。在互联网金融交易模式下,电子商务平台上活跃的买方大量为中小企业及个体工商户,根据《民法通则》规定:"个体工商户必须在国家工商行政登记机构登记注册并取得营业资格才能营业"。但目前此类个体工商户在网上进行资金借贷还没有经过任何行政审批,只需向平台备案,从而产生商家信用和交易安全的问题,卖方在提供交易后的信息和服务方面也存在困难,一方面由于互联网不征税可以逃避税款征收,另一方面也使得消费者享受不到应有的售后服务。二是平台退出时的消费者资金处理制度缺位。互联网金融平台在经营过程中,可能因为经营失败、政策变动或者战略原因发生破产、兼并、重组等。在此情况下,由于无合理的担保商,国家也没有明确规定,用户的资金保全将是一个重大问题。但目前相关立法及行业规则对这两个问题均没有相应的规定。

（5）互联网金融内控管理机制不完善

重庆互联网金融起步较晚，内控管理机制尚不完善，面临着把钱吸收进来后如何合理管理，以及在利用资金创造收益的过程中如何规避风险的问题，这在一定程度上增加了互联网金融的内控管理及运行风险。如2011年重庆的蚂蚁贷就出现了诈骗问题，给贷款人造成了资金损失。

（6）缺乏互联网金融复合型人才

由于互联网金融具有跨界性特点，相关从业人员需要具备多重的知识背景和技能，例如：互联网金融技术人才需要懂得PC端研发、移动端研发、产品研发等；金融人才要懂得金融产品设计、金融建模、风控，最好还要知道如何进行大数据分析；而运营人才除了要懂得热点跟风外，还要深谙金融知识以及互联网传播之道。行业内人才需求和供给出现了严重断层和不匹配，互联网金融复合型人才严重匮乏。重庆互联网金融相对来说起步较晚，目前，缺乏既具备互联网思维模式，又精通传统金融业务的复合型人才，由缺乏专业人才而导致的业务操作失误以及风险分析不到位等现象，将进一步制约重庆互联网金融的快速发展。

2. 重庆互联网金融发展的分行业风险

当前互联网金融方兴未艾，互联网、金融、电商、第三方支付及众筹等众多企业纷纷涌入并抢占市场，由此引发的竞争风险也正在不断增大。此外，作为互联网技术与金融领域结合的产物，互联网金融的市场风险有其独特的一面，在各行业具有不同的表现形式。

（1）第三方支付主要风险

①在途资金风险

在第三方支付系统中支付流程是资金先由买方到第三方平台等支付平台，得到买方确认授权付款或到一定时间默认付款后，再经第三方平台转手给收款方，这就决定了支付资金会在第三方支付平台作一定时间的支付停留，从而形成在途资金。第三方支付平台公司只是保管用户的资金，而不是用户资金的拥有者，由于第三方支付的交易额巨大，且不受监管，第三方支付平台公司有可能以某种形式挪用客户备付金进行投资等活动。如果用于投资，投资成功则已，但如果投资失败，商户和消费者都将蒙受损失。

②信用风险

第三方支付平台基于一个虚拟的空间，市场参与者的诚信度完全建立在虚拟网络信息的基础上,支付安全和诚信问题显得至关重要。信用风险是指各交易方在到期日无法或无力履约的风险,从交易的主体来看,主要有卖方信用风险、买方信用风险、第三方支付平台信用风险三个方面:卖方信用风险主要是指收款后拒绝提供相关产品或服务、非法经营、利用虚假身份进行交易等;买方信用风险主要是指收到产品或服务后拒绝付款、资金来源是否合法、授权他人操作的交易或持卡人否认自己操作及利用虚假身份进行交易等风险;第三方支付平台信用风险指第三方支付机构经营不善或者面对风险管理不当,甚至其他违规操作而造成的不能履行中介支付和担保的风险。

③欺诈风险

第三方支付机构并非金融机构,但是提供的服务内容却与金融机构性质类似。第三方支付公司不会像银行一样监管客户的账户资金是否被合法使用,它只管周转,赚取手续费用。疏于监控,很容易被利用进行洗钱、套现等欺诈行为。如利用第三方支付的交易过程被割裂为两个看起来毫无联系的交易,从而为第三方支付的注册用户提供了隐秘的资金转移渠道;再如第三方支付企业为收款方提供了虚拟功能,其随意性远远强于银行商户的,通过制造虚假交易能方便地实现资金转移,甚至进行套现行为。

④技术风险

技术风险是指由于计算机软硬件故障及网络运行问题所导致的风险。它包括硬件系统运行的可靠性、应用系统的稳定性、网络的可靠性等。近年来,网络银行被盗事件时有发生,现有的第三方支付平台大都提供多家银行的网络银行接口,如果这些第三方支付平台的技术不过关,一个木马程序就可以盗走用户的网银密码。其次,来自系统外部的病毒和恶意攻击所带来的风险也是巨大的,很容易造成第三方支付的网络平台失效,如黑客攻击使网银密码被盗、计算机病毒导致平台失效等。

⑤流动性风险

流动性风险是指机构或企业等因无力为减少负债或增加资产提供融资,从而影响其对外支付。严重情况下,流动性的不足会造成机构或企业的清偿危机,进而导致破产。当前,大部分第三方支付服务提供商由于竞争激烈,利润空间狭窄,没有良性的盈利点,很容易出现资金周转问题和流动性不足。同时,由于在第三方支付过程中如,对于第三方支付参与者来说存在一个在途资金的问题,交易中的支付资金会在第三方支付平台作一定时间的停留,这就很可能给第三方支付参与者带来资金流动性风险问题,尤其是商家的流动性风险,如某对于企业或商家来说使用第三方支付平台作为自身的中介支付,他需要一定的时间才能收到他所出售商品的货款,在这期间,如果企业遇见以下情况如业务量加大、生产经营成本提高、市场萎缩等问题时,就很可能给企业带来流动性支付风险。

(2)电商小贷主要风险

①网络系统安全风险

电商小额贷款公司在依托强大的电商平台获取优势的同时,由于互联网网络具有开放性,也必然面临相关的一系列风险,电商平台的网络系统安全风险就是其中之一。电商平台存在的安全漏洞也有被侵入破坏的可能。网络安全问题一是可能造成网站瘫痪,信息无法及时更新,出现漏洞导致信息缺失,使数据的积累受到影响,平台被侵入破坏时数据库可能受到篡改,使信息的真实有效性受到破坏。此外,由于设备损耗,系统故障,以及突发事件造成的系统崩溃,都将影响到电商平台的正常运转,造成严重的损失。

②信用风险

由于电商小贷基本没有抵押担保和信用捆绑,如若发生信用风险就会造成较大损失,因此信用及行为数据、风险预警及控制体系尤显重要。当前,电商小贷主要是依靠自身电子商务平台积累的客户信用及行为数据对企业的还款能力和还款意愿进行评估,并结合贷后监控和网络店铺、账号关停的方式提高客户违约成本,以此来控制信用风险。电商小贷单纯基于交易数据而忽视真实贸易审查以及相关抵押、质押物的检查方式,可能会使电商小贷持续处于高风险中。例如阿里金融采用多种模型来计量客户的违约风险,但与商业银行相比在历史违约数据积累上仍有较大劣势,在分析违约概率上也缺乏丰富经验,阿里金融主要提供信用贷款,缺少合格抵押品,导致违约风险缺少缓释途径,潜在信用风险巨大。

③操作风险

操作风险通常是指由于不完善或有问题的内部操作过程、人员、系统或外部事件等各类因素导致的直接或间接损失的风险。引发电商小贷操作性风险的因素主要有:一是内部流程因素。电商小贷发展历史并不长,虽然可以借鉴商业银行的内部流程管理经验,但是如何建立一套适合自身发展的内部流程,避免因流程管控失误造成损失,仍需继续摸索。二是人员因素。电商小贷多数信贷操作完全依赖系统,这从客观上减少了内部操作失误造成损失的可能性,但是有些操作必须由人工完成,难免会有因能力不足造成的工作失误或者无意识操作带来损失的可能。同时,内部人员欺诈的问题也值得重视,特别反映在内部人员对数据的泄露上。

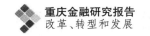

④政策风险

阿里巴巴、苏宁、京东等电商小额贷款公司获得如今的发展很大程度上在于国家金融监管部门对于小额贷款公司及互联网金融的监管不如银行类金融机构等严格，存在监管套利空间。一旦国家出台更为严格的监管规定，则电商小额贷款公司如何适应这一新形势，显然是其所不得不面对的极大挑战，因此监管规定的变化将给电商小额贷款公司带来巨大的政策风险。

五、重庆市互联网金融发展战略选择

随着互联网的飞速发展，互联网与金融的融合更加密切，互联网金融在全国各地发展。中央对互联网金融的发展高度重视并且持续关注。目前，互联网金融在全国各地已经取得了比较显著的成果，重庆作为互联网金融创新试点城市，应该把握好互联网发展所创造的这一历史机遇。

在"大众创业、万众创新"的背景下，重庆互联网金融的发展应顺应创业创新的浪潮，积极鼓励重庆各大企业在互联网金融方面的创新，并做好互联网金融发展的制度建设，实现政府对重庆互联网金融产业的积极引导与适度监督相结合，避免出现"一管就死，一放就乱"的现象，一方面要鼓励监管放手，另一方面要创造合理的生长空间推动其健康发展。

重庆市互联网金融发展监管的总体原则应该是积极稳妥、适度监管。这就要求在重庆市互联网金融快速发展之际，制定松紧适当的监管机制，既积极鼓励互联网金融发展，又确保其健康稳健发展。因此，促进互联网金融的健康发展，必须要介入适度的监管。也就是说既要防范风险，但也要避免管得太多太死束缚该行业的发展与创新，甚至导致监管过度行为。

近年来，重庆市互联网金融的快速发展引起社会关注，而重庆市地方政府层面的互联网金融指导意见还在酝酿之中。伴随国家层面相关顶层设计逐步出台，亟须从市级层面确定重庆市互联网金融的发展方向。结合重庆互联网金融实际发展，重庆发展互联网金融的战略选择宜为"民营+国企+政府"的三方互联网金融发展格局，即鼓励民间资本引领重庆互联网金融发展，推进传统金融机构互联网化转型升级和政府扶持参与重庆互联网金融建设的有机结合。

（一）鼓励民间资本引领重庆互联网金融发展

相较我国其他互联网金融发展较好的城市，重庆市缺少庞大的互联网产业和金融总部集群作支撑，更适宜以民间资本引领的形式发展互联网金融。重庆民营企业依托政策优势、良好的生态环境、自身创新优势,在互联网金融方面做出了一些尝试,涌现出以重庆博恩科技集团为代表的一批企业。博恩科技集团包括第三方支付公司易极付、威客网猪八戒等互联网企业,通过发展互联网企业,促进相关联的第三方支付业务量增长,形成围绕第三方支付的互联网金融生态圈。随着互联网浪潮的推进,会有更多民间资本流向重庆互联网金融行业。

1. 营造民营经济发展互联网金融的环境

把握重庆作为全国统筹城乡综合配套改革试验区,国家赋予各项改革创新"试验权",以及"一带一路"战略和长江经济带战略赋予重庆开放开发新的战略机遇,以建设长江上游金融中心、商贸物流中心、科技教育中心为突破口,为民营经济发展互联网金融提供重要政策环境。

完善多元化的金融组织体系,控制地方金融风险,营造良好的金融生态环境。通过逐步丰富金融市场主体,完善多元化的金融组织体系,吸引民营资本参与互联网金融。加强对系统性和区域性金融风险的防范,严防银行业资金向非银行系统渗透,逐步构建市、区县两级小贷、担保等新型机构分级监管体系。针对个体网络借贷平台线下违规业务、非法集资、影子银行等,采取有效手段整治相关非法金融活动,为民营资本投融资提供良好的金融环境,进一步引导民营互联网金融合规有序发展。

2. 引导民营互联网金融为实体经济服务

充分发挥重庆民营经济发达、民间资本充裕的特色,激发多元化市场主体的创新活力,不断拓宽民间资本进入互联网金融领域的通道,推动完善市场化准入机制,加强民间金融企业对互联网金融的了解,加大互联网金融运营模式、产品体系、服务理念、风控体系、法律合规等专业化知识的推广。支持民营企业在合规前提下,通过多种方式发起或参与设立互联网小贷公司、担保公司等互联网金融机构,着力培育一批民营互联网金融领军企业,为民营经济和小微企业提供差异化、特色化金融服务,促进我市民营经济发展。遏制非法金融活动,推动民间资本合法化、规范化运作。修订完善民间金融相关行政法规,坚决取缔各类非法金融机构,严厉打击非法金融活动,清晰界定民间金融的管理边界。2014年,国务院印发《国务院关于界定中央和地方金融监管职责和风险处置责任的意见》,进一步对中央和地方金融监管职责和风险处置责任进行了划分,具体到民间金融活动监管和地方金融风险处置方面,应完善中央与地方金融协同监管体系,加强地方金融监管制度设计,健全地方监管架构,明晰监管责

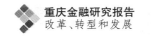
任,明确地方政府金融管理部门作为民间金融风险处置的牵头单位。

（二）推进传统金融机构加快互联网化转型升级

相较传统金融,互联网金融还处于成长期,通过与传统金融机构的合作,可促进互联网金融业务趋向专业化发展。而传统金融相较互联网金融也存在一些短板,可应用互联网金融先进的互联网技术和组织模式,实现产业更新升级。目前,传统经验模式下的重庆地方法人金融机构总量较少,对外辐射水平不高,离金融中心要求有一定差距。在经济快速发展情况下,抓住互联网金融的先机,推进传统金融机构加快互联网化转型升级,突破传统金融机构在地域、规模等方面的限制,通过网络渠道拓展新客户群,是重庆传统金融机构实现快速转型升级的机会。

1. 支持传统金融机构加快互联网化

运用重庆市金融行业对风险的良好把控能力,继续积累本地区金融行业高信用度,在全国传统金融机构互联网化的浪潮中取得基础优势,支持传统金融机构在良好基础上向互联网化发展。就重庆市传统金融机构而言,本地证券机构和全国其他证券机构一样,较早地实现了互联网化;本地保险公司由于业务范围局限,缺少实现互联网化的动力;本地法人银行基础实力强,发展速度快,适宜加快互联网化,加快互联网化具体路径包括:

在发展企业网银方面。大力推出企业手机银行、企业网银查询、银企对账功能等服务,提升企业客户综合服务水平;推出以金融要素市场为代表的"银企直联+支付网关+线上会员账户管理"银企直联新模式;搭建学校通用缴费平台系统,满足学生集中缴费业务需求。

在发展个人网银方面,强化网银安全助手,进一步提高网银操作的安全性;丰富优化产品功能,新增缴纳有线电视费、水费、电费、福彩体彩销售额度购买等服务,不断满足客户多层次、多样化的金融服务需求。

在发展手机及微信银行方面。推出ATM无卡取款,缴纳有线电视费、水电费、股市行情查询、分析平台、POS二维码支付、网点预约排队以及预约挂号和挂号缴费等便民服务功能;积极开展微信申贷和电话申贷等绿色信贷服务。

在发展互联网金融平台方面。整合各方资源,深挖互联网金融零售业务;建立互联网直销平台,突破银行依赖网点拓展业务规模的经营模式;运用官方网站、手机银行客户端、微信银行等渠道,为客户提供基金产品、智能存款产品、生活缴费、贷款申请、信用卡申请等金融服务;推出监管个体网络借贷平台投资资金业务,直接参与互联网投融资平台上线运行。

2. 鼓励传统金融与互联网金融合作

传统金融机构主要从以下几个方面加强与互联网金融机构的合作:

一是实现商户资源信息共享。传统金融机构通过与互联网企业建立长期合作关系,实现信息资源共享。在一定程度上实现交叉销售,既增加双方的客户数量,又扩大销售额。

二是联合打造在线融资平台。传统金融机构借助其积累的海量信用交易数据库,同时结合自身拥有的信用信息,发挥自身的风险管理优势,联合互联网企业打造在线融资平台,有效挖掘新客户群,提升经营收益。

三是积极谋求多方合作,各展所长。传统金融机构与电商、基金合作,进行监管与资金托管工作;与第三方支付公司的合作为电商提供融资、现金流、供应链管理等服务;与电信运营商的合作推出各种产品,为客户提供综合的移动商务服务;与管理软件运营商合作,为客户提供财务管理、企业管理增值服务等。

四是积极创新,开辟互联网金融新领域。通过互联网金融与传统金融的合作,创新面被大大拓宽,传统金融要运用互联网技术与精神,挖掘客户现实与潜在需求,最大限度地满足客户需求,吸引更多的客户使用自己的金融产品,通过创新抓住市场。

(三)政府扶持和积极参与重庆互联网金融建设

目前,重庆市有大量具有国资背景的互联网金融平台,通过国有担保公司担保本息、银行全程监管投资资金的方式,借助国有资本的信用,较好地发挥了融资平台作用。主要包括由重庆联交所集团打造的"联保通";重庆农畜产品交易所股份有限公司牵头搭建的"惠融通";三峡担保集团创立的"金宝保";重庆兴农融资担保集团投资成立的"贷贷兴隆";重庆金融后援服务有限公司参与创建的"种钱网";重庆粮食集团巴南区粮食有限责任公司发起的"金粮宝"。鉴于重庆互联网金融未来的广阔前景,越来越多的国资企业跃跃欲试,欲发展互联网金融。从重庆市政府的角度而言,除了支持国有企业建立互联网金融平台,还应从以下三个方面扶持和参与互联网金融建设。

1. 建立政府性互联网金融公益平台

在重庆市现有国资背景的互联网金融平台基础上,通过提高相关制度安排与政策扶持,吸引更多国有金融机构参与,构建由政府主导的、辐射西部的准公益性互联网融资服务平台。借鉴网络投融资平台管理经验,结合互联网信息技术创新,以健全的风险管控为基础,依托重庆现有的小额贷款公司和融资性担保公司监管系统,构建准公益性的互联网融资服务平台。由合作的小额贷款公司提供借款项目信息,平台提供综合性交易信息及咨询相关服务,根据资金供求信息撮合借贷双方,可引入担保公司提供担保,平台收取少量手续费,同时通过限定出借人利率收益空间(如出借人利率在8%~11%,农户融资成本不超8%),与平台合作的托管银行不收取结算代理手续费等。

从政府、金融机构以及民间等多种渠道切实降低"三农"和小微企业的融资成本,进一步发挥服务薄弱领域的作用。

2. 加强支持"互联网+"普惠金融力度

2015年7月4日,国务院发布《关于积极推进"互联网+"行动的指导意见》,把"互联网+"普惠金融纳入十一个重点行动领域之一。重庆市政府加强支持互联网金融的力度,主要从消费金融和农村金融两个方面寻找服务弱势群体的机会,充分利用互联网技术与精神,最大限度满足弱势群体的金融需求。

(1)推动与互联网创新相结合的消费金融发展

支持与互联网创新相结合的消费金融发展,积极研究、制定和落实有利于扩大消费的信贷政策措施,有针对性地培养和巩固消费信贷增长点,鼓励金融机构加大互联网消费信贷产品创新,集中推进汽车、住房、家电、教育、旅游等信贷消费,促进重庆市消费需求的增长、普惠金融的发展。

(2)发展农村互联网金融

发展农村互联网金融,解决广大农村地区金融基础设施薄弱、金融服务供给不足的问题。一是大力推广移动支付。利用手机支付高效、低成本、简单易用的特点,推动移动支付替代传统网点式物理服务,成为本地农村居民小额汇款转账的重要手段,弥补农村地区金融基础设施不足的现状。二是积极探索农村互联网金融的业务模式。充分发挥互联网金融在农村地区扶贫、便民和包容性增长方面的空间,通过互联网技术为更多贫困地区农民提供高效、低成本的金融服务模式。

3. 强化发展互联网金融的各项政策扶持

采取财政贡献补贴,按照互联网金融企业对本地区财政贡献额的一定比例给予奖励;设立小微服务奖,对通过互联网金融模式开展中小微企业融资的金融机构,给予一定补贴;鼓励有条件的区(县)建立互联网金融产业园区,互联网金融企业合理集聚,在园区租赁自用办公用房的互联网金融企业享受租金补贴;设立创业引导基金,发挥财政资金的杠杆放大效应,引导民间资金投向重庆互联网金融产业,并主要投资于处于种子期、成长期等创业早中期的创业企业,促进优质互联网金融资本、项目、技术和人才向重庆集聚。

六、重庆市互联网金融发展对策建议

(一)顺应发展趋势,明确功能定位

一是紧跟国内外互联网金融产业发展趋势,把握互联网金融带来的机遇。2015年7月18日,中国人民银行、工业和信息化部等十部委联合印发了《关于促进互联网金融健康发展的指导意见》(银发〔2015〕221号)。同时,国家层面针对各具体行业的监管细则正逐步出台。重庆市应紧跟国内外互联网金融产业发展趋势,适时把握互联网金融带来的机遇,推动金融业与互联网产业、现代信息技术产业深度融合发展,形成集资金融通、支付、理财和信息中介等核心功能为一体的全产业链互联网金融体系,推动重庆市在整体金融体系、金融服务能力、金融支柱地位等各个方面的提升,进一步激发重庆市的整体发展潜力,带动社会发展的跨越。

二是充分发挥互联网金融的优势,明确其在重庆市经济发展中的功能作用:发挥互联网金融提升金融服务能力、服务效率与服务质量的优势,为那些无法被银行的政策惠及到的小微企业及社会大众提供融资;发挥互联网金融降低融资成本和提高融资效率的优势,为小微企业和家庭居民提供灵活、多样的金融服务;发挥互联网金融整合民间借贷、第三方支付、小贷公司、担保公司各方关联资源的优势,将互联网金融企业的角色转化为传统金融优势企业的第三方销售渠道、终端服务提供者、流量的提供者,形成互联网金融产业链上下游的合作关系。

(二)积极稳妥引导,突出发展重点

一是引导民间资本规范投资。加强民间金融企业对互联网金融的了解,加大互联网金融运营模式、产品体系、服务理念、风控体系、法律合规等专业化知识的推广;鼓励支持民营企业通过多种方式发起或参与设立互联网金融机构,不断拓宽民间资本进入互联网金融领域的通道,着力培育一批民营互联网金融领军企业,激发多元化市场主体的创新活力,从而充分发挥重庆民营经济发达、民间资本对实体经济的支持和服务力度,推动民间资本投资的规范化发展。

　　二是推动传统金融拓展升级。支持银行、证券、保险、基金、信托和消费金融等金融机构向互联网金融领域拓展转型,开展互联网金融领域的产品和服务创新,提升金融服务广度和深度。鼓励传统金融机构加快互联网化进程,通过互联网与金融的双向融合,改变传统金融机构经营方式、竞争理念,缩短传统金融业务时间,提高金融服务效率与质量,进而重塑传统金融生态模式。

　　三是发展多种投融资平台。支持发起设立以互联网为主要业务载体或以互联网业务为主要服务领域的各类持牌金融机构,并在工商登记等环节为其提供便利;支持电商平台依法申请有关金融业务许可,开展小额贷款、融资担保、融资租赁、商业保理等金融业务;支持第三方支付机构与金融机构共同搭建安全、高效的在线支付平台,开展在线支付、跨境支付、移动支付等业务;支持互联网金融企业依法合规设立互联网支付机构、网络借贷平台、股权众筹融资平台、网络金融产品销售平台,探索建立面向中小微型企业和个人的线上、线下的多层次投融资服务体系,在融资规模、周期、成本等方面提供更具针对性和灵活性的产品和服务;支持互联网金融企业开发各种货币基金类金融理财产品,满足多元化投资需求。进一步拓展普惠金融的广度和深度。

(三)监管全面到位,防范各类金融风险

　　遵循"依法监管、适度监管、分类监管、协同监管、创新监管"的原则,坚持底线思维,妥善处理互联网金融创新发展和风险防范的关系,强化市场约束和社会监督,引导互联网金融企业合理有序竞争、规范健康发展。

　　一是明确监管部门及其职责。充分发挥重庆市打击非法金融活动领导小组等工作机制的作用,积极配合重庆营管部开展互联网支付业务的监督管理,配合重庆银监局开展包括个体网络借贷和网络小额贷款在内的网络借贷以及互联网信托和互联网消费金融的监督管理,配合重庆证监局进行股权众筹融资和互联网基金销售的监督管理,配合重庆保监局进行互联网保险的监督管理,严厉打击互联网金融领域的非法集资、洗钱犯罪、恶意欺诈、虚假广告、违规交易、买卖客户信息等违法犯罪行为。

　　二是加大违法违规查处和惩戒力度。坚决打击涉及非法集资等互联网金融犯罪的企业和个人,严肃查处各类违法违规的融资活动,对违法经营主体要依法进行取缔和处罚。金融机构在和互联网开展合作、代理时应签订包括反洗钱和防范金融犯罪要求的合作、代理协议。建立互联网金融的合格投资者制度和失信行为责任人禁入制度,健全失信惩戒机制,对违规操作和濒临破产的互联网金融机构实施市场退出处理。

三是建立风险监测和预警机制。立足于防范风险和加强金融消费者保护，建立健全交易监测、交易限额、延迟结算、风险准备金等风险管理制度。加强对互联网金融机构经营过程中的监督，主要包括业务范围、流动性、资产质量、市场风险等监督，推动互联网金融机构完善内控制度。控制互联网金融可能引发的区域性、系统性风险，研判互联网金融发展对宏观调控、货币政策、金融服务和金融稳定的影响，及时把握行业的风险动向。

四是建立监管协调机制。建立互联网金融的监管协调机制，重点对跨行业、跨市场的交叉性金融业务监管进行协调配合。建设互联网金融信用信息交换平台，实现互联网金融运营、风险等方面的信息共享。发挥金融联席会议制度作用，密切关注互联网金融业务发展及相关风险，对监管政策进行跟踪评估，适时提出调整建议，提高协同监管的有效性。

五是健全信息披露机制。从业机构应对客户进行充分的信息披露，及时向投资者公布其经营活动和财务状况的相关信息，同时向各参与方详细说明交易模式、参与方的权利和义务，并进行充分的风险提示。

六是加强互联网金融行业自律。筹建重庆市互联网金融行业协会，加强行业自律规范，强化互联网金融市场经营主体守法、诚信、自律意识，营造诚信规范发展的良好氛围。针对实际情况，选取不同的自律途径，成立民间借贷登记服务中心，让借贷双方的信息更加透明，遏制高利贷行为和投机行为；成立个体网络借贷协会，规范个体网络借贷行为；成立信息服务行业协会，通过一些书面材料对互联网金融行业进行引导和规范等。

七是加强消费者权益保护。切实加强投资者教育与金融消费者权益保护，加强互联网金融产品合同内容、免责条款规定等与消费者利益相关的信息披露工作，依法监督处理经营者侵害消费者合法权益的违法、违规行为。建立针对互联网金融消费者权益保护的在线争议解决、现场接待手里、监管部门受理投诉、第三方调节以及仲裁、诉讼等多元化纠纷解决机制。

（四）加快信用体系建设，营造发展环境

一是完善信用体系建设。建设统一、完备、全覆盖和一体化的企业信用信息平台，探索与现有国家征信系统实现对接，打通与银行、保险等金融机构的网上业务接口，推进信用信息共享。建立金融机构、互联网金融企业信息对接机制，完善企业基础信用、企业政务信用、企业经营信用等信息归集、征集和共享制度。发展信用中介机构，建立支持互联网金融发展的商业信用数据平台，推动信用报告网络查询服务、信用资信认证、信用等级评估和信用咨询服务发

展。允许部分互联网金融企业接入中国人民银行征信系统,为互联网金融主体提供征信支持的同时,帮助互联网金融企业有效防范风险。

二是合理规避互联网金融风险。从业机构应选择符合条件的银行业金融机构作为资金存管机构,对客户资金进行管理和监督,客户资金存管账户应接受独立审计并向客户公开审计结果。从业机构应设立专门的风险控制部门,利用大数据挖掘技术或是借助第三方咨询服务等,建立信用评级系统,构建内部风险评估模型,建立互联网金融风险的预警机制,设置专人专岗进行实时监控和识别。从业机构在设计新产品时,应当重点考虑资金的安全性和流动性,谨慎选择投资方向、方式,在源头上防范流动性风险。根据互联网金融业务的规模大小、产品性质、风险承受能力等情况,制定合适的风险准备金数额并足额提取,以充足的拨备和较高的资本金抵御流动性风险。

(五)加强基础研发,确保技术安全

一是搭建互联网金融技术研发平台。集聚政府部门、高校、科研院所、各类金融机构和互联网金融企业的专家力量,成立中国西部互联网金融研究中心,创办互联网金融研究杂志,积极开展互联网金融发展形态、模式、数据分析的基础研究,打造互联网金融研究领域的权威智库平台、学术平台、研究平台,为互联网金融工作提供研究和技术支持。

二是加强互联网金融安全技术研发。从业机构应切实提升技术安全水平,妥善保管客户资料和交易信息。目前主要有三个因素直接影响互联网金融具体平台的抗风险能力和系统性风险的自我修复能力,包括流程风控、数据处理以及由此而产生的网上征信、互联网金融平台的安全性和稳定性。对于重庆市发展互联网金融而言,应在控制风险和保证安全的前提下进行互联网金融业务拓展和模式创新。针对互联网金融的特点,开发如指纹识别技术、生物特征取样等新型的互联网金融安全技术,加强流程风控、数据安全以及平台运行稳定性等各环节的安全技术研发,为我市互联网金融健康、有序发展夯实根基。

(六)重视人才培养,强化智力支撑

一是集聚吸引互联网金融人才。集聚互联网中、高级人才,建立互联网金融机构政府专项服务通道,依托专业研究机构,对互联网金融企业资质以及相关人才进行认定和评级,在此基础上综合考虑,对认定的重点互联网金融机构高管人员给予重庆户口、工作居住证、子女入学、公租房等方面政策,打造重庆市互联网金融高地。

二是加强互联网金融人才培养。加强本地互联网金融人才培养,对相关互联网金融人才的培训费用予以适当补贴,对相关机构组织开展的培训工作予以奖励,形成兼具金融素养、互联网思维的人才梯队。

三是建设互联网金融复合型人才队伍。首先,大力培养和造就一批金融理论、互联网基础扎实,熟悉国内外金融业务,能够正确分析判断经济形势,具有较强应变能力的互联网金融企业当家人队伍;其次,培养和造就一批掌握现代金融知识,熟悉互联网金融工作,善于开拓市场和经营管理,通晓市场规则和国际惯例,思想道德素质高的管理队伍;然后,大力培养和造就一批懂互联网金融业务,会经营的各类高级专业技术人才队伍;最后,抓好活跃在互联网金融第一线的高素质金融员工队伍建设。通过长期建设这四支队伍,打造重庆市互联网金融人才高地。

(七)出台扶持政策,支持行业发展

结合实际,出台重庆市互联网金融发展的指导意见,明确重庆市发展互联网金融的指导思想和目标,重点在资金支持、基础设施建设和风险防控方面给予支持。

一是通过财政和创业引导基金等方式给予资金支持。按照税收公平原则,对于业务规模较小、处于初创期的从业机构,符合我国现行对中小企业特别是小微企业税收政策条件的,按规定享受税收优惠政策。结合金融业营业税改征增值税改革,统筹完善互联网金融税收政策,落实从业机构新技术、新产品研发费用税前加计扣除政策。构建支持互联网产业发展的天使投资、风险投资、私募基金分段投资体系,支持重庆市产业发展引导基金、重庆市创业投资引导基金等政策性基金与股权投资机构合作,发起设立互联网金融发展专项子基金,重点投向我市初创期、成长期互联网金融企业。鼓励有条件的互联网金融企业进行软件企业、高新技术企业、技术先进型服务企业等方面认定,按照规定享受相关财税优惠政策,支持和培育我市互联网金融企业在国内外上市融资。

二是基础设施建设支持,包括人才培育、配套体系、信用体系、法治环境等。加强人才培育,支持互联网金融企业的高级管理人员和高级技术人才享受重庆市人才引进政策。建立配套支持体系,鼓励有条件的区(县)建立互联网金融产业基地(园区),鼓励构建互联网金融产业联盟,支持设立、发展提供数据存储及备份、云计算共享、大数据挖掘、信息安全维护等基础服务的机构,支持建立互联网金融数据共享交换平台。建设互联网金融领域信用体系,支持互联网金融企业充分利用各类信用信息查询系统,规范信用信息的记录、查询和使

用。营造良好法治环境,探索开展互联网金融相关领域地方立法研究。建设联席会议等工作机制,由本市相关部门、中央在渝监管单位参与建立本市互联网金融产业发展联席会议,由市政府分管领导担任联席会议召集人,日常事务由市金融办会同市经信委承担。

三是风险防控支持。发挥打击非法金融活动领导小组等工作机制的作用,积极配合中央金融监管部门开展工作,严厉打击互联网金融领域各类违法犯罪行为。引导互联网金融企业增强合规经营意识、提升风险防控能力。支持开展行业自律与第三方监测评估,针对互联网金融特点,探索建立行业风险监测、预警和应急处置机制,加强投资者教育和金融消费者权益保护。

研究报告三

商业银行推进"互联网+"普惠金融实施路径研究

商业银行推进"互联网+"普惠金融实施路径研究[*]

一、导论

(一)研究背景与意义

1.研究背景

首先,新常态背景下金融环境发生变化。在中国经济新常态的背景下,中国金融业也逐步向新常态趋势发展,且其行业特性的复杂性比实体经济更强。一是经济增速的放缓加剧了金融风险。中国经济增速回落、增长率下降必然导致国内金融业各类产品价格(利率)换挡,各类信贷增速放缓、不良贷款增加、不良贷款率上升,最终加大银行业金融机构信用风险增加。同时,经济增长乏力必然降低企业的收益预期,企业利润降低甚至亏损严重,经营更加困难,信贷需求减少,或面临较大的逆向选择风险,均对银行业绩带来冲击。二是宏观经济结构转型升级客观上对金融业态再构建有积极的推动作用。金融发展的根基是经济的发展,经济结构的升级换代即第一、二、三产业结构的优化将使得服务业占比持续增加,也必然会带来金融服务业的升级换代。人民收入增加及消费需求增强都给予了商业银行广阔的消费信贷授信空间。消费信贷业务,特别是针对个人消费者的零售信贷业务是商业银行争夺市场份额的主要竞争领域。从经济发展动力转型的角度看,创新驱动型产业的发展将使得商业银行信贷投放结构不断优化,高未来成长型的新兴产业以及科创型企业将成为商业银行关注的主要对象。三是经济体制的改革促进金融资源配置的市场化。发挥市场在资源配置中的决定性作用是现在中国经济发展的主线,有利于释放经济活力,提高资本使用效率,促使微观范围内的金融资源配置更具市场化特征。在市场机制的调节下,信贷资源流动逐渐从产能相对过剩行业如房地产、钢铁制造等流入市场潜力大、经营效益优的新兴产业,同时,信贷资源也增加了对"三

*主研人员:张洪铭、康继军、陈邦强、顾胥、付海、邓涛、沈朋雁、孙迎新等。

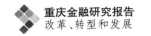

农"的支持力度,改善了存量资金的利用效率,促进金融市场资源配置达到帕累托最优。

其次,"互联网+"推动互联网金融出现。2000年之后,世界互联网技术进入高速发展时期,互联网金融也逐渐成为新兴事物应运而生。不仅传统商业银行开始提供网上银行、手机银行等网络服务,国内外非金融支付机构(代表性的如Paypal、支付宝、财付通等)也已成为网上办结金融业务的重要途径之一。其互联网金融服务主要包括三个方面:一是结算服务,提供网上购物时的在线结算服务;二是公用事业服务,满足了用户家庭中水、电、煤气等公共事业日常费用缴纳的需要;三是产品服务,一些先导性的第三方支付平台公司提供了基金、保险、小贷以及个人理财投资等金融业务的网上购渠道。互联网金融机构与传统商业银行的业务界限也逐渐被打破,商业银行的传统优势业务正受到挑战,中间业务及表外业务占商业银行收入的份额不断增长。如何利用互联网金融提升服务智能和服务性质,将传统服务业务与客户的多样化需求相匹配,依托信息化理念优化和升级产品设计、渠道分布、业务管理等各个方面,是商业银行在互联网时代中亟须思考和解决的问题。

三是普惠金融的提出强化了金融实践的社会责任。2005年是"国际小额信贷年",联合国通过相关决议,首次提出了普惠金融这一概念,描述具体的普惠金融实践。推动普惠金融,并将其落到实处是商业银行应当承载的社会责任,各商业银行应当从国家战略和构建和谐社会的高度予以重视。加快推动消费主导的经济转型和产业结构升级换代是商业银行服务实体经济的重点之一,这也是发展普惠金融的应有之义,通过创新将金融行业的资源在异质主体、市场和行业间进行调整和再配置,提升存量资金的使用效率,增加金融服务的可得性,释放粗放型经济发展中效率缺失的部分,有效推动产业结构升级转型与发展模式转变。自改革开放以来,我国经济社会发展取得巨大成就,但环境资源约束、产能过剩等问题也逐渐明显。银行是配置金融资源的关键参与方,需要积极遵行绿色发展的原则,顺应普惠金融的核心要义和未来趋势,优化金融行业与经济总体发展的良性互动,推动宏观经济向资源节约、环境友好、高效利用、低碳排放的永续发展模式转变已成必然趋势。

2. 研究意义

目前中国经济正处在增速变化、结构优化、动力转化的深度转型升级过程中。商业银行也正受到外部环境急剧变化带来的影响和挑战,互联网金融的冲击和"普惠金融"的理念客观上要求银行革新其创新能力、信息技术应用能力和风控能力。

一是新常态的经济状况客观上要求银行革新优化其创新能力。目前,在我国"大众创业、万众创新"的时代号召下,企业组织形式正呈小型化、专业化和智能化特征发展,银行的有形资产抵、质押信贷方式与小微企业以专利、技术、知识产权等无形资产为主的资产形式不相匹配,导致小微企业面临"融资难、融资贵、融资慢"等问题。所以,为消除普惠金融存在的供给与需求不对称的现象,商业银行应推动信贷业务、审批制度以及服务模式等方面的创新,建设同小微企业的轻资产模式相适应的普惠型信贷管理方式。

二是新常态的经济现实对商业银行的现代信息化水平提出了更严峻的挑战。新常态又一个时代特征是信息和互联网技术的广泛应用和发展。小微企业与低收入群体是传统金融体系的服务薄弱环节,其金融需求具有"短、小、频、急"的特点,单笔金融服务具有相对较高的成本,使得传统金融的覆盖率较低。随着生产小型化带来的便利作用,小微企业对宏观经济发展的推动作用和影响力日益凸显,长尾理论在普惠金融方面得到了极佳的应用实践,银行信贷业务逐渐呈现零售化趋势,传统金融服务成本高与普惠金融需求不相适应的客观情况要求商业银行必须借助大数据、互联网等现代信息化方式,推动金融服务向批量化、专业化发展,以此减少边际借贷成本。

三是新常态对商业银行的风险管理能力提出更高要求。普惠金融服务相对传统金融模式而言,其对象多为处于成长期的新主体、新业态和新产业,通常存在更大的逆向选择(由事前信息不匹配导致)和道德风险(由事后信息不匹配导致),风险较其他客户较高。同时,伴随经济增长动力转化,各类隐性风险也逐步凸显,商业银行受系统风险影响,银行业将面临更加严峻的风险考验,新常态的现实情形需要银行在发展普惠类的金融业务时具有更强的风控能力。

(二)研究内容

基于研究的基本思路,内容结构的主线安排如下:

第一部分"导论"。主要介绍课题的研究背景与意义,偏重于梳理新常态背景下中国金融环境的更迭、"互联网+"推动互联网金融的滥觞与崛起以及对商业银行普惠金融供给的客观需要,旨在明确研究思路、研究方法与可能的创新点。

第二部分"研究综述"。从对商业银行概要分析入手,重点对产业组织理论、互联网金融以及普惠金融的相关研究作了详细的理论综述,进一步清晰商业银行、互联网金融和普惠金融的本质内涵,为明确商业银行"互联网+"普惠金融的实施路径打下理论基础。

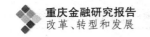

第三部分"国内外实施普惠金融的经验启示"。通过对国外商业银行实施普惠金融的具体分析,从而得出启示,为国内互联网金融实施普惠金融提供借鉴。

第四部分"新常态下商业银行探索"互联网+"普惠金融实施路径。介绍商业银行现有的路径及其相应的优缺点,包括"互联网+"实体传统金融业务、"互联网+"供应链金融+消费金融、"互联网+"供应链金融、"互联网+"移动金融。

第五部分"新常态下商业银行推进"互联网+"普惠金融未来路径发展"。商业银行可以通过"互联网+"线下传统金融+线上新型金融、"互联网+"平台金融+移动金融,提高普惠金融覆盖度;通过"互联网+"消费金融+移动金融、"互联网+"移动金融+供应链金融,提高普惠金融可得性;通过打造"互联网+"普惠金融生态圈、创新"互联网+"普惠金融服务的方式提高普惠金融满意度。

第六部分"为商业银行推进"互联网+"普惠金融营造良好环境"。从优化政府扶持方式、加强金融相关的基础设施建设、加强普惠金融教育、完善普惠金融监管框架、培育商业银行"互联网+"思维、推动商业银行金融业务互联网化、推动商业银行创新产品和服务,多措并举为商业银行开展普惠金融创造良好环境。

(三)研究方法

一是文献与经验总结法。基于现有互联网金融和普惠金融文献和商业银行信贷业务经验总结的基础上,阐明商业银行体系下的"互联网+"普惠金融的需求结构和供给结构特点,论证供求差额量及消减供求差额的现实方法和关键渠道,并同时论证普惠金融拓展与革新渠道。论证普惠金融发展中的重点与难点,寻求如何通过互联网等信息技术实现制度革新和产品服务创新,着力化解现实中商业银行的普惠金融业务存在的问题,推动持续发展。

二是宏观探讨与个案分析相结合。基于目前商业银行普惠金融业务以及互联网金融创新发展的实践、趋势等进行历史与现实比较分析的基础上,突出案例研究,对理论分析进行验证,提升研究成果的可操作性与推广价值。

(四)创新之处

创新之处在于以下几点:

一是研究内容的创新。从当前的文献分析来看,对商业银行实施普惠金融的研究多注重研究实施普惠金融的必要性,强调商业银行的社会责任,近年来才开始关注商业银行实施普惠金融的可持续发展,对"互联网+"普惠金融的分析几乎没有。本文针对商业银行推进"互联网+"普惠金融实施路径这一主题，分析现有商业银行实施"互联网+"普惠金融的路径及其效果，并为商业银行分析以后实施普惠金融的路径模式与发展方向。

二是研究观点上的创新。文章以链条的形式连接互联网与金融，通过"互联网+"供应链金融+移动金融等方式形象地体现出商业银行推进普惠金融的路径。此外，还以创新性的思维提出一系列的政策与措施，为保障商业银行实施"互联网+"普惠金融营造良好的环境。

二、研究综述

(一)商业银行概述

商业银行是商品货币经济发展到特定程度所孕育而生的金融机构，是现代金融体系的关键构成部分。商业银行具有信用创造的功能，有别于中央银行、投资银行、储蓄银行和其他专业信用机构，商业银行承担了不同的银行职能，是一个以营利为目的，其大部分金融负债的来源是吸收的公众存款和据此筹集的资金，此外还负责多类金融资产的经营管理。传统意义上，商业银行提供的金融服务主要集中在存、贷款(放款)等表内业务方面，即以异质性的存贷利率为资金价格，存贷款之间的利差就是银行的主要利润来源。商业银行除了传统吸收公众、企业及机构的存款、授信、放贷、票据贴现等表内业务外，还经营表外和中间业务，这些业务虽与银行资本金无直接关联，但其占总收入的比重在不断加大。

1.商业银行的性质

从经营和组织特点的角度看，商业银行是以金融资产和负债为主要经营对象，并向个人和企业提供多角度全面服务的，目的是追求利润最大化的金融类企业。其有以下几点性质：

首先，商业银行是一个企业，它具有现代化企业的基本特征；其次，商业银行是一个性质特殊的企业，它在经营对象和范围、对全社会经济的影响和受社会经济的影响、需要承担的社会责任等都与普通的企业有所差别；最后，商业银行是一种性质特殊的金融企业，商业银行与其他的银行相比具有吸收公众存款的职能，这是商业银行同央行和其他政策、投资性专业银行的根本差异。

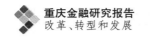

2. 商业银行的职能

在现代金融体系中,商业银行的基本职能有信用中介、支付中介、信用创造、金融服务、经济调节等。

信用中介职能是商业银行的最根本职能,指银行通过经营资产业务将以筹集的闲置资金投放到社会各经济部门中去,然后各个经济部门将闲置资金存入商业银行体系,循环复始。

支付中介职能是指银行利用客户的存款账户和票据账户等,办理结算、收付、兑换以及转账存款等货币经营的职能。

信用创造职能是商业银行信用中介的衍生职能,是指商业银行体系利用其信用中介身份,吸收各类存款,通过发放贷款、接收贷款的企业再存款,以银行信用循环衍生出更多存款,这样便增加了货币供给职能。

金融服务职能是指商业银行运用电子信息等技术手段,归集整理行使信用中介、支付中介职能过程中产生的信息,为客户提供包括服务咨询、代理融通、信托、租赁、计算机服务、现金管理、经纪人业务、国际结算等全面的多类型金融服务。

经济调节职能是指商业银行通过其他的基础职能,引导资金流向,调节社会各经济部门的资金盈余或缺口,实现产业调整及优化以及经济结构的优化,亦可调节投资与消费的关系,发挥消费对于生产的引导作用。

3. 商业银行的经营目标

目前,我国各商业银行通常的经营原则[①]是:"安全性、流动性、效益性"。安全性是指银行需确保其稳健、谨慎和健康地运作,尽量防范经营期间的各类风险以及不确定性因素。流动性要求涵盖了银行资产以及负债两项指标的流动性目标,即商业银行能即时应对其客户在支付、贷款以及提现等各类必要需求的能力。效益性是指银行在运作期间追求利润最大化的客观需要。安全性、流动性以及效益性三者之间存在客观上的对立矛盾关系,这就要求商业银行的管理者应当对这三个目标进行统一规划、统筹协调。

(二)经济发展新常态

1. 经济新常态的主要特点

2013年,习近平在中央经济工作会议上首次提出了新常态。会上,习近平

---

① 《中华人民共和国商业银行法》第四条规定:"商业银行以安全性、流动性、效益性为经营原则,实行自主经营、自担风险、自负盈亏、自我约束。"

针对金融领域发表讲话:"既要高度关注地方债务、影子银行等风险点,又要采取有效措施化解区域性和系统性金融风险,防范局部性问题演变成全局性风险"。之后,在2014年的亚太经合组织工商领导人峰会开幕式上,习近平把我国经济的新常态特征全面地总结为速度、结构和动力三方面:

速度上,经济发展速度从高速转变为中高速。2012年起,中国GDP增速开始回落,后续三年增速分别为7.8%、7.7%和7.4%,标志经济增长阶段的根本性转换,以及自改革开放以来三十多年平均10%的高速增长结束了。

结构上,中国的经济结构日趋优化,第三产业、消费需求逐步成为拉动经济发展的主要力量,居民收入占比稳步提高,城乡差距、区域差距也逐步减小,普惠金融的发展具备了时代基础。

动力上,经济发展逐步从由要素驱动以及投资驱动转变为了创新驱动发展。新常态下,中国经济发展由之前不顾资源短缺、破坏性开采的粗放型发展模式,逐步转变为遵循经济发展客观规律、自然及社会规律的包容可持续发展的模式。在这一背景下,互联网金融等创新型金融对推动传统金融发展,尤其是商业银行发展将起到重要作用。

2. 经济新常态的提出背景

我国目前处在"三期叠加"的特殊阶段是经济新常态的重要前提。2012年起,我国结束了30多年10%的经济高速增长,转入增速换档期。

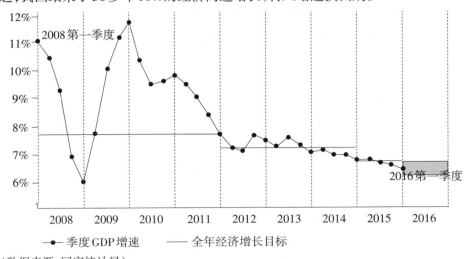

(数据来源:国家统计局)

图3-1 2008年以来我国季度GDP增速和全年经济增长目标

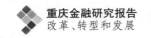

另外,我国目前处于"调结构"的阵痛期。2012年底,我国的钢铁、电解铝等制造业的产能利用率分别都在70%左右,皆明显低于国际平均水平。

此外,全球经济增长普遍放缓,国际经济格局重大调整为新常态的战略提供了深刻的国际背景。世界上的主要经济体外部需求皆出现了持续性、常态性的萎缩现象;加之一些主要的发达国家将"再工业化"作为重获国际竞争优势的一项国家级战略,着力调整行业结构和经济发展方式,培育新的经济发展路径。这两方面因素合力促使我国的外部需求萎缩成为"常态化"的可能性增大。

3. 新常态带来的发展机遇

中国经济在新常态下,将面临五大新机遇:

一是新型城镇化将引致大量的投资及消费需求,并推动中国消费结构的优化。截至2015年末,中国城镇化率已经达到了56.1%,经济发展空间格局的优化和城市群建设作为城镇化的主体形态和关键平台,成了社会经济发展里最富有活力与潜力的增长极。

二是经济结构转向服务化将为传统金融体系带来充足的发展机遇。根据世界银行做出的预测评估,中国公共性服务、消费性服务和生产性服务将迎来空前的发展空间,到2030年,中国第三产业在经济结构中的占比将大幅提高,社会结构和产业结构都将发生巨大转变。在这一背景下,"互联网+"普惠金融的实施模式将得到极大的拓展和演进,商业银行也将获得更多的业务增长点。

三是资源环境的制约与限制日益凸显、新兴产业加速发展、个人消费者环保意识增强等现象创造出环保低碳型、永续发展型经济的优良发展机遇。

四是产业高端化将对冲中国经济的下行压力。商业银行的传统金融业务应加快互联网优化升级,通过衔接消费端、供应端等链条环节,创新出路,实现价值链和产业链从低端走向中高端,这涉及技术创新、产品创新、组织创新、商业模式创新、市场创新。

五是发展普惠金融是新常态下的一项重要举措,而实现社会信息化则是发展普惠金融的一项重要的新引擎。互联网将深刻融入城市、企业、金融等诸多领域,"互联网+"将引领新的产业革命。

(三)互联网金融的相关研究综述

1. 关于互联网金融的内涵和定义

互联网金融是指传统意义上的金融机构与互联网企业通过互联网和信息通信等技术手段,提供资金融通、支付、投资以及信息中介业务等新型的金融服务模式。①互联网金融不只是互联网技术在金融领域的简单应用,而是在互联网平台之上,辅以计算机网络技术支持的新型金融业务模式,是一种新兴的网络金融业务模式。

互联网金融体现了平等、协作、自由、共享、普惠、民主等理念。一是平等,交易双方既是地位的平等,又拥有平等享受相同金融服务的权利。这意味着普通个人用户也可作为一种特殊的"金融机构"向自己或者他人提供金融服务。二是自由,即限制和约束少,产品多样而且数量多,实现完全竞争,参与者可以根据需要选择适合的金融机构和金融产品,并对金融服务做出评价。金融机构可在不违背监管的前提下自由自主地提供金融业务。三是共享,涵盖了用户、产品、评价、信用等各类数据、信息、知识、经验以及金融服务过程中关键算法和模型等的共享。四是普惠,是指无论尊卑贵贱,每个独立个体都能够以合理的价格、同等的便利得到所需要的金融服务,并从中受益。五是民主,指金融服务的供给方,包括了传统金融机构、团体或个人,其权利的获取职能通过市场竞争和使用者的投票权,用户的投票权即服务选择权对金融权利具有最终决定权。

互联网金融指的是传统金融机构与互联网企业利用互联网平台开创的一个提供金融服务的新兴领域。2015年,国务院十部委联合印发的《关于促进互联网金融健康发展的指导意见》中认为我国互联网金融模式大体可分为七种,包括互联网支付、网络借贷、股权众筹融资、互联网基金销售、互联网保险、互联网信托以及互联网消费金融。

2. 国内关于互联网金融的研究综述

国内学术界对互联网金融领域的研究起步较晚,但互联网金融的概念一出现,就受到了学术界各个领域的普遍关注,学术界关注的热点涵盖了互联网金融的本质与定义、业务模式及其优势、互联网金融发展对传统金融体系造成的影响等四类研究方向。

第一,关于互联网金融的本质与定义。关键分歧在于互联网金融是否改变了传统金融的本质。第一类观点是认为互联网金融对传统的金融体系具有明显的颠覆性革新,持这一观点的学者认为:互联网金融的模式是"一个既不同于商业银行间接融资,也非资本市场直接融资"的第三种直接融资方式。在这一模式下,市场中信息的不对称程度较低,资金供应和需求的双方直接进行交

---

① 资料来源:《关于促进互联网金融健康发展的指导意见》(银发〔2015〕221号),人民银行、工业和信息化部、公安部、财政部、国家工商总局、国务院法制办、银监会、证监会、保监会、国家互联网信息办公室,2015.07.

易,而不必发挥银行、券商和交易所的金融中介作用。因此,互联网金融对于传统金融具有明显的颠覆性,不仅可以达到与以往直接融资、间接融资一样的资源配置效率,还能在促进社会经济几何式增长的同时,大幅度地减少交易的成本。有些学者也将互联网金融定位为信息时代所特有的一种金融模式,认为受到互联网发展的影响,金融业的分工格局也随之产生了变化,互联网金融具有一定的革新性。第二种观点则认为互联网金融只是变更了金融的表面和形态,而未触及本质,并不具有所谓的颠覆性。这类学者结合了国内互联网金融发展的趋势以及互联网金融发展的体制机制根源,持如下观点:互联网金融化即以电子商务公司为代表的互联网企业为客户提供贷款、支付等金融增值业务的此类行为,为其增加了部分金融职能。这种定义其实揭示了互联网金融是传统金融借助互联网技术在渠道上的延伸,而非本质性的变化。耶鲁大学金融学教授陈志武从金融服务本质这一观点出发对于互联网金融的产生和演进进行了阐释,强调了"互联网金融"模式的核心特点。陈志武持这样的观点:金融的核心没有产生质变,其本质仍为交易者之间的跨期价值互换以及信用的互换。互联网平台等新手段、新渠道和新方法仅仅改变了金融交易的时间、地点、参与人数以及环境等表象因素,而不涉及改变金融交易本质的方面。

第二,关于互联网金融的业务优势。作为一种跨界创新,互联网金融在资源配置、信息匹配以及金融服务供求配置等方面的优势是理论研究的一个重点。总体来讲,互联网金融具有优化资源配置的功能;互联网金融加速了目前以商业银行为主体的支付体系的改善与提高,为客户提供了更为便捷的支付与清算服务,大大提高了金融支付清算服务的效率;互联网金融的"财富管理"职能主要表现在两个方面:一是能够尽可能地延伸客户群链条,二是提供高效快捷、成本低廉的营销网络。互联网金融能有效提升金融"提供价格信息"能力,使价格信息更完善、更精准、更及时;能有效地降低成本,进而更容易满足客户多方面的需求。此外,巴曙松认为:一方面金融企业借力互联网金融平台,可以拓展客户规模、精准客户匹配、提升资源适配、提高风控能力、降低运营成本。另一方面,互联网企业通过和传统金融企业的合作机会,优势互补,培育其跨行业运营的能力,创造跨平台的商业机遇。

特别地,部分学者强调了互联网金融在普惠金融方面的优势,认为互联网金融在融资模式方面的独特性,使中国金融行业走向"普惠金融、大众金融"的时期,互联网和小微贷款直接融资的产生和逐步成熟,使得过去处于传统金融服务薄弱环节的小微企业、个人用户等团体和个人,也能够享受到现代金融体系带来的益处与便利。

第三,关于互联网金融业务模式。在实践领域,国内学者对互联网金融的具体运作方式也做出了系列研究,包括银行卡在线转账支付、第三方平台结算支付、虚拟货币支付和移动支付这四种电子商务中的支付方式的系统性分析。第三方支付面临的法律地位、监管缺陷和竞争等问题。

第四,关于互联网金融对传统金融体系产生的影响。部分学者在分析互联网企业在商业模式创新、金融服务体验、平台渠道建设、监管政策导向等方面的举措基础上,指出了银行互联网金融的发展方向,包括:逐步优化以大数据信用评级为基础的风险控制机制;以发展互联网金融契机,加快银行转型发展速度;逐渐探索推动互联网金融良性发展的风险防范机制等。有的学者则从通过信息技术的出现、互联网的普及应用,以及"金融脱媒"这三个维度,分析了"互联网金融"对传统银行服务业带来的冲击,他们认为:互联网金融在现有的直接融资模式和间接融资模式两种模式的基础上,创新出了互联网融资的第三类融资模式;由于互联网金融导致信息、渠道、技术以及客户关系四个方面的脱媒,传统商业银行所具备的信用中介职能正逐步被弱化,银行受到业务萎缩、中间业务被替代、客户流失等危险。随着移动支付技术的不断完善以及深入推广,"互联网金融"业务将会改变已有银行服务业的服务模式和边界,将为商业银行健康发展带来"鲇鱼效应",银行应审视自身的不足,要全面认识,依照"小、快、简、整"的原则再造业务流程,构建新的价值体系。银行该从思考方式、服务模式、流程优化等方面进行重塑,并提出了重塑的思路和方法。

(四)普惠金融的相关研究综述

1. 关于普惠金融的定义

普惠金融(inclusive-finance),指的是基于机会平等共享要求与商业可持续的要求,以能负担的成本为有金融需求的各类人群提供匹配的、有效的金融服务[1]。小微企业、农民、低收入群体和老弱病残等群体和个人是目前我国普惠金融的重点服务对象。普惠金融是面对因低收入群体金融供需的低效匹配而产生的"惠则难普""普则不惠"而提出的一项专门的金融概念。与此意义类似的还包括小额信贷(micro-credit)、微型金融(micro-finance)以及金融可得性(access to finance)等专门概念。

---

[1]《国务院关于印发推进普惠金融发展规划(2016—2020年)的通知》国发〔2015〕74号,2015.12.

普惠金融的概念是联合国在2005年小额贷款宣传年专门提出的,于2006年被焦瑾璞在亚洲小额信贷论坛上正式使用,才进入了国内的视野。普惠金融要求各类金融组织都能够基于各自的比较优势,为小微企业以及低收入群体等提供充分全面的金融服务,这意味着普惠金融体系必须在更宏观的金融体制范畴看待供给者的定位。此范式下,包括微型、中小型、大型或者主流的金融机构在内的各类金融供给者,各取所长,优势互补,可以携手解决金融服务弱势群体以及小微企业的金融供给缺口问题。焦瑾璞提出,我们应当用"普惠金融体制"的概念代替"微型金融"的概念,这意味着微型金融不再处于传统的金融服务薄弱环节,而是能够与更加广泛的金融体制相融合,成为一个国家金融体制的组成之一。央行行长周小川认为:普惠金融的概念指的是借由金融基础设施的优化,将欠发达地区与低收入人群引入拓展的金融服务中,为其提供质优价低、成本低廉的金融服务,不断提高他们金融服务的可获得性。综上,普惠金融指的是向人数众多的金融弱势群体持续提供诸如储蓄、支付、保险、信贷等金融服务,这些服务之中最为本质、实施难度也最大的是为传统金融机构难以提供金融扶持但存在强烈金融需求并具备稳定的收入来源和偿付能力的低收入群体和小微企业提供微小贷款的信贷支持体系。

2. 关于普惠金融的作用

普惠金融的作用主要体现在宏观和微观两个层面:宏观范畴内,普惠金融不仅可以促进区域经济增长,也可优化经济体系全局,促进了国家与地区的总体经济与产业经济的发展。一些研究发现:倘若传统银行体系的服务包容性缺失甚至受到强烈排斥,这会导致国内生产总值损失百分之一。国外学者在以印度为案例的研究中还发现:在之前金融服务真空的农村建立银行分支机构之后,区域内的贫困现象得到了极大改善。从微观层面上来说,普惠金融的作用是刺激低收入家庭的生产经营活动,提高其收入水平与生活福利,在拓宽金融服务的深度和广度的同时降低相应的综合服务成本。

针对我国具体国情,普惠金融的作用则体现在更多层面:从金融发展的角度看,焦瑾璞认为普惠金融代表了金融公平,是全民共享式的现代金融体系,是传统金融的革新与升级;从农村金融发展的角度来看,我国农村金融市场受到了传统金融体系的强烈排斥,普惠金融的普及对改善金融体系在农村的真空现象,促进我国农村金融改革创新以及提高农民收入有着重大促进作用;从经济发展的角度来看,普惠金融可以提高广大群众收入和扶贫,进而起到了拉动内需和改善城乡二元结构的作用,对于转变经济发展方式和推动绿色发展、永续发展有十分积极的影响。因此,推广普惠金融既可以为低收入群体和小微型企业带来更多就业、创业和商业机会,降低贫富差距、城乡和区域经济发展差距,实现统筹式、全方面增长,也可克服传统金融体系的弱点,提高资金配置效率,增强社会公平,推动和谐社会建设。

3.关于普惠金融体系的构建

从普惠金融体系的框架构建这一角度,我们可将大部分文献分为四类,按照层次不同可以分为核心层(金融服务需求者)、微观层(金融服务提供方)、中观层(金融基础设施和基础服务)以及宏观层(法律政策体制)。在核心层,研究以客户金融需求为中心问题探讨分析客户的定位与类别,因为涵盖了极度、中度和轻度贫困者在内的核心客户的金融服务需求极大地影响着普惠金融体系各层级的行动。一些学者认为应当对金融与财政的界限进行区分,认为普惠金融并不同于扶贫,财务可持续性不可缺失,融资服务的主体对象应为经营前景良好的农户、城市中低收入人群、中小微企业和农民工等。微观范畴内,主要基于各组织的比较优势,回答如何使得不同组织的绩效最优。在中观层次上,作为金融服务的新模式,互联网金融因为具有突出的普惠特征而得到了学术界的广泛关注。众多学者持这样的观点:在资金来源被延展以及互联网社会借贷的发展,微型金融将逐步建立在现代的网络信息平台之上。互联网金融由于其"不需抵押、高效价低"的运营方式使得金融末端的普惠成为现实,有效补充了传统的金融机构服务体系。宏观范畴内,许多学者认为政府应当为普惠金融的发展和深入培育良性政策环境。积极的政策环境能够为各金融组织创造类似完全竞争市场的环境,充分、有序而且公平地竞争,弱势群体和小微型企业所享受的金融服务将会成本更低、效率更高。一些学者则认为,政府应当在普惠金融体系中担当规则制定者的角色,而这些规则可用以降低各类组织的准入门槛,在审慎监管的前提下保证普惠金融商业模式的创新性,并对金融消费者进行有效的保护。

三、国内外实施普惠金融的经验启示

(一)国外商业银行实施普惠金融的启示

1.传统银行实施普惠金融的代表——美国富国银行

(1)美国富国银行概况

美国富国银行(Wells Fargo)是成立于纽约的一家商业银行,创办于1852年,有约30万名员工、将近1亿位客户以及约1万家分支机构,现今在美国市值排名第一。作为一家提供全方位金融服务的多元化金融集团,富国银行的业务范围涵盖公司金融和社区银行、抵押贷款、公司贷款、房地产贷款和个人贷款、投资和保险等。富国银行不断完善银行物理网点、自动取款机、手机和电脑客户端,为顾客提供全面的普惠金融服务,其存款份额在全美17个州都名列前茅,其抵押贷款业务与中小企业贷款发放数目在美国都位居第一名,也是美国现在仅有的一家穆迪评级为AAA级别的商业银行。

(2)美国富国银行商业模式分析

①网点布局

合适的网点密度一方面可以加大普惠金融的可得性,另一方面便于银行控制经营成本,追求利润最大化。按照合理网点密度的原则,商业银行可在城乡不同市场中来设立密度合理的众多社区银行网点,从而使得附近居民可就近办理业务。根据富国银行所做的研究,每增长1万名住户会为每个网点提升2%~4%的资产收益率,社区银行网点应当优化分布密度,运营效率才能得到有效提升。社区银行各网点开展金融业务才能达到精准营销和适合市场需求,能实现每个网点为尽可能多的客户提供金融服务,并杜绝了扩张过快,网点分布泛滥造成的成本高等问题。

②销售策略

通过交叉销售策略来追求最高效率。富国银行的零售业务中拥有强大的交叉销售能力,不仅为银行吸收了大量低成本核心存款,还为富国银行发放全美最多的贷款打下了坚实的基础。交叉销售关键之处是采取多渠道的方法,销售适合客户需求的产品,继而引致了客户的存贷款需求,也即多渠道、高品质地满足客户的金融需求,使得单位客户交叉销售量增长,则单位客户盈利会增加。富国银行长期坚持交叉销售的营销模式,这种模式所带来的高客户黏性是银行能够长期、多次抵御经济波动的关键点。一般而言,客户一旦选择一家银行开展业务往来,随着使用时间的增加,客户的各种需求都会逐步在这家银行累积,由此,客户关于这家银行的黏性越来越强,特别是规模较小的客户,黏性转换成本较大客户而言更高,议价能力不强,富国银行因此把这类客户作为交叉销售的主要客户,以达到盈利最大化。有数据表明:富国银行收入增长中约80%的部分都源自于交叉销售,交叉销售既保证了银行客户群体的持续性和连贯性,又优化了银行内部间的协调沟通,提高了组织效能,维持了机构运行的稳定性和可靠性。

③风险控制

通过严密的风控体系可以使得商业银行的总损失降到最低。富国银行发展历程中经历过收购第一洲际银行,合并西北银行,吸收美联银行等一系列的并购重组。在这些并购重组的过程中,富国银行高度重视风险防范,在完全确定并购将更有利于发挥整体高效率的前提下,富国银行才会实施并购。而且在并购重组的进程中,富国银行始终坚持原先的市场定位、管理特色、采取控制网点员工数量、提高客户满意度、减少营业网点面积等措施,最终形成了大量规模小、密度合适、服务周到的社区银行办事处。现在,富国银行的每一个社区银行办事机构的占地面积及运营成本都在趋于下降。

富国银行的运营更倾向于传统的存贷款业务,而对于高杠杆衍生业务等高风险高收益业务,富国银行较少涉及。另外,富国银行也很少涉及担保债务凭证市场或者表外结构性投资市场。近年来,富国银行的贷款约占总资产的一半以上,涉及高风险业务的资产较小,盈利稳定性总体较好。富国银行同社区银行都较为熟悉社区内企业、住户情况,这对杜绝信用等级低、评级低的客户十分有利。

2007年,在美国爆发次贷危机期间,富国银行的稳健策略发挥巨大作用。富国银行在美国的住宅抵押贷款业务规模最大,而不良率却比同行业平均水平低20%。这是由于富国银行坚持风险分散和较低的贷款发放集中度,经济波动才没有对富国银行的运营产生重大不利影响。此外,富国银行在控制小微企业信贷风险等方面的表现也非常优秀,其在小微企业信贷领域的市场占有率连续10年为全美第一,小微企业贷款利率高于大型企业,提高了银行净利差,这一业务也是富国银行收益率十分可观的业务之一。

(3)美国富国银行的启示

交叉销售具有发挥普惠金融优势和重大潜力的优点,我国银行的盈利方式和观念需要优化和革新。国内商业银行竞争愈发激烈,仅依靠新增客户来提升盈利能力十分困难,所以通过提升银行交叉销售的比率,提高现有顾客盈利贡献将成为新选择;充分发挥宏观经济增长和交叉销售两个驱动,提高现有客户贡献,伴随国内经济增长逐步放缓,交叉销售将成为银行提高顾客盈利贡献的最主要驱动力量;随着日益增长的银行客户金融服务需求,银行需要开发更多样化的普惠金融产品和服务,近年来理财产品需求旺盛就是一个重要的表现,这为商业银行推动交叉销售提供了条件。中国现在各大银行的获利增长点也一般都来源于经济增长下的规模增长(尤其是贷款数量的规模化增长),增长模式缺乏精细化。商业银行盈利增长方式即将随着宏观经济增长放缓而转变,未

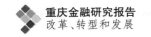

来国内银行业盈利增长将更多通过提升客户服务水平来增长交叉销售,提高已有客户金融产品的数量和类别。所以,兼顾满足客户财务需求与提升现有客户盈利贡献意义重大。

金融脱媒加剧,普惠金融涉及的零售业务将有重大发展空间。一方面,随着利率市场化的推进,存款利率逐步放开,国内商业银行存款成本压力渐渐提升,优质存款来源和不高的存款成本将会是商业银行的关键竞争力之一,由于中国银行业金融脱媒加剧,优质、大型的企业贷款需求将有所降低,商业银行的主要客户转变为了中小企业和零售类客户,社区银行业务潜力巨大。

合理的资金来源是商业银行的关键竞争力之一。富国银行的案例表明:商业银行合理的资金来源结构需要构建在网点布局为零售业务开通的渠道以及交叉销售模式下较高的客户黏性之上。现阶段国内商业银行交叉销售多处于较低水平,渠道建设决定存款来源优势,也就是拥有更多网点数量的银行将更易获得存款,例如建设银行等大型国有商业银行在这方面的优势就十分明显;具有更多网点在县域等低成本地区的银行有更大存款成本方面的优势,例如农业银行。另外,已开展交叉销售模式而且成效显著的商业银行在吸收存款上有较大的先发优势。

小微企业业务回报率高,发展空间巨大。富国银行的小微企业对象定位年销售收入2 000万美元以下的个人经营企业,且单户循环贷款限额10万美元。现在富国银行的小微企业贷款项目已经发展得较为完善,其盈利占整个银行的利息收入的重要部分。目前中国的小微企业贷款与富国银行小微企业贷款业务在规模和授信对象上都较为类似。一是因为小微企业贷款的周期不长,银行便于防范企业运营风险从而对此因势利导、及时应对,其贷款的风险程度低于传统零售业务。从剔除信贷成本后的收益率分析,大中型企业贷款和零售贷款明显低于小微企业贷款,因而传统观念认为小微企业风险大因而无利可图的看法并不完全准确。二是银行发展小微企业客户的过程中,需要进行流程创新及信用评级创新等革新,从而获得较高的回报。

商业银行的优良风险定价能力是推广普惠金融的一种关键助推力量。富国银行风险管理良好,风险定价能力较强,坚持只承担适宜的风险,信贷成本较低,资产质量较好,跟随利率市场化的稳步推进,风险定价能力愈发重要。风险鉴别水平较优,并可取得较高信贷成本调整后收入的商业银行会具有更高的竞争力,并且保证风控一致性、连贯性和严谨性的商业银行会更容易免于遭受经济下行以及经济危机的影响。富国银行一直坚持在其业务开展中保持风控的一致连贯和严谨缜密,故可以杜绝较大风险项目和业务。

2. 纯网上银行实施普惠金融的代表—— ING DIRECT

（1）ING DIRECT概况

1997年,金融巨头荷兰国际集团(ING)在加拿大成立了金融产品网络直销银行ING DIRECT。ING DIRECT是完全依托互联网的银行,不开设网点或基层分支部门,只通过互联网、电话和电子邮件开展业务。为满足一些客户需要接触银行实体的心理,ING DIRECT也在部分大型城市设有少量咖啡馆用于宣传品牌,其中心运营理念是其客户可付出少量成本购买易得的"金融日用品",坚持提供单一的金融产品和服务,比如储蓄、支付账户、住房抵押贷款、理财产品代理等非常简单的产品。

ING DIRECT在创始之初,大部分人都认为这样的银行模式无法生存。然而现在,ING DIRECT业务已经覆盖了英国、美国、法国、德国及澳大利亚等多个国家,成了全球最大最成功的网络银行之一。ING DIRECT五年之内成了美国第四大零售银行以及最大的网上银行,现在每月新增客户十万余人,每年新增存款10亿美元。而在德国,ING DIRECT每年平均新增长100万名以上的客户,在三年时间内就成长为全德第四大零售银行。

（2）ING DIRECT商业模式解析

①目标客户

ING DIRECT注重挖掘普惠金融"长尾市场"带来的商机。与大多数商业银行着眼小部分高净值客户的情形截然相反的是,ING DIRECT着眼于满足"长尾市场"中占比较大的普通人群的金融诉求,ING DIRECT的着眼客户群体比较明确,即为有储蓄必要和意愿但并不太富有的普通人,他们本不需要太多服务,也不愿意在银行柜台浪费时间,他们不愿意或没有时间购买复杂的金融产品,只需要提供较高存款利率或相对简单的理财产品,即使单笔业务和每一位客户带来的盈利较低,然而较大的客户群体基数使得银行只要控制成本得当,盈利依然很大。

ING DIRECT旨在满足占比较大的普通人群的金融诉求,并为他们提供流程简单和储蓄回报丰厚的服务。ING DIRECT将业务流程简单化、标准化,对所有客户一视同仁,这样银行才可以尽量降低运营成本。ING DIRECT甚至不惜失去异质客户,以最大限度维护客户的同质性,对于希望获得额外服务或购买复杂金融产品的客户,ING DIRECT将推荐他们去提供这些服务的传统商业银行。仅在美国,ING DIRECT平均每年主动放弃客户3 000名左右,然而由于清除了消耗过多资源的客户,平均每年至少节省了100万美元开支。得益于清晰的客户定位,银行才能更具针对性地开发具有特色和竞争力的产品。

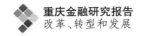
②产品开发

ING DIRECT致力创建"金融便利店"模式,提供满足顾客基本需求的金融产品。虽然分支机构在完善的银行业市场已经较为饱和,但基数庞大的普通人群对便利银行的需求仍较高。便利银行与全面业务类型的银行有所不同,其金融产品着眼于满足基础金融需求,业务主要立足于活期及定期存款、支付账户、住房抵押贷款以及简单理财产品,并根据具体情形提供为数不多的个人消费贷款。考虑到ING DIRECT的目标客户群的特点,这些产品已经可以满足客户基本的需求,并且客户能将其他银行的银行账户与ING DIRECT的账户相关联,而且ING DIRECT不设最低存款的门槛,亦不收取转账费用,账户之间的资金流通变得简单和无成本,通过关联账户来满足其他金融需求。另外,ING DIRECT通过其所属母公司的资源也获得了关键的竞争力,ING DIRECT将银行账户同ING下属的其他商业银行账户相关联,并通过代理的形式将ING旗下证券公司的理财产品纳入ING DIRECT银行体系中。

传统商业银行努力开发全面性强的金融产品以满足众多个性化、定制化的金融需求,然而ING DIRECT却反其道而行之,大力实行金融产品简单化,目的是保证低成本核心竞争力。ING DIRECT认为,银行势必为复杂的金融业务付出高昂的成本代价,例如雇用更多专业人士,重新建立更复杂的风险管理体制等。因此ING DIRECT始终维持单一的产品体系,不需要支付运营费用,运营成本大约只有传统商业银行的1/4。

③服务特色

"高存款利率,零手续费"是ING DIRECT吸引客户的实实在在的核心价值,"高买低卖"的策略决定规模大小是其盈利的关键要素。"高存款利率"能快速吸引客户形成一定业务规模,低成本运作保证长期稳定提供较高的存款利率。传统商业银行不为支票账户支付任何利息,而美国ING DIRECT支票账户利率最高可为4%。ING DIRECT不设账户的最低存款额度门槛,亦不设年费或手续费用,ING DIRECT吸收到大量的原传统银行的客户储蓄,取得了巨大的成功。据统计,ING DIRECT 90%以上的存款来源于顾客由其他银行转来的资金,并且顾客流失的比例极低,ING DIRECT存款中的86%都较为稳定。在资产业务上,ING DIRECT提供了利率较低的住房贷款以及个贷类金融产品,从而吸引了大量客户。

④运营实施

ING DIRECT的成功还依托于精准营销、高效运营。

一是ING DIRECT依靠完整的客户数据和先进的挖掘技术,实现更为精细化的客户关系管理。首先,ING DIRECT经过精确的客户定位大幅下降获得新客户成本,传统银行平均每一个客户的获得成本是ING DIRECT的10倍。其次,通过分析数据信息,了解客户的消费习惯,挖掘客户的产品需求,ING DIRECT用拨打电话以及发送电子邮件等方式对客户进行精确定向的交叉销售,这样可以高效地将储蓄顾客发展为贷款或者理财产品顾客。ING DIRECT20%以上的资产是通过这样的交叉销售模式实现的。最终服务营销可以被充分转化。系统自动评估对每一个致电客户进行交叉销售的可能,并针对高可能性的客户设计了完备的销售术和程序。

二是完善的普惠金融风险管理模式。首先,ING DIRECT为了保持相对低的风控成本,从不投资股票等高风险市场,仅出于对冲风险的目的,投资了少量金融衍生品。其次,ING DIRECT还拥有完备的风险定价体系,其使用评分卡模型能依照客户的信用评级和基本情况,精准报出给予风险调整后的贷款价格,促进银行得到的回报匹配所承担的风险。最后,因而简易并按照标准化程序设计的产品体系使ING DIRECT实现了最优的和标准化的资产负债管理模式。

三是高效率的普惠金融运营。一方面,ING DIRECT不采用传统银行柜台,直接通过网络、电话和邮件为顾客提供金融服务,建立高效且低成本的服务渠道,努力培养客户使用网络和电话语音应答系统的习惯,将客户向更低成本的服务渠道引导。例如,德国ING DIRECT的客户通过网络完成了75%的交易,通过电话语音应答系统完成9%的交易,人工服务占16%,且人工服务能在20秒内完成的服务超过80%,只有3%的客户放弃等人工转接,远低于同期德国银行业电话服务中心的平均数据(处理时间30.1秒、放弃率4.70%)。此外,ING DIRECT简单的产品体系也简化了后台的运营体系,这都大大提高了运营效率。比如房贷产品设计比传统银行更为简单,房贷产品的利率直接由信用等级、贷款额度和年限来决定,产品构建简单清晰,易于被中介与顾客知悉和明白,同时使得审核以及住房贷款流程更高效迅速,增加了顾客满意水平,并且保证了运行成本不会过高。

(3)ING DIRECT的启示

注重商业模式创新。ING不仅开展了传统的商业银行业务,其所属的ING银行仍然是以传统商业银行的模式来运行的,而且建立了ING DIRECT来发展和创新业务模式、改革商业模式、培育专门经验,这种方式是应当得到推广的。例如在国内,兴业银行就设立了事业部制度,而且众多的商业银行都创建了专门的信用卡中心。以兴业银行为代表的这种整体模式改制并不适合所有银行,但尝试新成立独立子公司和部门,实践新的商业模式确有可参考之处。

借鉴"金融便利店"模式。国内银行业还处于积极扩张阶段,需要不断新设分支银行等营业网点,而且多数银行以高端个人客户为主要业务的开拓目标。但实际上,普通个人客户数量庞大,普惠金融市场蕴含了巨大商机。银行建设小型社区"金融便利店",与传统商业银行网点形成类似大型连锁超市和社区便利店共存共生的格局。自助取款机作为"金融便利店"的简易存在形式,已经在我国各个社区、街道广泛分布,但金融服务范围始终仅限于存取款、转账,以及简单的查询服务,这是因为目前还缺乏保障金融安全,有效降低"金融便利店"运营成本的方法。随着科学技术和互联网的飞速发展,未来在社区遍布低成本的金融服务终端是完全可行的。同时,随着移动支付业务的发展,手机终端也将成为"金融便利店"的另一种服务形式。

大力发展数据挖掘技术,促进风险、营销实现精细化管理。数据挖掘是ING DIRECT的关键竞争力,其精确的客户风险评级在审批、定价以及催收等风控的各环节和步骤都有广泛应用,尤其是在利率市场化的大趋势下,根据风险定价的能力尤其重要。在市场营销这一环节上,优秀的数据挖掘水平能支撑商业银行精确探寻到潜在的顾客,知悉顾客的诉求。尽管数据挖掘技术在我国还属于新生事物,但在成熟的欧美银行业中已得到广泛实践,我国商业银行应持续提高数据挖掘技术的运用能力,培养专业的数据挖掘人才,助力实现我国银行业对风险和营销的精细化管理。

运用拨打电话的方式进行营销或客服推广服务转销售模式。通过电话完成交叉销售已成为了ING DIRECT的特色之一,商业银行掌握了海量的顾客基本情况信息、在本银行的历史交易记录和关联信息,如果能深入探索这些信息,就可以高效而便利地发展有潜在需求的顾客。直接打电话给这些客户销售金融产品,成功率往往很高,电话销售保险是国外保险公司的主要销售渠道之一,中国的保险业也早就开始了电销的探索。在国外,商业银行特设电话营销部门据此可以知悉占比最多的个人客户的诉求,带来巨大的盈利。倘若条件具备,商业银行应计划设立专门的电话销售部门,或在客服部门加入电话销售小组。一些商业银行目前已发展柜员坐销,但客服中心同样可发展服务转销售。倘若客户通过电话询问一项理财产品,这证明他有意向购买这项理财产品。倘若客服职员被授权了参与营销及渠道递送,客户通过电话就能高效地完成业务,这样就使得个人银行业务可以发展新盈利点。

中国银行业在利率市场化趋势下尝试复制ING DIRECT的普惠金融模式。对客户而言,ING DIRECT的核心价值在于为客户提供高于市场水平的存款利率,在以往国内实行利率管制的前提下,无法复制这类模式。但由于人民币国际化的推进,我国将逐步放开利率管制,在我国逐渐实现利率市场化以后,ING DIRECT这种用高利率吸引客户并维持低成本运营的商业模式将具有较强的参考意义。

将来银行发展方向取决于技术水平的进步。ING DIRECT的模式必然依靠网络、互动式语音应答等技术创新。银行的发展为我们带来启示:技术进步比产品创新带来的影响更为巨大。自动取款机的出现让商业银行能够快速拓展业务范围,网络促进了网上银行的发展,而移动信息技术也推动了移动金融的发展,各种新兴的与客户接触的方式都能衍生出一种新的银行模式,这都说明金融技术决定了银行的未来发展方向和模式。交通银行曾在世博园区展示过对未来银行模式的展望,最主要的突破并不是金融产品的创新,而是金融服务提供方式的创新。未来,网络银行无处不在,无论以互联网、移动通信网,还是物联网等方式进入生活,都是未来银行发展的大趋势,国内商业银行要保持对新技术的关注及银行新模式的发展。

3. 数字银行实施普惠金融的代表——Simple

(1)Simple概况

美国Simple公司原名为Bank Simple,2009年,该公司在美国俄勒冈州的波特兰市创立。作为"非实体银行"的典型代表,Simple主要着眼于个人的理财业务。2014年,Simple公司以1.17亿美元被西班牙的第二大银行——西班牙对外银行(BBVA)收购,收购后其原管理层保留,作为西班牙对外银行的独立子公司开展数字银行方面的业务。与传统银行不同,Simple并不是一个正式的银行,而是一家与其他银行合作提供银行服务的金融科技企业。Simple一开始就抓住数字渠道的特点,基于手机等互联网移动终端提供服务,将复杂的流程简单化,简单的问题标准化,只提供包括存款、电子支付和转账、根据不同风险获得不同回报以及借款[①]四项基本功能。

(2)Simple商业模式分析

①经营模式

Simple作为金融服务提供商联合美国合众银行(The Bancorp Bank)推出Simple Visa借记卡,为用户提供银行金融服务。在这种模式下,Simple是一个"超级银行前台",用户界面简洁友好,虽然能为客户提供服务,但其客户资金却是存放在有FDIC(联邦存款保险公司)支持的美国合众银行,享受FDIC存款保险的保障。Simple提供极其便捷的支付服务,用户支付时只需在自己的手机

---

① 提供Web端产品,提供较好的UI和使用体验,通过一张银行卡简化了流程。

APP上输入验证码就可以完成;Simple应用还内置了一个ATM地图帮助客户搜索附近最近的ATM列表,用户可以通过与Simple连接的全美超过40 000台ATM提取现金且不需手续费;甚至连兑现支票,也只需要用手机拍下并将支票图片上传,即可轻松完成。Simple提供特色理财功能"Safe-To-Spend(安全支付)"帮助客户进行日常理财。

②特色理财平台

Simple最具创新的地方是提供了一个可帮助客户理财的平台。通过该平台,用户可以将自己持有的所有银行卡、借记卡、支票等汇集在该平台账户下,统一管理,实现多银行在线理财。

Simple依据账户收支记录及消费计划,为客户提供了一个特色理财功能"Safe-To-Spend(安全支出)"及"Goals(目标)",可以通过设定安全的消费资金来帮助客户进行日常理财。"安全支出"自动扣除每月固定花费以及未来的存款和支出,显示账户中实际可用余额,帮助用户存够所需的金额。Simple的统计数据显示,使用"安全支出"功能的用户,比不用的人可以存下多两倍的金额。Simple的"Goals(目标)"功能要比大多单独的银行应用更全面。"目标"允许用户设定预期存储目标,Simple会实时显示当前存款离预期目标还有多少。在用户设定存款用途、金额以及时间后,能够自动将每天需要的存款数额转入。

使用者还可以通过Simple将过去的消费行为生成一张图片,查阅历史消费,记录过去的消费习惯。Simple还可以追踪、记录客户的理财轨迹和消费习惯,并根据用户提供的私人数据,提供建议和增值服务。

③盈利模式

Simple银行在盈利方式上颠覆了传统银行模式,不通过收取手续费来盈利,也不靠各种复杂、隐性的费用"占客户便宜",因为该公司认为这样的商业模式直接造成了银行与消费者的对立关系。

Simple银行的盈利主要来自两方面:一是利差幅度。大多数银行主要依靠贷款和存款的利息差来获取收益,由于Simple目前已经和部分银行达成了合作伙伴关系,因此该公司可以从银行的利息差收益中获取一定比例的分成。二是来源于刷卡费用。每当有用户通过Simple借记卡进行付款的时候,商家都会向银行缴纳一定的交易费,而Simple同样会从中进行抽成。

(3)Simple的启示

业务简约化。Simple经营理念即"简单、简洁"。Simple银行卡设计极为简单,除了Simple的Logo,VISA标志、卡号、持卡人姓名等必需的东西外,没有多余的元素。Simple提供了比绝大多数银行都要清晰简洁的界面,让用户可以通过数字与图表对自己的收支变化一目了然。Simple业务活动也比较简单,只涉及储蓄、转账、理财等几个领域,并不追求多元化发展。此外,Simple的操作也较为简单,用户无须分开登陆不同的应用,在一个平台上就能直接管理自己的资金,比如转账到自己的储蓄账户或是自动还账单。

重视创新。在银行的产品及服务同质化明显的当下,若能推出更多满足客户需求的产品,即使只有一部分创新及改进,都能够在行业内赢得先机。Simple本身并不是真正的银行,只是提供金融服务的科技企业,负责银行服务平台的运营,却开创了互联网银行2.0时代,为银行服务模式创新提供了新的发展思路。

重视用户体验。Simple是一款注重客户体验的"虚拟银行"。Simple为用户创造了大量便利,其推出的Visa Card为用户提供网络银行服务体验,尤其主打网络理财服务,手续更加简单、方便和便宜。Simple还提供实时人工电话服务,每次都会有真人应答你的电话,客户也可以向Simple发短信咨询,手机APP里会迅速回复客户相关疑问。

(二)国内互联网金融机构实施普惠金融的经验

1. 纯网络银行模式实施普惠金融的代表——微众银行

从2015年5开始,深圳前海微众银行相继开发了微粒贷、微众银行手机应用、微车贷等项目,基本形成了以大众理财和个人贷款为主的普惠金融产品服务集成体系。

(1)产品模式

①微粒贷

2015年5月,微众银行的"微粒贷"产品正式被推出,这标志着微众银行开始涉足普惠金融领域,该产品的主要客群是个人客户和小微型企业。统计数据显示,"微粒贷"项目的主动授信涉及人数已超3 000万人,客户已超600万人,总的贷款发放金额已超300亿元。制造业、蓝领服务业等大众客户群体占到了用户份额的近50%,其提款客户的范围涵盖了全国31个省级行政区划单位的354座城市。

②联合贷款

2015年9月,微众银行联合了近20家中小商业银行革新性地推出了"联合贷款"。在微粒贷的产品体系中,这一模式以"互联网+"的思维充分地调动了这些中小型商业银行的存量资金,合力向个人及微型企业提供了优质高效的金融服务。通过这种合作方式,合作银行提供发放了其中80%的"微粒贷"贷款资

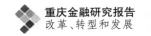

金。保持现有联合贷款规模的增长速度,该产品将成为"微粒贷"项目拓展和维护服务范围、服务普惠金融的基本模式。

③电商合作

微众银行基于用金融助力"互联网+"的思维,联合国内众多有影响力的电商,开发了许多创新服务模式。例如,微众银行与优信二手车联合开发了微车贷项目,为用户购买二手车提供金融支持;此外又相继推出了旨在支持公路运输车队的微路贷项目等众多微贷创新项目。微众银行除个人贷款外还开发了大众理财产品,推出了第一款为客户优选符合需求的独立手机应用金融产品,并可使资金转出即时到账,实现资金随用随取、调度快捷。

(2)风险管理

风险管理方面,微众银行依托多方资源,基于大数据分析技术,调度和使用了包括客户信息、征信、产品交易、贷款行为、合作单位以及第三方平台等十多个不同领域的风险数据,建立风险识别、实时侦测、计量和报告的能力,满足风险监测报告、风险计量模型、贷后预警、反欺诈与黑名单识别等风险管理工作的需要。

微众银行借由腾讯公司所特有的社交网络大数据管理分析能力,并引进了国外领先的风险识别及算法技术,将用户分群授信、信用评分、社交评测、商户授信管理、欺诈防范等一批模型相继建立起来。以"微粒贷"项目为例,微众银行基于用户社交数据进行用户的综合测评和推断,并结合公安系统的身份核验和征信数据,对客户做更细致的征信评分及分级,全方位评定用户最高可授信金额,并随时由以上要素机动调整客户的可授信金额。目前"微粒贷"项目的每笔平均借款金额不高于1万元,逾期率、不良率等风险指数皆低于监管规定及同业水准。

2. 电商实施普惠金融的代表——蚂蚁微贷

阿里集团蚂蚁微贷开发花呗,使消费者可先进行网上消费,并在确认收到货物后于次月的10日内还清购货款,还款方式有主动还款以及支付宝账户余额、余额宝或账户中绑定银行卡的自动扣款。消费额度按网购综合情况来确定。花呗同天猫的分期付款及先试后买、淘宝网的先用后付等阿里集团旗下产品和服务采用的是同一个消费额度。

3. 电商实施普惠金融的代表——京东白条

京东商城推出的白条是"电商平台(京东商城)+自有金融机构(京东金融)+自有大数据征信(京东集团大数据)"模式下的普惠金融产品。1998年,京东商城正式成立,时至今日京东商城已成为国内规模最大的自营电商平台,2015年1季度,在中国自营B2C电商市场中京东商城的占有率为56.3%。2014年2月,京东商城推出中国首个面向个人客户的信用支付类互联网金融产品——京东白条,其本质是京东商城的赊账,是一种商业信用,用户通过白条在京东商城进行网上消费,其最高授信额度可高达15 000元,采用分期还款的方式,其服务费为银行同类产品的近一半。当还款周期顺利结束后,消费者的授信额度还可以继续循环利用。

4.消费金融公司实施普惠金融的代表——马上消费

马上消费金融股份有限公司(以下简称"马上金融"),是一家全国知名的互联网金融公司,营业范围主要是提供面向个人的消费金融服务。目前马上消费的平均单次贷款金额约2 500元,远低于传统银行的平均贷款金额,是当下普惠金融最佳选择之一。

(1)产品情况

"马上贷"产品已于2015年9月15日面向全国开放,日贷款申请量最高超过5 000笔,同时根据线上与线下相结合的业务模式,马上金融已与各股东方、电信运营商、互联网金融、电商、大型社交平台等展开了合作并设计相应的产品,同时基于社保数据的消费金融产品"麻辣贷"也已在重庆地区面世,其他的产品包括商品贷以及虚拟信用额度产品等也即将上线。

同时,马上金融的大数据平台将于2016年正式对金融机构提供数据服务,已经开发"天网""天相"和"黑名单"三种产品,主要是反欺诈和信用数据服务。马上金融的大数据平台将全面对外开放,为金融机构提供更多的各种数据产品。

(2)业务开展情况

截至2015年末,马上金融主要开展了现金分期类贷款业务,包括基于合作方的消费场景来设计消费金融产品并进行销售拓展,渠道合作包括与股东的业务合作,以及与股东方以外的具有消费场景的其他渠道的合作等。

该公司主要为传统银行以往照顾不到的广大中、低收入阶层提供金融信贷产品。主要目标群体是26~30周岁的年轻人,平均单次贷款金额在3 000元左右,远低于传统银行的平均贷款金额,并且以互联网渠道为主要模式,产品的场景设计涵盖了房屋租赁、国内外旅游、家居家装、子女教育等多个方面,贷款者可选择申请贷款或者是消费后分期付款两种方式。

从还款方式上来看,该公司可以通过银联代扣、银行直连代扣和客户主动还款等多种方式还款,还款渠道丰富,最大限度地降低了客户由于渠道狭窄而不能还款的风险。客户在申请贷款到还款的过程中,均可以收到公司发送的贷款审核通过、成功放款、还款、逾期等提醒短信,最大限度地提升客户体验,切切实实地做到以客户为中心。

(3)风险管理

马上消费金融公司是银监会批准设立的消费金融公司,受银监会的监管,同时该公司还聘请国际权威专家分别担任首席数据官和首席风控官,以大数据为基础构建数据模型和风控体系,目前该公司已纳入央行征信,与央行征信系统直接连接,上传和查询客户的征信信息,同时还对接各部委的数据源,连接社保、公积金等体系。

此外,该公司针对贷款的每个步骤,均制定了标准的操作规范,从申请、审核、确认、放款、还款、催收等,均制定了标准的流程,通过系统和人工控制相结合的方式,确保每笔业务皆可达到合法合规要求。

另外,操作方式因贷款金额的差异而有所差别,例如"马上金融"的项目,按金额划分为两种操作方式:对于五万元以下小额类贷款的贷款,公司通过"马上金融"的手机应用程序来放款,只需在应用上实名认证并照相上传,而不需要采取客户进行面签;对于五万元以上大额消费贷款金额的贷款项目,马上消费金融会通过监控消费凭证来防止欺诈和盗用行为。为防止套现,马上金融所发放款项不会交贷款人,而是直接支付给贷款人的商品或服务出售方。

在防范坏账风险环节,马上金融的每笔贷款,都会向其股东方之一的阳光财产保险股份有限公司进行相应投保。

(4)产品、服务和模式创新

金融场景互联网化。传统的消费金融模式以房贷、车贷为基础,有抵押和担保的性质;而在互联网技术持续发展的背景下,社会多样化供给引致了更多元的消费金融场景,并蕴含着碎片化、互联网化的趋势。马上金融在其多个产品线中,把资金流、物流以及信息流都部署到线上,并打破了线上与线下的隔阂和分界,以最终实现互联互通、动态平衡。互联网消费金融的中心内涵之一就是实现金融场景的互联网化。

产品互联网化。产品的互联网化是互联网金融产品的主要创新模式之一,其中心在于实现用户的互联网化。35周岁以下的年轻人以互联网为主要的信息接收途径和生活模式载体,互联网消费需求近20年内增长日趋明显,互联网线上消费已经成为年轻人群的主要消费方式之一。因此,实现互联网金融产品互联网化重中之重的原则,就是要面向用户体验和消费需求。马上金融已实现了网上免面签的全自动审核过程,大幅度提高了用户体验和使用舒适度。

渠道互联网化。在"互联网+"背景下,金融机构获取客户渠道的互联网化趋势受以下因素的制约和影响:消费模式由实体模式向互联网化的演进,用户维护、用户体验、用户交流和支付方式等的互联网化,以及传统营销模式由于移动互联、社交网络和大数据应用的发展而被彻底改变。以马上金融为例,其互联网化的渠道拓展途径主要涵盖以下几点:通过互联网渠道扁平化的优势快速拓展业务规模;利用渠道和客户特定信息,达到精准营销的目的;利用互联网增加与客户的沟通频率,从产品设计角度提升客户体验;帮助渠道优化交易步骤、降低运营成本等。

支付互联网化。互联网技术的发展使得支付实现了从线下到线上的转变,支付介质也由实体演进为虚拟化。金融场景的互联网化自然引致了互联网支付的方式,其中,移动支付将成为必然的发展趋势。马上金融的贷款发放、消费支付、客户还款等都可通过自主的操作模式来完成,从而可以真正简单而快捷地满足用户需求。

服务互联网化。简单来说就是"用户能上网,就能为用户提供服务",让用户体验全方位的服务。服务形式充分体现了与客户的互动性,突破了单纯的一问一答模式,以文字、图片、视频等方式进行多媒体化的服务,并融入客户的社交网络,满足客户对于不同场景的服务需要。马上金融的客服中心把源于微信、应用程序、互联网上的IM以及传统语音服务等汇聚到同一平台上,与用户进行统一的交互。不同渠道的用户得以实现交互信息的聚合,这有利于马上金融认识客户,为其描绘画像并抓住其最真实的需求。

四、新常态下商业银行积极探索"互联网+"普惠金融实施路径

新常态下,商业银行总资产规模虽然仍在逆势增长,但其盈利能力却遭遇重创,不良贷款大幅增加,利润增速大幅下滑,众多商业银行积极响应国家发展普惠金融的号召,紧紧把握互联网发展的新趋势,结合自身优势积极探索创新实施"互联网+"普惠金融路径。

(一)"互联网+"线下传统金融,提高普惠金融服务覆盖率

服务覆盖的广度和深度是衡量普惠金融的关键标准,商业银行将打通金融服务的"最后一千米"作为实施普惠金融的重点工作内容。

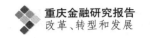
1. 下沉智能自助网点

应对互联网金融带来的冲击,商业银行将物理网点作为实施"互联网+"普惠金融的重要内容,纷纷革新通过多种方式着手开展实体网点的智能升级,通过布设智能自助网点延伸普惠金融服务。改造下沉物理网点,通过专门的电子银行引导员讲解网银、手机银行的使用,让客户在物理网点享受一对一柜台服务;不断加大联网智能交易设备投放力度,如 VTM、ITM、自助发卡机等,通过布设智能自助机具、电子银行自助办理银行业务。

在城市,商业银行将社区银行作为经营方式的延伸,主要以便民支行和金融便利店的形式出现,社区银行的发展是商业银行转变业务经营模式、践行普惠金融的重要举措。银监会发布的《关于中小商业银行设立社区支行、小微支行有关事项的通知》指出:(社区支行、小微支行)一般不办理人工现金业务,现金业务主要依托自助机具办理。社区支行、小微支行可结合实际错时经营。社区支行、小微支行已经成为商业银行针对零售客户、小微企业服务重要的新兴自助网点。在社区银行,商业银行将社区居民、个体户、中小企业作为重点营销对象,根据不同社区规模和条件,安装自动取款机、查询机和缴费机、VTM 设备等自助服务终端设备,24 小时满足客户的基本业务需求,提高银行的品牌影响力与金融覆盖面。

在县级以下区域,商业银行充分利用农村小超市、居委会(村委会)等现有设施,围绕农村基础性金融需求建立便民服务点,农信服务渠道跨越地理障碍,全面上山进村入户,推动农村基础金融服务全覆盖。在农村便民服务点,商业银行通过依托乡村小型超市等实体网点布设投放 ATM、POS 机、非现金自助终端、转账电话等自助金融服务终端,建设自助银行和农村金融综合服务站,不断提升自助服务终端的农村覆盖面,构建起连接互联网的智能服务体系。自助服务终端集合了银行卡和活期存折读卡功能,不仅提供存款、转账、汇款等基础便民金融服务,还可以提供查询用户余额和交易明细、挂失、存折补登、社保类查询、惠农补贴支取、调剂小额现金等服务。农民"足不出村"即可办理大部分金融业务,极大地提升了金融服务的覆盖率。

为扩大商业银行普惠金融覆盖面积,不少银行在交通不便的无网点地区,探索开展的"互联网+"惠农金融服务,通过安装携带符合金融行业标准的无线电子设备,设立"定时定点服务站""马背银行""拎包银行"等开展流动金融服务,极大地方便了偏远地区客户。所谓"定时定点服务站""拎包银行""马背银行",是金融机构针对农村特征,将便携式现代无线通信设备安装在流动服务车、装进拉杆箱行李包或者放置在马背上,将银行基本的金融服务进一步拓展到更多交通不便的偏远地区。

2. 创新电子银行渠道

商业银行以现有客户资源与业务技术为基础,运用"互联网+"思维加快推动金融业技术创新,逐步向"互联网+"方向转型,以线上方式进一步延伸普惠金融服务。借助于互联网通过网上银行、手机银行、电话银行、电视银行、微信银行等多种方式实现与普惠金融的无缝对接,推进电子银行全渠道协同融合,金融服务的覆盖面得以不断延展,让更多的人获得金融服务的机会。

商业银行在互联网金融方面,增强互联网技术在金融服务中的运用,丰富网上银行的功能与服务,持续优化升级互联网金融服务体系,扩大金融服务的便捷性和覆盖范围。网上银行提供包括转账汇款、余额查询、交易查询、收款人管理、定活互转等多项基础金融服务功能,同时,通过完善理财、贷款申请、贷款还款、生活缴费、外汇交易、供应链融资等多项功能,为客户提供差异化服务。手机银行作为推进"互联网+"普惠金融战略的重要阵地之一,通过手机银行APP为客户提供金融服务实现传统网上银行移动化,探索移动金融服务普惠新模式,完善网点查询、转账支付、交易提醒、无卡取现等功能,开发提供增值服务,持续增强手机银行的便民服务和交互功能,进一步扩大金融覆盖和用户满意度。

此外,不少商业银行开始通过电视银行将银行基础服务延伸到电视网络,深入覆盖了客户的日常生活渠道。银行通过与电信运营商、广电运营商合作,实现IPTV电视银行业务,客户可以在有线电视数字平台上实现金融信息查询、账户查询、代缴费用、家庭理财、电视购物及其他与电视商务相关的电子支付功能,使银行服务真正地实现便到家。

3. 传统业务线上转移

传统银行业务的线上转移其实就是指商业银行采用"互联网+"技术,为客户提供便捷、易得的服务,达到普惠金融的目的。线下业务线上化,不单是打破了传统网点在时间和空间上的范围限制,推进网上银行建设,而是旨在整合线下所有相关服务,打造在线综合金融服务平台,全方位满足客户的各种需求。一方面是实现线下产品同步线上化,主要集中在如基础存转汇业、理财等基础金融服务领域;另一方面是围绕普惠金融需求,开发网贷、支付结算等互联网金融产品,实现在线业务办理的全链条经营模式。如浦发银行致力于打造与线下金融服务全面对接的浦银在线"spdb+",提供银行理财、租赁信托、在线融资等一站式综合金融服务。兴业银行与480多家金融机构联合推出互联网金融平台"钱大掌柜",通过整合银行理财产品等财富管理业务,为广大客户提供全方

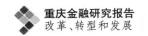

位的一站式财富管理服务。

（1）打造网上社区银行

不少银行推出网上"社区银行"服务内容，通过手机APP实现手机话费充值、水电暖缴费、转账汇款等日常金融服务。中国银行推出"中银社区"互联网金融服务，成功地将社区银行服务向线上转移，显著提升银行交易规模和客户黏性。中信银行"信慧里"项目联合物业公司提供一揽子金融服务及智慧家居生活新体验。

（2）理财产品线上转移

余额宝带头的互联网理财诞生后，银行也纷纷推出与余额宝类似的银行系"宝宝"理财产品，如下表3-1中国银行的活期宝、平安银行的平安盈、工商银行的薪金宝等。不少商业银行的线上理财产品表现突出，如兴业银行搭建"银银平台"，为偏远县城和农村地区的消费者提供兴业银行及广大合作银行的各类理财产品信息，消费者可以在任意合作银行网点直接购买，由兴业银行支付给合作行手续费；招商银行"理财夜市"的产品在晚间8点至12点滚动发行，专门照顾白天忙于工作的上班族，客户通过网上银行就可以选择自己满意的理财产品。

表3-1　银行系理财产品

银行名称	产品名称
中国银行	活期宝
平安银行	平安盈
工商银行	薪金宝
交通银行	快溢通
民生银行	如意宝
浦发银行	普发宝
兴业银行	掌柜钱包、兴业宝
中信银行	薪金宝
广发银行	智能金账户
招商银行	朝朝盈
渤海银行	添金宝

注：表格由课题组整理。

（3）开通网上银行支付

通过加入中国银联为满足用户网络支付需求而打造的银行卡网上交易转接清算平台"银联在线支付"，商业银行可以实现金融级预授权担保交易功能。在商户网站上选择银联在线支付，通过输入网银卡号与密码完成支付，或通过银联验证短信验证码和账户信息完成快捷支付。

（4）推广短信通知业务

商业银行一般都提供短信通知业务，即通过短信提示了解账户具体情况，用户每次刷卡后都可以及时掌握自己账户余额的变化情况。用户通过短信中心，按照一定的查询条件访问银行数据库，即可获得账户的余额等信息和交易信息，这样可以防范账户资金被盗用等的风险。常见的短信通知有：催存或催付通知、交易实时通知等。

（5）贷款业务网络化

贷款业务网络化是指商业银行借助网络技术手段，将原有贷款申请、审查、办理等环节延伸到网银渠道，通过互联网接触和开拓客户，提高贷款业务办理效率。贷款业务网络化类型如表3-2：

表3-2 国内银行贷款业务网络化现状类型

银行名称	网络贷款业务名称	针对用户	简介
工商银行	小企业网络循环贷款"网贷通"	小企业	通过网银方式在线完成贷款申请、提款和还款需求
招商银行	小企业网络融资服务	小企业	在线申请贷款
交通银行	电子化销售渠道支持系统"e贷在线"	合作中介及个人用户	独立的贷款平台，针对房贷、车贷、教育贷款等贷款产品，用户可在线进行贷款预评估、在线提交贷款申请、在线查看贷款进度
民生银行	"商贷通"	中小商户	针对上海、杭州、温州等分行，用户在线申请贷款
浦发银行	中小企业"网上自助贷"	中小企业	仅针对法人客户，用户可在线提交贷款申请
渠打银行	个人信用贷款产品"现贷派"	个人用户	用户可通过"现贷派"网络申请页面直接申请贷款，等贷款专员与用户联系
花旗银行	个人信用贷款产品"幸福时贷"	个人用户	用户可通过"幸福时贷"网络申请页面直接申请贷款，等贷款专员与用户联系

注：表格由课题组整理。

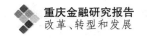

4. 路径分析

"互联网+"传统线下金融是商业银行以新型智能网点为依托、以流动服务网点为补充、以互联网设备为载体,实现传统金融与互联网之间全面对接。

"互联网+"传统线下金融路径为客户建立更加便捷的金融服务,扩大了普惠金融的覆盖程度。一方面,延伸了普惠金融的服务覆盖广度。该路径弥补了银行的物理网点空白,打破了传统银行业务的地域、时间限制,扩大了金融覆盖广度。另一方面,提升了金融服务在客户生活中的覆盖深度。智能网点和互联网设备的推广,提高了金融业务效率和客户的体验感受,进一步融入了用户日常生活。最重要的是,抓住了银行自身在物理渠道、风险控制等方面的独特优势。通过线下业务线上转移与线上线下结合,既能把握住原有对银行的黏性较大,忠诚度高的优质客户,又能改进产品和业务体验,吸引和主动扩大普惠金融覆盖面,是商业银行发展"互联网+"普惠金融最基础的环节。

然而,目前这种普惠金融路径的探索仍存在一定的问题:①虽然智能网点和互联网的推广一定程度上降低了银行的服务成本,但相对这种结合线下物理网点的普惠金融方式成本总体仍然偏高。尤其在一些农村地区,由于网络硬件基础较差,智能网络设备的布局及维护成本居高不下,互联网金融服务的推广更是难以开展。②一些普惠金融的特殊客户群如老人、农民等,对互联网金融知识相对欠缺,对金融诈骗的恐惧心理与对柜台业务的依赖心理也让互联网金融的推广受到一定的阻碍。"互联网+"普惠金融的推广还需要投入大量的人力物力,在金融风险防控的同时大力宣传互联网金融知识。③现阶段商业银行的互联网探索由于其设计理念更类似银行传统柜台业务的延伸和金融产品的网络销售渠道,网上银行更像一个操作平台,虽然操作便捷,但无法满足客户群多层次的金融需求。

（二）"互联网+"供应链金融＋消费金融,打造普惠金融综合服务平台

商业银行依托 B2C（企业对个人）模式电子商务平台,牵手供应商与消费者,探索"互联网＋"供应链金融+消费金融的融合发展路径,如图 3-2。电商平台通过积累交易数据,形成了信用评估的天然数据库。商业银行在电子商城购物中将购物与信贷结合起来,向中小企业供应商提供信贷服务,缓解"融资难、融资贵、融资慢"情况,向经济个体或家庭提供消费贷款,帮助消费者实现跨期消费规划,并提供给客户一揽子相关的综合金融服务。

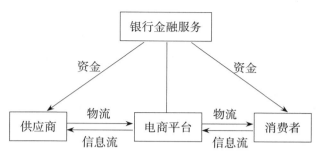

注:此图由课题组整理。

图3-2 "互联网+"供应链金融+消费金融的融合发展

1. 牵手B2C电商平台

（1）商业银行自建电商平台

从2012年开始,国内各大商业银行纷纷进军电子商务,以自己的客户资源和品牌服务为依托,搭建电子商城,目的是"亦商亦融"积累交易数据。一方面为客户提供商品零售、批发、交易等领域的相关服务;另一方面可以在电商平台中提供门槛更低,收益更高的多样化理财服务。此外,在客户的交易过程中提供分期付款等消费贷款、支付结算等金融业务,增加客户黏性。大部分银行系商城消费贷款业务已基本搭建完成,包括互联网新模式,可以直接在网络上完成贷款申请、贷款的受理审批、放款等环节。如工商银行"融e购"商城,定位于打造"消费和采购平台""销售和推广平台""支付融资一体化平台""三流合一的数据管理平台"。

表3-3 银行系B2C商务平台

银行名称	电子商务平台
中国银行	"银通商城"
工商银行	"融e购"
建设银行	"善融商务"
交通银行	"交博汇"
农业银行	"e管家"
招商银行	"非常e购"
中信银行	"E·中信"
华夏银行	"电商快线"
平安银行	"橙子银行"

注:表格由课题组整理。

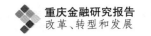

（2）组建关联电子商城

一些银行通过整合集团公司的现有资源外设关联电商平台，解决了合规性问题，同时又依托于银行的资源和市场背景，脱离银行管理模式按照互联网经济的特点展开经营。"民生电商"与民生银行之间没有直接股权关系，其发起人是民生银行的七家主要非国有股东单位和民生加银资产管理有限公司；邮政储蓄银行通过整合邮政集团旗下的各个分、子公司，包括邮乐网、中邮保险、中邮基金、邮政速递等，升级推出特色电子商务服务平台"邮乐商务"，为客户提供商品零售、邮政及金融交易等多元综合服务。

（3）推出信用卡积分商城

商业银行还与微信平台合作推出信用卡积分商城，在电子商城的基础上逐步探索相配套的服务功能，通过改善提高客户的服务体验来增强客户对银行的忠诚度。招商银行"微商城"提供分期付款购物服务，商品折扣优惠力度极大；浦发银行推出"浦大喜奔"红包和抽奖活动，客户只需要关注"浦发银行信用卡中心"官方微信，就可以参与此活动。

（4）合作网上商城

多数商业银行与互联网电商平台达成合作，由银行为电商平台消费者提供分期付款或者贷款业务的方式，或者借力现有知名电商企业（包括淘宝、京东、亚马逊等）搭建银行旗舰店，提供理财产品。比如中国银行同京东商城合作，推出中银京东商城信用卡，申请即可成为京东金牌会员；交通银行同阿里巴巴共同推出"交通银行淘宝旗舰店"，定位于一个没有实体店的大型综合性银行网点，有专业银行客户经理在线为客户提供一揽子的金融服务。

少数地方商业银行充分发挥自身的地理优势，通过与结合本地市场资源的电商平台合作，可以解决信息不对称的问题，提升对小微企业的信贷效率，降低授信风险，节约信贷成本。重庆秀山商业银行依托"武陵生活馆"等政府打造的农村电商平台，成功上线"互联网+"业务，已实现农行小企业简式贷、农户贷款申请，信用卡、借记卡、电子银行等业务办理。

2. 提供供应链金融服务

商业银行通过与B2C电商平台合作，获取买卖双方在其交易平台上的大量交易信息，降低金融服务门槛，提供供应链金融服务，帮助供应商解决资金融通问题。通过电商平台提供的供应商整体规模及其信用和交易等信息，对B2C电商平台中小微供应商做出一个整体的评估,尤其是对供应商企业方面的评估,将资金有效注入处于相对弱势的上游中小微供应商,实现供应链"供—产—销"的顺利进行,促进了整个供应链的持续稳定发展。

如建设银行打造电子商务平台"善融商务",根据小微企业在商城中的经营情况,利用小微企业申请评分系统对客户进行评价并给予小微企业不超过200万元的信用贷款;农业银行全力打造的"贴心贷"产品,对农户的交易流量、数据进行大数据分析,进而判断其信用状况并有针对性地为其提供相应贷款业务;重庆三峡银行借助自身优势,充分发挥"互联网+"的作用,利用自己的"三峡付"平台,为当地政府重点扶持的农村电商平台项目推出"e商贷"产品。

3. 提供消费金融服务

近年来商业银行电子商城消费信贷业务上进行了大量的投入和创新,提高金融的普惠性。一方面消费行为与金融服务实现"一站式"结合、"一键式"购买,方便省力;另一方面申请门槛降低,审批流程更快捷。

(1)消费贷款

消费者在银行系电子商城中购买商品的时候只需要提交个人资料,向银行申请消费贷款业务,通过手机或网银等渠道回复确认,银行审核客户基本资料后发放贷款。

工商银行针对代发工资客户等符合条件的资信良好客户推出了快捷贷款"逸贷"业务。客户在工商银行的特约商户和合作网上商城通过银行卡进行网上购物或刷卡消费,即可以通过手机、短信、POS等快捷渠道方式实时申请消费贷款。而邮储银行则在"1保贷"融资服务平台中嵌入"电商小微贷"业务,向客户开放网上申请贷款,实现贷款业务的互联网化;微众银行信贷产品"信用付"支持客户"先消费,后付款",14天内免息。

(2)提供配套金融服务

商业银行通过电商平台为客户提供与消费金融的"一揽子"金融服务,打造综合金融服务平台,提升客户黏性,在刺激用户消费的同时,深入挖掘客户更多的潜在价值。

在电子商城里不仅有家电、服装鞋帽、黄金等常见普通商品,还有大量银行理财产品。如工商银行在"融e购"中推出银行系理财产品"天天益""薪金宝";交通银行通过"交通银行淘宝旗舰店"推出贵金属、保险等方面产品。

表3-4 银行理财产品

商业银行	产品名称	对接基金情况	
		基金名称	成立日期
平安银行	平安盈	南方现金增利A	2004-03-05
		平安大华日增利	2013-12-03
兴业银行	兴业掌柜钱包	兴全添利宝	2014-02-27
民生银行	如意宝	汇添富现金宝	2013-09-12
		民生加银现金宝	2013-10-18
招商银行	招商朝朝盈	招商招财宝B	2013-04-29
工商银行	工银薪金宝	工银瑞信薪金A	2014-01-27
交通银行	交行快溢通	易方达天天A	2013-03-04
		富安达现金通货币A	2013-01-29
中信银行	中信薪金宝	嘉实薪金宝	2014-04-29
		信诚薪金宝	2014-05-14
		南方薪金宝	2014-06-23
渤海银行	渤海银行添金宝	诺安理财宝B	2014-05-13
广发银行	广发智能金账户	易方达货币A	2005-02-02
中国银行	中国活期宝	中国活期宝	2014-02-14
浦发银行	普发宝	浦银安盛日日盛D	2014-05-30
		汇添货币D	2014-06-05

注:表格由课题组整理。

在电子商务方面,商业银行针对各种消费行为提供更为便捷的多种支付方式,包括闪付、手机快捷支付、网上快捷支付等。客户可以通过互联网、手机等多渠道支付,客户可以选择全额付款,也可以选择信用卡分期付款等多种方式支付。如在工行"融e购"电商平台上,客户可以选择包括逸贷支付、积分支付、电子券支付、银联支付、网银支付、工银e支付等多种支付方式。其中,工银e支付是工行推出的一种网上便捷支付服务,大大简化了操作步骤,提高了支付的便利性。

4. 路径分析

商业银行借助B2C电子商务平台创新提供金融服务,丰富拓展金融服务的内容和范围,通过供应链金融与消费信贷方式,提高金融服务的可获性和客户满意度。一是商业银行通过针对电商消费者开发专属的网络金融产品、丰富消费金融产品与服务,吸引客户前来消费、积累信用度,增加了银行的获客能力。二是商业银行通过B2C电商平台的消费记录构成的大数据资料对消费者及供应商做出评估提供无抵押的消费信用贷款,降低授信门槛,提高金融服务的可获性。三是银行引入互联网思维,通过电商平台简化流程客户贷款,节约了办理贷款的人力和时间成本,提高了操作效率。

然而,在"互联网+"供应链金融+消费金融的路径探索方面也存在一些问题,商业银行的电商金融服务并没有达到预期效果。一方面,银行系电商平台存在营销手段匮乏、购物人气不足、购物体验差、价格无太大优势、严重同质化等问题,因电商平台中的消费者数量太少,难以形成银行所需的大数据。另一方面,互联网电商平台逐步向金融方向转型,电商平台本身也会提供相应金融服务,对商业银行造成一定的冲击。此外,电商平台中消费端和供应端虽然通过电商平台有所联系,但之间的关联并没有彻底打通,大数据并没有得到充分利用。

(三)"互联网+"供应链金融,打破普惠金融服务壁垒

据统计资料显示,当前供应链金融市场规模以每年20%~30%的速度不断扩大,有望在2020年前突破20万亿元。商业银行通过B2B(企业间基于网络平台展开的商贸合作)电商平台等方式,探索"互联网+"供应链金融的新路径,推动"互联网+"产业+金融融合发展催生供应链金融活力,通过大数据、"互联网+"等技术完成信息资源共享以及物流、信息流和资金流的高度整合,对围绕核心企业的上下游中小企业提供供应链金融服务,实现从评估中小企业信用风险到评估整个供应链交易风险的转变,降低了供应链上、下游企业的金融服务的门槛,使更多的中小企业能够进入银行的服务范围,进一步打破了普惠金融服务壁垒。

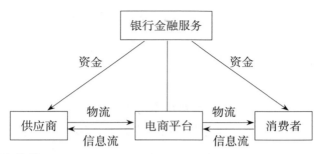

注：此图由课题组整理。

图3-3 互联网+供应链金融

1. 共享B2B电商大数据

互联网时代的到来，逐渐打破了银企之间信息不对称的。商业银行对接 B2B电商平台，集成平台上经销商、分销商与核心企业之间的大量交易数据、信用记录，运用大数据技术分析银行对小微企业授信所需的"资金流、物流、信息流"等关键性价值信息，在线完成贷款额度申请、审批、放款以及贷款额度查询等业务，提供银行授信、订单融资等服务。电商平台的大量交易数据天然地成了银行对其信用评估的依据，降低了金融服务门槛，帮助供应商和分销商快速获得融资，缩短账期，提升了整条供应链的竞争能力，促进了供应链的持续稳定发展。

表3-5 银行牵手B2B电商平台

银行	电商平台	金融业务	简介
中国银行	中国联通旗下的"沃易购"电商平台	"中银沃金融"	基于电商平台代理商数据，为其提供申请便捷、审批高效的循环信用贷款，实现了从申请审批、到还款监控的全流程在线
建设银行	敦煌网	"e保通"	电商卖家可凭借网络交易记录累积的信用直接向建行提交贷款申请，银行参考其在敦煌网的"经营信用记录"、"交易情况"、"物流情况"等审批其贷款业务
		订单贷款	以货物仓单为质押申请短期融资服务，电商卖家在生成订单后可以向建行申请贷款，订单完成时，系统自动还款，每一笔订单卖家可以使用一次贷款

银行	电商平台	金融业务	简介
工商银行	阿里巴巴、生意宝、慧聪网	"易融通"	通过电商平台或者工行网上银行提出贷款申请,工行系统自动处理客户提供的信息,依据客户贷款需求、还款资金来源等因素确定贷款额度
华夏银行	各类要素市场、产权交易所、大宗商品交易市场、招投标中心、公共资源交易中心等	"电商快线"	以整合资金流、信息流和物流为目的,实现在线融资、现金管理、跨行支付、资金结算、资金监管五大功能,为平台中小企业提供全流程在线融资服务
光大银行	大宗 B2B 交易市场	"银商宝"	引入银行作为信用保障
民生银行	慧聪网	"民生–慧聪新E贷联名信用卡"	针对慧聪一定级别的付费用户发行,最高可获得 50 万元的循环授信额度,根据会员级别授信、无须抵押担保
平安银行	海尔日日顺、B2B 平台;大型超市服务平台合力中税	"采购自由贷"、"商超供应贷"	实现了资金流、信息流、物流、商务流的闭环的"四流合一"流动

注:表格由课题组整理。

2. 创新供应链金融产品

商业银行依托互联网技术推出了在线供应链产品,针对与供应链核心企业(大型优质企业)贸易稳定的上游供应商企业集群和下游经销商企业集群,提供优惠、便捷、贴心的普惠贷款。根据与核心企业发生的订单或应收账款申请贷款,经核心企业推荐和银行审核,即可获得贷款资格,无须另行提供抵押担保,打破中小微企业贷款难、担保难的僵局。

表3-6　商业银行供应链金融服务

商业银行	供应链金融	服务内容
工商银行	网上商品交易市场融资、易融通	电子仓单买方融资、电子仓单卖方融资、国内保理、供应商应收账款融资
中国银行	融信达、融易达、销易达、融货达、融通达等	包含应收账款类、存货质押类、应付/预付账款融资
农业银行	E商管家	提供票据查验、质押、托管、贴现、订单管理、渠道支付等服务
建设银行	网络银行"e贷款"	网络供应商融资、网络仓单融资、网络订单融资、应收账款管理等
交通银行	快易链、快易收、快易贴、蕴通供应链	订单融资、预付款融资、存货质押、国内保理、票据融资、应收账款质押融资等
招商银行	点金公司金融、智慧供应链金融，U-BANK电子供应链金融平台，"智慧票据池"业务	电子票据业务、保函、信用证或质押贴现，贷款，自动透支、自助结汇、网上结算、代理清算等
平安银行	橙e网、"橙e发票贷"	预付款融资、存货融资、供应商发票融资、反向保理、电子仓单质押线上融资等供应链金融产品，订单管理、仓储管理、运输管理等供应链管理增值产品
光大银行	阳光贸易融资	阳光国内商品融资、阳光国内结算融资、阳光保理融资、"1+N"保理，汽车全程通
兴业银行	金芝麻、供应链融资、汽车金融等	包括应收类、存货类、预付类、票据类及其他品类供应链融资业务

注：表格由课题组整理。

3. 路径分析

商业银行打造"互联网+"供应链金融路径，通过与电商平台和在线互联，基于大数据打造出一个比传统金融更富有市场力的金融生态链。一是交易成本低。随着互联网技术的推广，金融服务减少在物理网点、雇佣员工方面的投入，进一步降低了服务成本，有助于解决"融资贵、贷款贵"的问题。二是高效快捷。在供应链金融中授信申请、审核批准、贷款发放、到期还款并通过电商平台或者银行系统操作完成,全流程电子票据,高效、快捷、方便。三是产品内容丰富。商业银行加快创新供应链产品,提供应收应付类融资、订单融资、保理融资、票据资金池等多项供应链金融产品,以多种形式满足了中小企业在经营过程中的资金需求。四是授信门槛低。银行借助大量企业交易信息、信用情况,通过"大数据"精准分析物流、信息流、资金流,解决了信息不对称难题以及缺乏有效抵(质)押品带来的融资难题,降低了风险,弥补了传统金融服务不足等问题。

"互联网+"供应链金融是商业银行实施普惠金融的核心路径,目前商业银行的业务开展情况仍具有以下几个问题:首先,供应链金融产品设计理念需要创新。现有的供应链产品极其丰富,但各家银行的产品范围、服务内容等方面都具有一定的同质性,缺乏独创性。其次,商业银行供应链金融产品需打破孤岛效应。商业银行现有的大多数供应链产品都是企业在网上银行申请的,并没有与其他的电商平台、手机银行挂钩,限制了供应链金融的发展空间。再次,互联网+供应链金融的风险防范能力有待提高。看似安全的银行系网贷服务也存在一定的风险把控问题,据统计数据显示①,最后,要最终达到商业银行实施该路径的目的还需出台专门的法律法规监管细则。由于网络融资兴起较晚,专门的法律法规监管细则和相关业务的指导意见,基本上还处于监管真空的阶段。

(四)"互联网+"移动金融,提高普惠金融服务效率

近年来,商业银行纷纷转变业务模式,一方面,通过互联网手段,完成从传统线下模式向网络银行、直销银行、微信银行等新型线上模式的转变。另一方面,逐渐丰富和完善手机银行服务功能,布局更加高效、便捷的移动金融服务。

1.布局新型线上银行

(1)布局直销银行

直销银行是一种基于互联网的银行运作模式,该模式几乎不设物理营业网点,也不制作发放银行卡,客户主要通过电脑、手机、电话等互联网移动终端设备来获取银行产品信息和服务。在直销银行这种模式下客户可以更加灵活进行财富管理,投资更符合自身需要的基金理财产品,办理业务也更加简单便

---

① 根据互联网金融研究机构"盈灿咨询"近日发布的统计数据,正常运营的约2400家个体网络借贷平台中,仅有48家完成了银行资金存管工作,占比2%。虽然有149家个体网络借贷平台宣布与银行签订资金存管协议,但真正落实的仍是少数。

捷。根据统计数据显示①,截至2016年3月1日,已有55家商业银行推出了直销银行服务,多为股份制商业银行及城市商业银行。

由于各传统银行对直销银行概念的理解不同,推出的直销银行模式也各有不同,但主要业务以销售金融产品为主,包括存款类、银行理财、货币基金等功能。大部分直销银行只提供线上服务,也有直销银行采用线上互联网平台和线下物理网点结合的方式提供服务,线上互联网综合平台通过网上银行、手机银行等多种电子服务渠道,线下物理网点布放 VTM、CRS、自助缴费终端等自助互联网设备。

表3-7　典型直销银行业务介绍

直销银行	产品业务内容介绍
民生银行直销银行	"定活宝"、"随心存"、"轻松汇"、"如意宝"以及"民生金"
工商银行直销银行	主要销售理财产品,收益高于柜台
兴业银行直销银行	主要为理财销售,可关联多家银行银行卡
北京银行直销银行	"互联网金融平台+直销门店"的方式设立独立法人直销银行
平安银行"橙子银行"	销售本行传统理财产品
中信银行直销银行	子公司独立法人模式
重庆银行直销银行平台	主要涵盖了存款、理财、贷款3种银行最主要的个人业务类型
江苏银行直销银行	通过电子账户办理理财等业务
华夏银行直销银行	基金宝、快捷汇、多利宝
浙商银行直销银行	全天候服务,可办理账户开户、存款、理财、支付结算等服务

注:表格由课题组整理。

(2)成立网络银行

所谓"网络银行",其实就是不设立物理网点、不做现金业务,没有分行、没有柜台的纯线上银行。这类商业银行虽然有银行牌照,具备从事"存、贷、汇"三大业务的资质,但是轻资产、重平台,主要依托于母公司针对小微企业开展的纯信用贷款。

深圳前海的微众银行致力于打造以个人贷款和大众理财为主的普惠金融

---

②统计数据来自易观智库,截至2016年3月1日已有55家商业银行推出了直销银行服务,其中股份制商业银行及城市商业银行占总数的81.8%。

体系,逐步推出微粒贷、微众银行APP、微车贷等产品,无须第三方进行财产担保,只通过人脸识别技术和大数据信用评级来发放贷款。其特色产品"微粒贷"由QQ钱包根据"白名单"进行定向邀请,从申请、审批到放款全流程实现互联网线上运营的贷款产品,用户只需要手机QQ、微信的"钱包"入口中一键点击"借钱",系统会在几秒钟之内判断个人信用情况,并给出500元~20万元不等的贷款额度,可以满足个人创业、应急、购物消费等短期资金周转需求。

网络银行运用大数据风控、互联网技术等能力,通过新型网络运营模式,为小微企业提供贷款服务达到200多亿元。网络银行结合自身优势,重点关注小微企业融资、大众创业万众创新、农村普惠等微利领域,提供更加便捷、高效的金融服务。

(3)推出微信银行

目前,几乎所有商业银行都涉足了微信银行服务,一些银行推出微信客服,主要提供与信用卡相关的咨询服务;绝大多数银行推出微信银行,主要提供包括信用卡、理财产品咨询及购买等服务。

微信银行能够提供的服务比较简单,但功能多样,包括业务办理、账户咨询、金融行情、投资理财、微客服等金融基础服务,同时提供生活服务、行政教育、娱乐出行等多项领域金融增值服务。

表3-8　各行微信服务建设情况

银行	服务类型	功能		
		信用卡服务	借记卡服务	特色服务
工商银行	微信银行	账单/积分查询	账户查询,明细查询,开户行查询	24小时人工咨询,查询金融行情
农业银行	银行客服、信用卡客服并存,未整合	额度/账单/积分查询,优惠信息,申请办卡	—	—
中国银行	微信银行、信用卡客服并存,未整合	额度/账单/积分查询,优惠信息,申请办卡	挂失/解挂,申请贷款	网点查询,查询金融行情

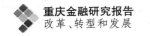
续表

银行	服务类型	功能		
		信用卡服务	借记卡服务	特色服务
建设银行	微信银行	额度/查询账单,快速还款,账单分期,优惠信息,申请办卡	账户查询,理财产品购买	网点查询,生活缴费
交通银行	微信银行	账单/积分查询,快速还款,优惠信息	账户查询,转账支付,理财产品购买,无卡取款	网点查询,查询金融行情,信息推送,转接人工服务
招商银行	微信银行	账单/积分查询,快速还款,账单分期,优惠信息,申请办卡	账户查询,转账汇款,理财产品购买,申请贷款	网点查询及预约,手机充值,生活缴费
浦发银行	微信银行	金额/账单查询,优惠信息	理财产品购买,无卡取款	网点查询及预约,查询金融行情,语音查询
光大银行	微信银行	金额/账单查询,快速还款,优惠信息	账户查询,明细查询,理财产品购买	网点查询及预约,手机充值,生活缴费
广发银行	微信银行	额度/账单/交易查询,快速还款,优惠信息,申请办卡	账户查询,明细查询,理财产品购买	网点查询及预约,生活缴费,推送信息
中信银行	信用卡客服	余额/账单/积分查询,快速还款,优惠信息,申请办卡	—	—
平安银行	微信银行、信用卡客服并存	额度/账单/积分查询,快速还款,账单分期,优惠信息,申请办卡	账户查询,理财产品购买	网点查询及预约,手机充值,在线客服,每日一乐,信息推送
民生银行	微信银行	额度/账单查询,快速还款,办理分期,优惠信息	账户查询,转账支付,理财产品购买,申请贷款	网点查询及预约,生活缴费

注:表格由课题组整理。

2. 搭建银银平台

多数商业银行由于资金实力不同等原因,经常会选择和其他银行开展合作,搭建银银合作平台。先有工农中建交五大行宣布联手加强账户管理,后来中信银行、招商银行、浦发银行等12家股份制银行也结成账户互认、资金互通的联盟。这些银行间的战略合作为商业银行搭建起来的银行间资源共享平台,实现银行间系统互联、账户互认、电子渠道跨行转账免收手续费等,切实为客户带来实惠。

中信银行与银联商务合作推出的"POS商户网络贷款"产品,依托大数据分析技术,通过分析商户的商誉、交易信息、客户征信信息,建立审核校验系统。通过大数据技术科学地进行信用评价、发放贷款,具有全线上、审批快、随借随还、无担保、无抵押等诸多特点。

华融湘江银行银银平台顺利上线,启动与深圳前海微众银行的深度业务合作,涉足客户互荐、网络支付、网络信贷等领域,为客户提供了更加方便快捷的金融服务。微众银行推出联合贷款模式,与中小商业银行合作,共同向个人和微企提供"微粒贷"①金融服务。网络银行规模有限,贷款服务范围不广,若小微企业在成长壮大之后超出了其银行服务的能力范围,银行会把这些客户推荐给合作的更大的传统银行。

3. 创新移动金融服务

商业银行积极探索创新移动金融服务,希望达到只需要一部智能手机,就可以实现"无卡走天下"的目标,为生活提供了极大的便利。不少商业银行只需要记住卡号,并将卡号绑定在支付宝账号中,或者制作成为二维码标识,就可以通过平板电脑或者手机进行资金的转账、汇款等业务。除此之外,商业银行在移动业务优化升级方面也取得了突出的成绩,通过提供生活服务、电子商务、位置信息等增值服务,增强客户体验和客户黏性。

（1）无卡取现服务

不少商业银行已实现通过手机银行进行预约取现,如果需要支取现金,只需要在ATM机上输入预约号码就可以无卡取款。这一点现在已经有部分银行如中国建设银行、中国交通银行等,其可以通过手机银行进行现金预约,提出验证码,在ATM机上输入验证码就可以实现无卡取款的操作流程。

（2）短信业务办理

短信通信模式的"手机银行卡"功能包括:账户查询、行内转账、跨行汇款、

---

① "微粒贷"贷款中80%的贷款资金由合作银行提供。

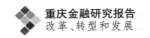
自助缴费、网上购物账单支付、主动收付款、信用卡还款等。短信还能实时办理信用卡分期业务,使用信用卡刷卡消费后,立即收到一条实时提醒是否办理分期还款的短信,直接回复提示内容即可快速办理分期还款。

(3)移动支付服务

近年来商业银行与电信运营商、互联网企业、支付厂商等合作进军移动支付领域,通过突破传统的支付结算形式,改变创新工具的形式推出移动支付系列产品。二维码支付、语音支付、无线支付、指纹支付、空中发卡、空中充值以及快速闪付等功能不断出现,各有特色,大大丰富了移动支付的市场应用环境。

与移动运营商合作,推出"NFC-SIM卡"模式的近场移动支付,通过有NFC功能的手机进行刷机支付,免去刷卡的繁琐。使用二维码支付时,在合作商家特制的POS上输入金额后即生成一个二维码,用户只需用手机扫描二维码并输入密码,即可完成无卡消费。无线POS机内置了手机模块,通过刷银行卡或者用户手机向其发送支付指令的方式实现支付功能,无须携带银行卡,方便快捷。

表3-9　各行移动支付业务内容

商业银行	移动支付业务内容
建设银行	银联手机支付
农业银行	"掌尚钱包"
中国银行	"中银易付"子品牌,支持"扫一扫""碰一碰""摇一摇""声波支付"等多种新型O2O支付方式
工商银行	工银e支付手机银行客户端,增加二维码扫描功能,扫描二维码就可以轻松完成支付
浦发银行	推出中国移动浦发联名卡,提供"NFC移动支付"服务,可以将银行卡信息直接写入手机SIM卡中,通过无线终端可以直接完成卡片激活、交易支付等多种金融业务
中信银行	推出"异度支付"服务,提供的移动生活服务功能:网购支付、二维码支付、NFC支付、转账收款、出租车收款等
招商银行	与中国联通合作推出的"手机钱包"产品
广发银行	手机支付SD-small模式

注:表格由课题组整理。

(3)代收付费业务

商业银行信用卡或储蓄活期账户用户在预先申请手机付费功能后就可以

在任意GSM覆盖的地方都可以把所要付的生活类等多种费用结清,不需现金支付,且安全可靠,为客户提供了极大的方便。

（4）微信支付业务

微信支付是社交平台微信与第三方支付平台财付通合力创新推出的移动支付产品,用户通过关联银行卡的方式将微信软件变为一个具有支付功能移动钱包。此外,微信支付还凭借强大的社交平台属性,以人与人的线性关系为基础,推出理财、红包等产品,同时打造C2C微商平台。

4. 路径分析

"互联网+"移动金融是商业银行推动普惠金融模式转型的重要环节,有着极其重要的积极作用。第一,直销银行、网络银行等新型银行颠覆了传统银行的固有经营模式。其经营真正实现了3A式,即在任何时候(Anytime)、任何地方(Anywhere)、以任何方式(Anyway)为客户提供金融服务,客户不再受营业网点工作时间、网点地址的限制。第二,树立了互联网时代合作共享的金融理念。银行合作平台、微信社交平台的成功打破了银行以往的各自为政,开始展现各自在金融中的运用。第三,移动金融服务的推广逐渐提高了金融服务的便利性与覆盖面积。通过无线通信技术和手机的高普及率,弥补银行尤其是中小型银行实体网点不能全方位覆盖的问题,进一步融入日常生活,扩大了普惠金融的覆盖度。此外,直销银行、微信银行等新型银行可以通过"定位"、消费记录等实现精准营销,有利于商业银行以最小的成本实现互联网金融的有效推广。第四,互联网与移动金融结合成本更低、效率更高。相对传统银行柜台交易,线上银行业务办理省去纸质费用,避免了物理网点的建设,节省了网点建设费用,具有受众群体广、客群清晰、产品简单、渠道便捷、效率高、成本低等特点。

然而,"互联网+"移动金融在推动金融,也存在一些问题:一是新型银行缺乏独立性,并没有真正发展成为互联网银行,因而未能达到预期的目标。多数商业银行一般没有独立存在的直销银行、微信银行等,导致了产品供应、客户资源、营销渠道与传统业务部门和科技部门的分工协作,更多地成为银行互联网渠道的延伸。二是新型银行与其产品都缺乏创新,并没有起到先驱者的作用。不少新兴的直销银行在金融产品端和传统商业银行没有本质区别。目前直销银行在售的产品更是十分有限,面临着普遍的匮乏,一般的配置就是普通的"宝宝类"产品,支付和汇兑产品被封死,理财产品也多有不足。三是虽然商业银行在移动金融上创新不少,产品越来越便捷,但是安全指数并没有提高,隐患愈演愈烈。由于是新型金融,国内并没有明确的监管细则,在操作上存在不少风险与隐患,这些隐患随着金融创新的出现变得更加岌岌可危。

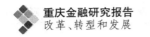

五、新常态下商业银行推进"互联网+"普惠金融未来路径发展

商业银行在推进"互联网+"普惠金融的过程中面临着更多的机遇和挑战，需进一步强化和突显自身的优势，用开放、合作的心态推进金融的创新，实现在普惠金融实施路径上的转型与突破。

(一)提高普惠金融覆盖度的路径选择

1."互联网+"线下传统金融+线上新型金融，扩大金融覆盖广度

商业银行物理网点还有不少忠实客户，尤其在互联网金融覆盖不足的偏远地区，银行物理网点依旧承载着普惠金融中的重要内容。此外，中国老年人等少数特殊群体，由于受教育程度、身体状况、生活环境等因素影响，对银行的物理网点存在严重依赖性。商业银行拥有庞大的物理网络覆盖和广大的电子银行客户群体，利用"互联网+"技术，线上+线下共同推进普惠金融发展，不但可以创造更好的客户体验，而且可以实现降本增效。商业银行要推进普惠金融，有以下几个方面需要重现：首先需要强化自身在物理网点上的优势。其次是全方位整合网上银行、手机银行、微信银行等全线上服务，创新线上金融服务；最后需实现线上线下服务的无缝衔接，充分发挥物理网点、自助银行和智能银行的多种功能，真正开启建设智慧城市金融的新浪潮。线下线上共同发力、同步拓展，充分发挥优势，推进"互联网+"线下传统金融+线上新型金融融合发展，扩大金融覆盖广度。

为打通普惠金融服务"最后一公里"，商业银行需要通过互联网技术进行自身网点革新，持续提升网点智能化水平，实现物理网点到智能网点的全面升级，锻造并发挥"互联网+"时代下的线下网点优势。一是加大智能网点布局投入，丰富智能化自助交易设备，如ATM、VTM等，打破传统交易的时间限制。二是可以积极探索与咖啡店、商店等合作，健全新型便民服务智能网点基本金融功能，培训商店店员引导客户使用自助服务，增加特色银行增值服务。

此外，商业银行还应依托线上金融服务成本相对较低、节约等待时间等特性，持续丰富业务功能，不断拓宽普惠金融覆盖面，力求打造一个更加快捷、安全、优惠的综合金融服务平台。充分利用互联网金融技术，提高线上渠道的渗透率、可用度，延伸商业银行普惠金融触角。一是通过网络和手机加快布局直销银行的步骤，为客户提供新型存款产品、基金理财产品、贷款服务、日常生活缴费等服务。二是基于微信社交平台构建起一种新的金融综合服务模式，融入网点查询、转账支付、交易提醒、理财购买、无卡取款等功能，同时丰富产品宣传

和品牌传播渠道,提高金融服务宣传的针对性和有效性。

积极探索通过互联网技术实现线下物理网点与线上金融服务的互联互通、协同发展,通过两者的结合充分发挥各自优势,真正开启建设智慧城市金融的新浪潮。一方面丰富网上银行产品,实现线下产品同步线上化,打造线下线上齐头并进的智慧银行,提高处理效率,降低金融成本。如网上网下共同打造社区银行等,打造O2O金融服务新模式。另一方面打通"互联网+"线上+线下的金融链条,实现线上金融在手机、电视、电话等互联网终端的全覆盖,打造业务功能齐全、高效便捷的线上服务平台,结合遍布城乡的线下智能物理网点共同构成覆盖面广的普惠金融服务网络。

2."互联网+"平台金融+移动金融,扩大金融覆盖深度

商业银行在互联网金融方面投入的资源并不充足,而且主要投向是ATM、VTM等智能网点设备以及网银、手机银行等互联网渠道,在合作平台上的投入却非常有限。"互联网+"时代商业银行需要加大投入力度,一方面运用互联网与各种平台系统对接,全面整合分析有效信息,为平台体系内的小微企业客户及个人客户提供财富管理、在线融资、支付结算等综合金融服务。另一方面通过实现业务经营"移动化""轻经营化",改变传统依赖物理网点和人员的扩张提供面对面服务的局面,尽可能在手机上实现几乎所有的金融服务。

"互联网+"时代平台聚拢了大量人气与数据信息,商业银行必须重视平台的力量,加大外部合作,打破传统孤岛模式,联合银银平台、电商平台、社交平台等制造互联网平台效应,实现与各平台数据之间的互联互通,持续增加商业银行竞争力、影响力以及客户黏性。一是加入银银平台,通过银行合作便利银行客户,增强银行实力,增加客户更多的获得感。二是打造电商平台,商业银行通过分析大量电商平台中的交易信息、物流信息等,打造理财、投资、贷款的着力点;三是联合社交平台,通过微信、微博、QQ等社交软件,以人与人的线性关系为基础,增加客户对银行的认同感;四是可以推动移动支付平台、生活应用平台、第三方支付平台、网络理财平台、网络银行平台、手机银行平台等平台在客户生活中的积极运用。

商业银行重视"互联网+"金融业务和移动化发展,将金融融入日常生活,拓展普惠金融的覆盖深度。主要包括有以下几个方面:一是推动商业银行加快传统业务移动化步伐,推出手机银行、网上银行等,打造涵盖网络理财、移动支付、网络融资等多方面的移动金融服务平台。二是推广新型线上银行,借助直销银行APP、网络银行APP以及微信银行,丰富和完善移动金融服务内容。三是持

续拓展银行基础服务辐射范围,以覆盖客户日常生活中接触到的所有渠道,丰富电视银行服务、短信业务办理服务内容,真正实现方便到家。四是要实现支付业务的移动化转型升级,打造以线上收单、电子账单支付、跨行资金归集为重点的线上支付结算体系,推广运用识别支付手段以增强支付的便利性和安全性,提升客户体验及满意度。

(二)提高普惠金融可得性的路径选择

1.“互联网+”消费金融+移动金融,提高贷款覆盖率

随着消费能力大幅提升,客户对金融消费服务特别是移动金融服务提出了更高要求,为商业银行开辟了一条提高金融可获性的新路径。通过B2C电商平台充分挖掘积累客户数据,践行“互联网+”消费金融+移动金融理念,提高贷款覆盖率。商业银行应逐步加大对互联网技术的投入力度,不断提升产品智能化、自动化,一方面通过电商平台数据重建客户信用体系,实现消费金融,让居民财富实现跨期配置。另一方面通过移动电商APP、移动支付等移动金融服务的推广,提高商业银行消费金融的覆盖范围。

商业银行可以围绕资金优势加强向电子商务平台的渗透,着力于强化消费金融和支付功能探索与实践。大型银行可以搭建“支付+融资”的综合性电商平台,实现支付中介职能和融资中介职能的有机联动,由原来单纯的支付结算通道上升为真正意义上的信息中枢,与现有的电商平台形成差异化竞争。中小型银行则可探索建立特定行业的电商平台,比如二手车交易、二手房交易,或者联合现有的淘宝、京东等大型互联网电商平台,实现支付与融资功能的深度融合。

此外,为增强银行消费贷款的可获程度,商业银行需要大力增加对移动金融服务的支持力度。一是大型商业银行可以通过打造移动金融电商APP平台,提供包括商品销售、理财投资、支付结算、消费贷款在内的打包服务。二是大型和中小商业银行均可联合微信平台,提供微信商城、信用卡积分商城等,在增加宣传力度、节约服务成本的同时,提高商城金融服务在生活中影响力。三是中小商业银行与知名电商合作,通过电商APP为电商消费者提供一揽子消费金融服务;四是商业银行还可以创新推出联名信用卡等消费金融服务,增加客户来源。

2.“互联网+”供应链金融+移动金融,提高普惠金融可得性

信息不对称是影响小微企业等弱势群体获得信贷支持的主要瓶颈。在当前互联网环境下,客户的交易财务数据、交易行为数据,以及信用评分数据等都

集中在"大数据"中,可以通过互联网技术对"大数据"进行深入挖掘。商业银行通过B2B电商平台或者供应链核心企业,通过移动终端随时收集更新企业经营活动中所产生的物流、资金流、信息流的归集和整合,为处于供应链上下游的中小微企业提供在线融资、结算支付、投资理财等综合金融与增值服务,推进"互联网+"、产业链、金融三个要素的高度融合。

商业银行通过B2B电商平台或则或供应链核心企业获得上下游企业的信息流、资金流、物流,商业银行通过的真实物流信息、供销记录,实现直接在网上发放贷款,贷款逐渐由重"抵押"向重"数据"转变。一是与B2B电商平台或者大型物流平台合作,通过平台积聚商品供销的上下游企业,形成完整的供应链或产业链,进而积累交易信息。二是与物流平台合作开发网络仓单融资、P2P融资等线上供应链金融产品,推出针对在线融资等全方位电子商务解决方案,帮助存货积压、流动资金短缺的小微企业盘活资金用于后续生产。三是自主开发订单融资、应收账款融资之类的线上供应链金融产品,推出针对在线供应链金融解决方案。

同时,商业银行还要加强移动金融与之的结合程度,及时更新大数据信息,增加银行上下游企业金融服务的可获性。一是可以与知名电商合作,通过电商APP及时为电商平台中上下游企业提供在线融资、支付结算等移动金融服务,提高金融服务的便捷性与可获性。二是通过大型物流平台的APP软件为平台体系内的上下游小微企业客户提供所需的金融服务。三是针对线上供应链金融完成智能升级实现"一条龙"金融服务,利用电话银行、网上银行等手段为供应链上企业创新提供融资、结算支付等传统资金服务,提供类似"手机WAP支付"、"电话钱包支付"等便捷的支付方式。

(三)提高普惠金融满意度的路径选择

1.打造"互联网+"普惠金融生态圈

商业银行运用"互联网+"思维打破传统的体制机制,建立专业化经营组织架构。成立专门的互联网公司或者事业部,建立与互联网企业可比的薪酬激励、人才引进与产品创新体制。同时,建立相应的客户体验团队,帮助科技开发人员充分理解用户需求,有助于完善产品各项功能,力争产品研发以用户为中心。此外,建立与互联网企业相仿的快速补偿和风险容忍机制。通过上述体制改革与创新,重构与传统商业银行不同的日常经营运作模式,提高银行的"互联网+"普惠金融的融合程度。

商业银行还应注重普惠金融产品和服务的顶层设计,充分运用"互联网+"技术,再造业务流程,建立便捷、快速、高效的新形象。一是以业务电子化、网络化为手段重构服务体系,组织架构实现扁平化,提高沟通效率。二是简化业务操作流程,减少用户申请到审批的各项中间环节。以客户需求为导向,重构业务流程,大力开发推出面向互联网客户的金融产品,形成产品、服务、场景一体化的综合金融服务平台。

商业银行应构建多方合作渠道,寻求与各类机构开展合作,借力发力,共同打造"互联网+"普惠金融生态圈。积极与互联网企业、第三方支付企业等合作,借助其平台宣传推广自身品牌;积极探索与电信运营商和手机厂商的合作,实现营销前移,将自身金融产品和服务与手机捆绑,达到与客户的深度连接;与实体商户合作,快速获取各类应用场景;与金融同业合作,研发各类适合互联网特点的金融产品。通过"互联网+"技术整合各类商业场景,打造融合生产、消费、生活、投资、娱乐等全方位的普惠金融生态圈,增强用户与商业银行的黏性。

2. 创新"互联网+"普惠金融服务

商业银行在推进"互联网+"普惠金融的过程中,需要从人力、物力、财力等多个方面关注产品创新,加大产品创新的投入,不断满足客户多样化的金融服务需求。根据客户的需求特点,设计有针对性的普惠金融产品,提高客户对金融产品的体验满意度。便捷度是重要的客户体验,普惠金融意味着要为所有客户提供方便快捷的金融服务。银行只有不断改进网上银行、手机银行的界面和操作流程,不断扩张网银、手机银行的功能,不断提升效率,提升客户体验,才能开拓出普惠金融的新路径。

"互联网+"时代商业银行需要构建起一种新的服务模式,开放个性化的金融定制服务,提高对客户的服务能力。在产品研发时,要找差异、创特色,提高产品的针对性和有效性,以一款产品创口碑,其他产品适时跟进。通过开发专属产品,开发优质的客户群体,改善客户服务体验,提升获客能力,增强客户黏性,提高客户的满意度和忠诚度。在个人业务方面,通过"互联网+"普惠金融降低理财门槛,定制或者选择专属理财服务,使更多的人实现财富的增值。对企业客户,在客户准入、授权授信、业务流程、担保形式等关键环节进行再造,创新信贷服务模式,加强投贷联动,让客户"进得来""贷得到""成本低"。

六、为商业银行推进"互联网+"普惠金融营造良好环境

(一)优化政府扶持,鼓励商业银行开展普惠金融业务

商业银行发展普惠金融既符合政策导向又合乎市场趋势,但由于普惠金融业务具有"单户收益低"、"成本投入高"和"潜在风险大"等特点,要保障商业银行普惠金融业务可持续发展,在运行初期需要在政府层面加以扶持,具体可有以下三个方面的主要措施:

首先,加强货币政策支持力度,引导商业银行加大对小微群体的资金投放。一是积极落实好国家定向降准政策,引导银行业金融机构将信贷资源向小微群体倾斜。二是创新小微企业和"三农"贷款服务、考核和核销方式,推进落实有关提升小微企业和"三农"不良贷款容忍度的监管要求,完善尽职免责相关制度。三是用好用活支农、支小再贷款,加大再贴现力度,优先支持小微群体贷款需求。

其次,对普惠金融业务或机构给予适度财政政策支持。通过"奖、贴、补、免"等多项政策提高商业银行开展普惠金融业务的积极性。一是对新型农村金融机构以及基础金融服务薄弱地区的银行业金融机构(网点),按年度贷款平均余额的一定比例给予补贴。二是对普惠金融业务开展较好的银行业机构(网点),加大奖励力度。三是对涉农贷款以及创业创新主体利用知识产权进行质押融资的,给予财政贴息,对担保与保险机构为普惠金融业务提供相应服务的,按规定给予担保与保费补贴。四是积极落实好税收优惠政策,按照农村金融机构营业收入减按3%税率收取营业税等政策要求(所享政策为"营改增"之前),对农商行、农行、村镇银行等农村金融机构减税。

最后,健全的体制机制可增强商业银行开展普惠金融信心。一是完善风险补偿机制,推动各级政府通过设立相应的贷款风险补偿基金,加大对涉及小微群体贷款的补助、贴息、奖励以及风险分担力度。二是大力发展普惠金融担保机构和保险机构,鼓励担保机构和保险机构为普惠金融业务提供相应金融服务。三是进一步完善农村产权和知识产权等权属登记及流转管理体系、农村资产评估体系、抵押登记服务体系、资产流转处置机制等,为商业银行开展农村产权及知识产权抵押融资提供便利。

(二)加强基础设施建设,扩大商业银行普惠金融覆盖面

首先,加强农村网络基础设施建设,为商业银行开展互联网金融、移动金融

提供先决条件。通过财政补贴、降低电信资费等方式加快偏远地区的网络建设，提高农村地区移动设备的拥有率，为互联网金融向农村地区拓展业务打下坚实的硬件基础。支持商业银行与互联网企业、电信运营商等广泛开展高水平、深层次的合作，创新服务模式、渠道和业务产品，借助互联网、电信运营商等增强支付结算、资金融通等服务功能。鼓励银行机构面向农村地区提供安全、可靠的网上银行、手机银行等服务。支持银行在乡村布放ATM机、POS机等工具，进一步将服务网络向乡村延伸。

其次，建立健全普惠金融信用信息体系。加快建立小微企业和农民信用档案平台，依法采集户籍所在地、工商登记、税收登记、违法犯罪记录、农业土地、居住状况等政务信息，实现小微企业、农户家庭等多维度信用数据应用；扩充金融信用信息基础数据库接入机构，降低普惠金融服务对象征信成本；积极培育从事小微企业和农民征信业务的征信机构，构建多元化信用信息收集渠道；加快建立以互联网为基础的普惠金融信息平台，构建包括银行业金融机构、普惠金融产品以及小微企业和农民信用档案等信息的平台，实现普惠金融产品供给方和需求方的有效衔接。

最后，建立健全普惠金融指标体系。在整合、甄选目前普惠金融管理数据基础上，设计形成包括普惠金融可得情况、使用情况、服务质量的统计指标体系，用于统计、分析和反映各银行机构普惠金融发展状况，并以此作为考核、奖励银行机构开展普惠金融业务的主要依据。

（三）多措并举，降低商业银行普惠金融成本

首先，鼓励银行为小微群体提供多样化、灵活的金融服务。鼓励各银行业金融机构与其他金融机构加强合作，对处于初期的创业创新企业给予有针对性的股权和债权融资支持，推动发展投贷联动、投保联动、投债联动等新模式，不断加大对创业创新企业的融资支持。

其次，通过建立市场利率定价自律机制，推动银行业金融机构优化内部考核，对涉农企业、农户贷款以及小微企业利率进行合理定价，降低融资成本。对优质普惠金融项目贷款利率不上浮或者少上浮，并出台奖励财政扶持政策，对小微群体贷款利率比基础利率上浮规定百分点以内的部分由财政贴息，对商业银行进行合理补偿。

最后，积极督导银行业金融机构严格执行银监会关于涉农金融服务收费政策，清理不合规收费项目，统一服务收费名录，规范服务收费行为，扩大免费服务范围，切实为小微群体减轻负担。

(四)加强普惠金融教育,为商业银行开展普惠金融打好基础

首先,加强金融知识普及教育。不断探索深化"送金融知识下乡"等活动的长效机制,进一步扩大其覆盖面、提升其有效性,在农村地区及偏远地区广泛普及金融知识,开展差异化、特色化的金融知识宣传活动,不断提高消费者的风险防范意识。针对城镇低收入人群、困难人群,以及农村贫困人口、创业农民、创业大中专学生、残疾劳动者等创业者开展专项教育活动,使其掌握符合其需求的金融知识。注重培养社会公众的信用意识和契约精神。建立金融知识教育发展长效机制,推动学校开展金融知识普及教育,从小学开始推动金融知识进课堂。提高小微群体利用金融、防范风险的意识。

其次,加大金融消费者权益保护力度。普惠金融受众群体总体文化水平不高,在专业知识及风险辨识上普遍不高,推动普惠金融发展,必须加大金融消费者权益保护力度。加快完善银行业消费者权益保护框架,完善金融机构服务定价管理机制,严格规范金融服务收费行为,加大信息披露和透明度建设,加快推进监管升级,将消费者权益保护作为常态化工作,使广大金融消费者在接受金融服务时,能够充分享有知情权、选择权、公平交易权、求偿权等权利。

(五)完善普惠金融监管框架,防范金融风险

普惠金融的监管同样值得重视。金融产品创新在带来新的收益增长点、转移和分散部分金融风险的同时,也带来了新的风险。发展普惠金融面临的客户群体数量大、客户覆盖范围广、偏远地区客户多、业务种类多样等特点决定了普惠金融的风险相对较高。

首先,对普惠金融的监管要遵循适度监管、分类监管、协同监管、行业自律的原则。所谓要适度监管,就是不过度监管,如果过度监管,不能够体现普惠金融的开放和包容;所谓分类监管,要根据不同的供给者、不同的投资者来进行分类监管;所谓协同监管,就是在分业监管不适应普惠金融特征的情况下进行的动态协同监管,而不是继续按照某一类机构应该怎么样的方式进行分业监管;所谓行业自律,从监管角度讲,就是普惠金融监管的重要基石。普惠金融的创新和发展,不应放弃风险收益相匹配原则,在效率和风险管控之间要寻求适当的平衡。

其次,商业银行在创新金融产品、发展普惠金融时,需要做好全面的风险管理。要从创新流程方面管理风险,认真做好产品创新流程的设计和管理,在产品创新中让风险管理部门提前介入并全面参与,从产品创新的源头做好风险管

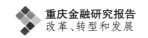
理。对于相关产品设计,要从制度方面规范产品的创新和营销等工作,减少操作风险。做好产品创新的后评估,通过评估及时退出不符合市场需求、发展前景不好的产品,防范市场风险。在产品创新风险管理中要注意充分利用互联网信息技术,降低风险管理的成本,增强风险管理的效果。

综上,借助互联网发展普惠金融的同时,改进和完善互联网金融监管同样不容忽视,如此才能有效防范互联网金融的风险。

(六)推动商业银行金融业务互联网化,提高普惠金融服务覆盖率

推动商业银行依靠金融业务互联网化推动普惠金融发展,提高普惠金融覆盖率。第一,推进"互联网+"线下传统金融,下沉智能自助网点、创新电子银行渠道和传统业务线上转移是实现普惠金融的有效手段。互联网技术给金融业带来了深刻变革,商业银行应积极应对并充分利用互联网技术对传统物理网点进行智能升级,通过布设智能自助网点延伸普惠金融服务触角。第二,推进"互联网 + "消费金融,推动商业银行加强数据平台建设,强化对数据的积累和分析。具体而言,为有效实现金融互联网化,商业银行有必要建设电商平台或者综合金融服务平台,实现线上资信评估、融资服务、咨询服务、支付结算和营销服务,以拓宽信息积累的渠道。与此同时,商业银行也需要提高对信息分析的重视程度,对现有客户数据信息进行有效整合,从而扩大客户分析的维度。第三,推进"互联网+"供应链金融,推进商业银行依托互联网技术,以供应链核心企业为突破口,利用互联网大数据技术共享资源、信息,有效帮助更多中小企业借助商业信用和交易信息获得金融服务,大大降低了信贷门槛和借贷成本。第四,推进"互联网+"移动金融,采用多渠道综合化经营策略,着重突出手机银行。依靠金融互联网化推动普惠金融发展,需要商业银行采取多渠道综合化经营策略。商业银行要综合利用多种服务渠道,积极推动O2O发展,增强客户金融服务可得性,让客户随时随地可以获得优质的金融服务。

(七)推动商业银行创新产品和服务,提高普惠金融可得性

目前国内金融服务供给结构问题突出,突出表现为大型企业和高端客户的金融服务供给过剩,而"三农"、小微企业、低收入群体、社会弱势群体等中低端客户的金融服务需求得不到有效满足。普惠金融强调客户服务的包容性和可得性,尽可能让所有有合理金融服务需求的经济主体都能享受到所需的金融服务。过去,由于对小微客户信用存在识别障碍,金融对小微客户服务严重不足,而当前互联网、大数据、云计算等技术为解决小微客户的信用识别问题提供了

有效手段,小微企业对GDP的贡献超过50%,商业银行要清醒地认识到,发展普惠金融不仅仅是履行社会责任,更是切实地为本机构带来盈利机会并实现商业可持续的行为。商业银行依托互联网技术通过系统的产品创新,不仅可以为"三农"、小微企业、低收入群体、社会弱势群体提供金融服务,提高普惠金融可得性,而且可以降低成本,有效管控风险,拓宽商业银行的盈利来源。

(八)培育商业银行"互联网+"思维,提高普惠金融满意度

在"互联网+"时代,商业银行就应做到思维先行,走出思维局限、实现突破。商业银行应注重顶层设计,从以下几个方面着手,提高普惠金融满意度:一是"互联网+"渠道,商业银行应大力发展网上银行、手机银行、微信银行以及触屏设备、终端机具等渠道设备等,构筑线上线下立体化网络,打破时空局限,建立便捷、快速、高效的普惠金融服务渠道。二是"互联网+"产品,明确需求导向的创新路径,瞄准普惠金融的市场定位,根据小微客户金融需求特点,加快发展多元化、个性化、定制化的金融产品。三是"互联网+"服务,秉承"客户至上、极致体验"的服务理念,为客户提供更加人性化、友好型、智能化的服务,让客户收获更多的满意和惊喜。四是"互联网+"营销,打造数据驱动的运营模式,实现营销模式从"粗放营销"向"精准营销"转化,依托现代信息技术,实现普惠金融服务供给与需求的高效对接。

研究报告四

农业供应链金融与重庆创新实践研究

农业供应链金融与重庆创新实践研究*

一、农业供应链金融概念体系与理论基础

农业供应链金融作为一种新型金融发展业态,为"三农"发展指引了新的方向,也开拓了金融支农的新方式。当然,其最早并不是产生于农业领域,但是当金融机构将其运用至农业领域后,不但改变了现有的金融供给逻辑和方向,而且解决了长期困扰"三农"发展的融资难问题,实现了农户、新型农业经济主体和金融机构间的多方共赢和合作。那么,农业供应链金融的产生在理论上有怎样的必然性和规律性呢?这都亟待解答。为此,本研究首先从多个方面寻找相关理论,探寻农业供应链金融产生和创新的理论性和规律性。然后,将研究相关的概念进行梳理并对其进行比较,明确概念认知,奠定研究深化的逻辑基础。

(一)农业供应链金融概念体系

1.供应链与农业供应链

供应链是源自英文"supply chain"。但若对供应链的概念追根溯源,其应追溯到迈克尔·波特在《竞争优势》一书中所提到的价值链的概念。价值链描述的是企业内部物流、生产作业、外部物流、市场和销售服务等一系列战略性相关活动。Womack 和 Jones(1996)则将其拓展为价值流,刻画的则是原材料转变为商品并实现价值赋予的全部活动。但真正提出供应链概念的则是 Reiter(1996),他认为供应链是一个实体网络,产品和服务则通过这一网络传递到特定的目标市场。所以,一般而言,早期关于供应链的概念认知,一般停留于制造企业。并普遍认为供应链是制造企业中的一个内部过程,指企业将企业外部采购的原材料和零部件,通过生产、转化和销售活动,再传递到零售商和用户的活动,从中

*主研人员:张洪铭。

也可以看出其比较注重于内部操作层级,以企业自身资源的利用为目标。在其后的发展中,供应链的概念得以拓展,更为注重了企业与企业间的联系,注重了供应链企业的外部环境,认为它应该是一个通过供应链中不同企业的制造、组装、分销和零售等过程将原材料转换成成品,再到最终用户的转换过程,其范围更大,也更为系统。综合而言,供应链描述的是商品从生产到消费的动态过程,涵盖的市场主体包括原料供应商、生产者、加工商、经销商和零售商以及最终用户,涵盖产前的原料采购、产中的产品生产以及产后的产品运输和销售产品等环节,由资金流、知识流、物流和信息流等内容构成。而农业供应链描述的就是农业和供应链的"交集"。

事实上,传统农业并不符合上述供应链概念中所描述的基本特征,因为传统农业下的农产品生产存在分散性、小农户,且最终的用途是自给自足。但随着农业产业化以及农业现代化的推进,"公司+农户""公司+基地+农户""公司+合作社+农户"的产业化经营模式不断衍生,基本形成了以龙头企业为核心、产加销、贸工农一体化的链条式结构,农业内部和外部的价值体系逐渐形成,这便有了农业供应链的概念。一般而言,农业供应链描述的是产前的农业生产资料采购、产中的农产品的种植以及产后的农产品加工、销售和消费等环节,并成长为一条成熟的产业链。针对农业供应链的特点,其涵盖的市场主体一般包括农户、专业合作社、农资销售企业、加工企业、物流企业、大型批发配送中心、批发市场或者大型零售超市都是这一链条的主要参与主体,具体见图4-1。在我国现实的背景下,农业供应链除了描述的是农业"增值链"外,还具有以下两种功能:一是化解成员之间的信息不对称问题。一般而言,农业供应链的参与主体之间不仅可以获得财务信息等显性的信息,而且可以获得品格、能力乃至利益互动等隐性信息,成员间的信息透明度很高,这也是传统经营模式下没有的新特征。二是强化了供应链成员的信用能力。随着供应链参与主体间相互投资的增加、资产专用性的提高以及龙头企业"品牌效应"的形成,成员间形成了互惠互利、合作共赢的局面。供应链内的经营主体信用实现共享、责任连带,改变了传统的分散经营主体的信用能力,这对于提升游离于正规金融体系外部被受到长期"排斥"的经营主体的信贷可得性具有重要的推动力。这也是立足农业供应链进行金融创新的重要理论前提。

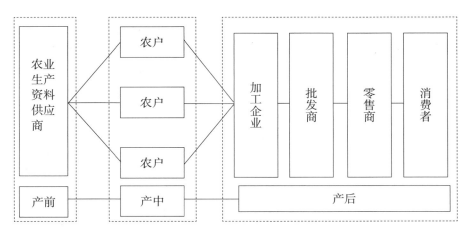

图4-1　农业供应链结构简图

2.金融创新与农业供应链金融创新

金融创新是创新在金融领域的重要体现。事实上,创新一词最早是由美国经济学家熊彼特在其代表作《经济发展理论》中首次提出的。其认为创新的实质就是建立一种新的函数,实现对企业新要素的重新组合和分配。一般而言,创新主要包括技术创新和组织管理创新。在现实中其一般包括新产品的开发、新工艺的运用、新资源的开发、新市场的开拓和新生产组织和管理方式的确定。金融创新指的就是在金融领域建立"新生产函数",是对金融要素的重新分配和组合。以此为认知基础,国内外学者也从多个维度对金融创新进行概念界定。从国内外学者的研究成果来看,国外学者通常将金融创新界定为金融组织为适应外部环境的变化进行的内部改革活动。当然,也有学者从金融组织的角度进行界定,认为其是金融机构为了降低经营风险或者降低成本,实现流动性、安全性和盈利性的目标创新或组合一个新的高效率的资金营运体系的创造过程。综合而言,国外学者一般认为金融创新有宏观、中观和微观三个维度的内容,涵盖新技术在金融业的运用,国际金融新市场的开拓,金融市场上各种新工具、新方式、新服务的出现,银行组织和管理的改进,金融机构的变革等等。农业供应链金融创新是金融创新的重要体现,是运用一种"新生产函数"解决农业领域的融资难、融资贵的问题,以实现风险分散和互利共赢。

(二)农业供应链金融理论基础

1.金融创新理论

随着农业产业化纵深推进,农业产业结构不断优化和产业的标准化程度逐步提高,农业经营主体的组织性、联系性和合作性也逐步提高。如近些年在实践中盛行的订单农业模式,既保证了农产品的收购,也使农业经营主体通过农业供应链提高金融资源的可得性,不但化解了"金融排斥",促进了普惠金融的发展,而且对于促进农业供应链的良性运转也起到了重要的作用。从这个意义上来说,农业供应链金融是以特色产业或者优势农产品的供应链核心企业为中心,对上下游的农户和农业生产经营主体的利益捆绑和信用增级,提供了满足农业产前、产中和产后各环节的资金需求的系统性方案,改变了传统的基于单一个体和单一生产环节供给"点对点"金融服务的传统模式,是一种新型金融创新模式。因而,其也应符合金融创新理论框架。一般来说,按照金融创新理论范式的基本内涵,金融创新的出现主要有约束诱导型金融创新、规避型金融创新和制度性创新,这也是金融创新的动力源泉。其中,约束诱导理论主要由西伯尔提出,他认为金融创新是金融机构为了摆脱其所面临的内部或外部制约因素的影响,寻求利润最大化,而在金融工具、交易服务方式和管理方法方面实行的"自卫行为"和"逆境创新"。其中,内部因素主要指的是金融机构在内部管理指标上对企业进行约束,外部因素刻画的是政府管控、监管部门的监管约束以及金融市场上的一些法律约束。综合而言,西伯尔的金融创新理论着眼的是金融机构的"特殊企业"本质,有一定的普适性。

规避型金融创新理论刻画的是金融机构为了获取利润而规避政府及监管部门各种控制和管理所引起的行为,其主要代表人物是凯恩斯。他的主要观点可以概括为:一是政府部门的管制或者监管,类似于"隐含税收",会产生阻碍、限制和剥夺已有金融机构从事盈利性活动和攫取利润最大化的机会。因此,金融机构为了实现利润最大化和逃避监管责任,一般会进行金融产品的创新以实现冲减盈利减少和管理成本提升的影响。二是金融机构规避政府管制和监管的行为可能会造成金融市场的不稳定性和波动性增加,这在某种程度上会使政府和监管部门形成监管的"自我强化"机制。即政府部门会做出和制定更为严格的监管政策。这就会形成和导致新的金融创新的形成。换言之,金融机构的创新和政府部门的监管二者不断通过博弈形成新的均衡格局。比较与约束诱导型的金融创新来说,规避型金融创新和其有一定的联系,那就是规避型金融创新理论主要强调的是金融创新的动力源自外部环境约束,这和约束诱导型创新中的"外部因素"存在一致性,这一点是相同的。但是规避型金融创新也和约束诱导型金融创新存在不同之处,那就是规避型创新最终所形成的格局是一个"动态均衡"的格局,即政府和监管部门和金融机构间形成的"作用力"和"反作用力",从这个角度来说,约束型金融创新存在明显的范畴限定。

相比较前两种理论框架，制度学派也从制度变迁的角度对金融创新进行了诠释，其中的代表人物是戴维斯、塞拉和诺斯。主要观点可以从以下几个方面进行解读。一是认为金融创新实质上是一种金融改革，是针对政府要求金融稳定和收入分配不均衡而采取的一种金融改革，目的虽然是建立"新制度"为核心特征，但是与金融管制存在明显的不同和差异性，带有"创新"的标签。二是认为金融创新与制度创新密切相连、相互影响，是制度创新的一个组成部分。本质上是与经济制度相互影响、互为因果关系的制度改革。因此，金融体系内的任何制度变革都可以视为金融创新的现实表征，主要目的是降低成本、增加收入和维持金融体系的稳定。比较来看，约束诱导型金融创新和规避型金融创新主要从中观的机构层面来阐释其理论内涵。而制度学派的观点则是从宏观的角度论述金融创新和制度创新的相互作用，所涵盖的范围要更为广阔一些。下面分别从三种金融创新范式的角度来论述农业供应链金融创新的理论必然性。

从约束诱导型和规避型金融创新理论的角度来看，农业供应链金融的出现与金融机构的内部竞争和外部监管指标的调整存在密切的关联。具体来讲，在国家政策扶持和金融改革深化的背景下，涉农金融机构突破了以前农村信用社占据主导地位的局面，基本形成了农业发展银行、农村合作金融机构、农业银行和各类新型金融机构并存的多元化格局，尤其是其中的村镇银行、资金互助合作社、小额信贷公司等新型金融机构由于服务效率高、服务方式灵活等优点，逐步成为支农的主力军和新生力量。从这个角度上来讲，多元化金融机构的并存有助于形成竞争的良性格局。尤其随着农业产业化的推进，传统农业的分散经营、小规模经营的现实正逐步改变，组织化、标准化、效益化和特色化的农业通过"供应链"将各类型生产经营主体连为一体，各金融机构为了占领支农制高点，纷纷依据供应链进行农业供应链金融创新以满足各农业经营主体的金融需求。此外，外部监管措施，尤其是存贷比管制的放松，也有助于各类金融机构盘活存款类资金，投入到"实体经济"中，在利润最大化和收益性考量下，银行的资产投向会向收益相对高一些的贷款方向转变，而依托农业供应链进行金融创新，通过系统性金融方案可以满足多方的融资需求，有助于收益的实现。

从制度创新的角度来看，农业供应链金融创新顺应了我国农业经营制度的演化方向。改革开放以来，我国以家庭经营为基础的经营制度在调动农户的生产积极性和推动农业增产增收中都发挥了重要的作用，也为农业的发展奠定了坚实的基础。但随着市场化深化和农业分工的深化，农业的产业链条逐步延长，这种家庭分散经营所导致的"小农户"和"大市场"的矛盾逐步突出，并日益成为我国农业现代化进程中的主要障碍。此外，超小的家庭经营规模也逐步成为钳制我国农业现代化发展的重要制约因素。为此,在国家政策引领和制度配套下,各种新型农业经营主体逐步成为我国农业经营体系的重要组成部分,成为连接市场和农户的重要桥梁,并形成了集物流、信息流于一体的农业供应链。因而,这也就意味着金融服务供给将实现传统的基于单一生产经营主体进行点对点供给的格局,向基于农业供给供应链金融服务转变。

2.功能性金融理论

新古典经济学派假定市场是完全竞争的且不存在信息不对称问题,在这样的条件下金融中介没有存在的必要性。因而,长久以来新古典学派对于金融系统的分析主要停滞于金融交易价格的动态性变动。并且在新古典学派看来,金融中介的作用是无关紧要的。但从实践来看,金融市场的信息不对称性问题普遍存在。尤其是随着交易成本理论逐步丰富和发展,现代金融中介理论也逐步被理论界所接受。金融中介理论的基本观点可以从以下几个方面进行梳理:一是金融中介在转换消费支出、降低金融商品的交易费用方面发挥了重要作用,尤其是随着信息经济学的发展,金融中介理论也逐步吸收其精华,并探寻到了金融中介存在的必要性,那就是化解信息不对称的问题。提供流动、实施监督服务是金融中介存在的重要原因。由于金融中介理论十分重视金融中介的作用,因而在相当长的时间内,理论界也主要从金融机构的角度来研究金融体系,并形成了所谓的"机构观"。二是机构观认为金融机构的生产、发展和繁荣是公共政策选择的重要目标,遵循的是"结构—功能—行为绩效"。这种范式存在明显的缺陷,那就是当经营环境发生变化和技术进步的发展,金融机构也在迅速地变化和发展,但与其相应的法律、制度建设则滞后于其变化,各类金融组织的运行就变得无效率。从我国实际来看,在我国的农村地区,工农中建等四大国有商业银行基本上在收缩农村的分支机构。农村信用合作社日益成为发放"三农"贷款的主要机构,但是其"合作金融"的属性正逐步丧失,现实中对农民的金融服务在某种程度上无法通过现有的正规金融服务机构得到满足。从某种意义上来说,农村金融组织本身所固有的问题始终得不到解决,亟待通过一种新的范式重新认识金融经济关系和促进其协调发展,这就是金融功能观的观点。

金融功能观的基本理论最早由 Merton 和 Bodie(1993)最先提出,并开拓了从功能主义研究金融体系的先河。金融功能观假定金融功能比金融机构更加稳定,即使金融机构的组织形态发生了翻天覆地的变化,但是提供便利的支付清算、聚集分配金融资源、风险分散等金融功能并未发生显著变化。一方面指出金融功能的重要性要高于组织机构;但另一方面,也指出只有机构不断竞争才能使金融具有更强的功能和效率。综合而言,功能金融观认为首要的步骤应是确定金融体系具备哪些功能,然后据此来设计相应的承载这些功能的机构"载体",继而实现经济资源的有效配置,遵从的是"功能—约束—组织"的整体架构。总体来说,金融功能观是从外部环境的角度来阐释和理解金融与经济增长的耦合关系,看重的是金融体系功能的稳健性,并不是追求金融中介的多变性。就农村金融体系来看,其功能的产生也是内生于农业分工、分化和金融交易的产生。具体见表4-1。从中可以看出,在产品交易中,金融主要是媒介交易和稳定交易的职能,而在生产要素交易中,金融功能得以丰富主要执行的是动员储蓄和风险分配的职能。金融功能多样性是随农业分工而形成的自然演化的过程,并不是人为设计的。

表4-1 交易活动与金融功能[①]

交易活动	交易方式的变革		金融功能
产品交易	定期集市、货币化、专业商人、商人企业、大型企业		媒介交易 稳定交易
生产要素交易	企业组织形态	个人企业、合伙制、有限合伙制、公司法人、有限公司、股份有限公司……	便利交易 动员储蓄 分配风险 提供流动性
	要素交易的市场组织或制度	个人金融家、商业银行、股票市场、联行制度、中央银行……	

有鉴于此,农业供应链金融的产生也是金融功能观的基本体现,其产生的直接原因就是金融机构观理论指导的金融改革无法满足农业经营主体金融需求的客观现实。农业供应链金融的实质反映的就是金融重新分配风险并提供流动性的基本功能。在传统的农业经营体系中,农业经营主体的主要对象是分散的小农户。受农业生产的自然风险、经济风险和市场风险等多重风险交织的影响,风险的承载主体全部落到小农户的身上。风险过于集中,不符合金融供给的基本原则。且小农户由于发展现实的制约,无法提供满足金融机构偏好的抵押担保物。小农户在金融机构"企业属性"和"嫌贫爱富"本质的驱使下,逐步成为"排斥"的主要对象。但随着农业市场化、产业化的推进,我国农业经营主体的内部呈现分化和裂变的态势,分布农业产前、产中和产后的各类经济组织逐步成为连接"小农户"和"大市场"的中间力量。农户单一主体承受多重风险

---

①注:摘自蔡四平.基于功能视角的农村金融组织体系重构研究[J].中南大学博士论文,2006.

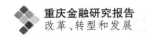

的格局发生了明显的变化,各农业经济主体间成为共担风险、共负盈亏的利益共同体,符合金融供给的逻辑前提。因此,农业供应链金融就是在农业市场分工深化的背景下,金融中介组织分配风险的功能体现。

3.委托代理理论

农业供应链金融的另外一个理论就是委托代理理论。随着"专业化"发展分工深化,尤其是在社会化大生产的背景下,权利所有者受制于知识背景、能力结构和时间精力等多重因素的影响,权利的运行也不处于"不完全"的境地。在专业化大分工的推进下,具备专业知识和管理才能的"代理人"就孕育而生。他们有能力、有时间管理和行使委托的权利。这样委托-代理的关系就产生了。事实上,委托代理关系最早由罗斯提出,他认为:"如果当事人双方,其中代理人一方代表委托人一方的利益行使某些决策权,则代理关系就随之产生。"在某种程度上来说,委托代理理论是制度经济中的契约理论的主要内容和主要成果之一。主要描述的就是行为主体根据一些明示或者隐含的契约,通过雇佣、指定等多种途径授予另一主体决策权利,前者根据后者的服务质量和经营绩效支取相应报酬的行为。一般而言,委托代理理论存在以下两个非常重要的理论假设。一是委托人与代理人之间存在利益冲突。委托人和代理之间的效用函数是不一样的。一般而言,委托人追求的是财富效应,要实现的是自身财富的最大化,而代理人追求的是自身工资收入、津贴福利和闲暇时间的最大化。从某种意义上来说,二者的收益实质上就是各自所付出的成本,二者的利益是不一致的,甚至在某种程度上来说是相互冲突的。也正因如此,在相应的激励机制和制度建设不完善的情况下,代理人可能会利用职务便利和委托资源为自己"谋福利"。二者之间的利益需要建立协调机制。二是代理人和委托人之间存在严峻的信息不对称的情况。若代理人和委托人之间没有存在信息不对称的情况,则其双方的行为均是可以观测的。但事实上,在实践中这种情况是不存在的。一般而言,代理人往往比委托人更了解企业经营的"基本面"、宏观市场环境以及相应的决策风险与收益的可比性。当然,其对自身能力、偏好乃至努力程度也更为了解。对于某些专业性的信息,委托人还可以通过其他途径得以了解和深化,但对于代理人的努力程度、属性偏好就显得"力不从心",这就会使得代理人可能会存在"欺骗"的可能性,委托人被迫承受这其中产生的"道德风险"问题。

农业产业的特殊性也决定着农业供应链运行中也存在多重委托代理关系。一是龙头企业和农户间的委托代理关系。在市场经济条件下,龙头企业和农户都是典型的"理性经济人",均从自身的角度追求利润的最大化。但在现实中这种"公司+农户"的运作模式虽然在表面上结成了利益共同体,但事实上并不然。在这种利益联结形式下,公司处于强势地位,农户处于弱势地位,一旦市场出现波动,双方都存在违约的可能性。而且一旦违约农户又会回归原来的分散经营状态。从企业的性质来看,唯有企业处于盈利状态的时候,这种利益联结形态才具有存在的必要性。双方的委托代理关系十分明显。二是公司与合作社的委托代理关系。由于龙头企业在资金融通、技术创新、市场发现等方面具有明显的优势,公司对农业合作社的期望值也十分高,但是公司与生俱来的"利润最大化"优势,会致使农户合作性质的农业合作社出现市场化、资本化趋势。因此,公司和农民专业合作社间也存在委托关系,极易造成合作社"功能漂移"和影响合作社的经营稳定性。三是公司与政府间也存在委托代理关系。一般而言,龙头企业主要是希望借助其龙头企业的头衔得到政府的评级与认证,从而获得更多的经济利益。而政府作为公共管理部门主要是希望借助龙头企业的市场优势,实现农业增产和农民增收,政策目标是实现公共利益最大化。因此,从这个角度上来说,二者也存在利益的不一致性。农业供应链金融创新通过将龙头企业的信用传递和政府主导的政策性担保机构的担保等,将农户、专业合作社、龙头企业和政府等农业供应链的参与主体的利益联结为一体,起到了外部监督和协调的功能,有助于推动农业供应链的成长和主体的共生。

4.交易成本理论

交易成本理论是诺贝尔经济学奖获得者科斯提出的。其在《企业的性质》和《社会成本问题》两篇著作中提出了交易费用的范畴以及闻名于世的"科斯定理"。在长期的研究历程中,新古典学派的诸多研究局限也逐渐被学者所认知,其中一个非常重要的局限性就是"交易成本为零"的假设。科斯正是以此为研究立足点,将交易费用进行一般化分析,将制度因素作为一个非常重要的因素引入经济分析中,进而系统性论证了交易活动、企业制度的稀缺性。并通过分析发现制度安排的主要目的是为了减少交易费用,进而创立了新制度经济学。可以说,交易费用是实施制度分析的逻辑起点和主要切入点,在分析中的重要性不言而喻。若将交易成本理论用来解释农业供应链金融问题和上述的金融创新理论的某些观点有点类似,认为减缓交易成本是金融创新的主要动力和动机。持这种观点的主要有希克斯和尼汉斯。在他们看来,交易成本会作用于货币需求函数并决定着金融业务和金融工具创新是否具有实践价值的重要体现。从某种意义上来说,交易成本理论下,将金融创新动力源归结为微观层面

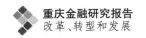
的金融中介组织降低交易成本。换言之就是逐利和增加收益的需要,有一定的局限,因为忽视了其他诸多内部和外部因素的影响。同时,其将交易成本减少的直接原因全部归结为技术进步的因素也有失偏颇,因为金融机构间的良性竞争和外部环境的变化都会导致交易成本的下降。

农业供应链金融作为一项金融创新,其产生的目的是为了改变现有金融服务供给中交易成本过高的事实。主要可以从农业本身和金融机构两个维度来进行论述。在农业本身方面,农业生产过程中的自然风险以及之后的市场风险,使金融机构望而却步,这成为制约农业金融服务供给的"天然屏障";加之,农业经营主体经营分散、规模狭小和缺乏相应的抵押物,信用风险较大,在多重风险的交织下,农业经营主体的金融需求长期得不到满足和处于"抑制"的状态。从金融机构维度来讲,受体制和制度因素牵制,金融机构的贷款手续和后续环节十分复杂,无法保证为农户提供服务的质量,信贷配给问题十分突出。因此,综合而言,向农业供给金融服务的交易成本十分巨大。而农业供应链金融聚焦的是农业供应链,是从供应链整体的角度打包供应整体性、系统性金融服务,其操作环节、服务方式乃至后续的监督管理都和传统的农村金融服务供给方式存在显著的不同,在农业供应链金融下,交易成本明显减少。而且通过各种利益联结机制,有效地调动了农业供应链参与主体间的联动性、协调性和共盈性,也克服了传统金融机构向农业经营主体直接点对点"授信"的困境。这些举措都是农业供应链金融创新减少交易成本的具体体现。

二、农业供应链金融创新的国际经验及借鉴

农业供应链金融最早发端于一些发达国家的制造业,并逐步向农业领域渗透。现已经基本形成了以农业企业为中心,符合农业全产业链环节的金融支持体系。但最近几年,随着小额信贷组织的发展,各发展中国家也纷纷试点农业供应链金融产品,并取得比较好的成效。相比较其他国家,我国农业供应链金融起步较晚、发展较慢,各种问题和形成机制亟待进一步理清和揭示。为此,本研究通过对国外农业供应链模式的归纳和总结,力争从中揭示各国农业供应链金融发展的主要经验,并为促进我国农业供应链金融产品的创新提供经验支持。

(一)发达国家农业供应链金融创新实践

发达国家在供应链金融领域的实践已经相当成熟,目前已经形成了物流企

业主导、生产链条核心企业主导和商业银行主导的三种业务模式。但受制于农业产业发展的"特殊性",农业供应链金融创新实践并不多。如果对其发展模式进行归纳,可以基本归纳为两种。一种是P2P主导型,依托的是P2P平台与小额信贷公司或者农业供应链企业合作向农户提供贷款;另一种是合作社主导型。下面就对这两种模式的基本情况进行介绍。

1.P2P主导型模式

P2P主导型模式又可以分为两种:

第一种是P2P平台+小额信贷公司+农户。该模式的主要代表案例是美国的KIVA,是马特.弗兰纳里和杰西卡.杰克利在"小贷之父"尤努斯的启发下,2005年成立于美国的一家网络借贷P2P平台,主要是向处于农业产业链"末端"的农民提供无息贷款来辅助农业产业发展和扭转贫困。在筛选借款人方面,KIVA还与小贷机构和其他组织合作筛选借款人并通过网上发布项目提供借款。从实践运作效果来看,目前还款率高达99%。具体来讲,借款人要通过KIVA取得借款应遵从以下几个步骤:一是农户向与KIVA存在合作关系的小额信贷公司提交贷款申请。二是小额信贷公司收到农户所递交的贷款申请后,开展信用审查,了解借款农户的采集照片、人机关系资料,并将资料汇总提交至KIVA,后者对资料进行汇总整理,并将部分款项先行发放给贷款人。一般而言,小额信贷公司为了防止和冲减借款人的信用风险,会强制将部分借款截留用于现金储备以应对突发情况。三是出借人通过浏览KIVA网站上所提供的借款人个人信息寻找感兴趣的对象。四是KIVA将从出借人那里筹借的资金送至相应的小额信贷机构。五是借款人将资金还给小额信贷公司。要注意的是,借款利率是由小额信贷机构来确定,KIVA平台不会向合作的小额信贷机构收取费用,也不会向借款人承诺利息,小额信贷公司收回本金和利息后直接还款给KIVA,然后由KIVA将相应的款项偿还给出借人。当然,贷款人最后的选择也是相对比较灵活的,可以重走贷款程序,也可以提现。

在该模式下,风险是如何分散的呢? KIVA与小额信贷公司合作,使出借人对于借款的信用有初步了解,并通过定期回访及时观察借款人存在的信用违约行为。其次,KIVA对与其合作的小额贷款公司的准入门槛要求较高,聘请信贷专业人士对贷款进行管理,并对逾期的未还债的借款人进行催债。最后,KIVA将自有资金和信贷资金实施"分开管理"的措施以保证资金"专款专用"。从中可以看出,在这种农业供应链模式中,聚焦的是生产环节的农户,KIVA所扮演的角色仅是向出借人和借款人提供信息服务,从某种意义上来讲,其实是公益性质的,这在某种程度上克服了小额信贷公司直接贷款给农户所导致的"信息不对称"问题。综合而言,这种"P2P平台+小额信贷公司+农户"的模式,既发挥了平台的信息获取优势,也发挥了小额信贷公司支农效率的优势,实现了双赢,为我国农业供应链金融创新提供了有益的借鉴。

第二种模式为"P2P平台+农业供应链企业"模式,主要是瑞士零售商Coop销售集团与网络信贷平台MYC4的合作。Coop零售集团作为瑞士第二大零售企业,主要业务是超市、百货和购物广场,由15个地区合作社组成,在全国有1700个销售网点,拥有并管理着五条生产供应链。而MYC4则是著名的网络信贷平台,主要服务的对象是欧洲的投资者和发展中国家的小企业和个体农户,起着重要的"桥梁"作用。主要运作流程可以从其运作的一个"来自一个非洲商品"的项目中探寻到相应的踪迹。基本步骤如下:一是Coop销售集团将网络信贷平台MYC4的网站链接挂到其官网,引导其消费者或者客户到网络信贷平台参与项目的投资。一般来说,在MYC4平台上的项目都是通过非洲当地的授信机构认证的。然后,非洲的农户就可以通过MYC4平台进行融资申请和进行农产品生产,以保证Coop销售集团的农产品供应。并通过农产品销售所得偿还贷款。除此之外,Coop销售集团还成立了一个"非洲基金"。将其销售的非洲商品以每件0.5欧元的价格回馈给基金,以帮助那些处于供应链上游的供应商们。

综合而言,以P2P主导的两种模式对于化解金融供给中的信息不对称问题和发挥金融支农效率等方面具有非常重要的优势,对于我国农业供应链金融创新具有重要的指引意义。

2.合作社主导型模式

合作社主导农业供应链金融模式的诞生与美国农业合作社主导的农业供应链的形成有着密切的关联。自20世纪80年代以来,美国农产品出现了相对过剩的情况,一些农场主为了应对这种困境,纷纷联合起来以实现纵向一体化的形式进入农产品加工环节,不但化解了农产品供给过剩的困境,而且提升了农产品的附加值,并由此形成了以提高农产品附加值和价值为目的的新型合作社。可以看出,这种供应链类型是典型的合作社主导型供应链。因而,美国也形成了十分健全的合作金融制度。同商业性金融机构不同,合作金融的贷款在区域选择的时候一般只局限于本社区,贷款的对象也仅局限于社员内部。从美国的合作金融体系来看,农村合作金融体系一般涵盖合作社银行、联邦土地银行、联邦中期信贷银行及生产信用合作社。这四种金融中介组织在每个信贷区域分别设立,接受农业信贷管理局的统一管理。具体来说,联邦土地银行下设农业信用区,设置统一的监管机构,并在各信用区的联邦土地银行下面设置基层合作社。基层合作社由农场主组成,农场主要成为基层合作社的会员,必须向合作社认购相当于其借款的5%的股本金。唯有此,才能取得联邦土地银行的贷款资格。合作社要向联邦土地银行取得借款资格,也需要向联邦土地银行缴纳其社员借款总额的5%的入股资金,这样的话联邦土地银行会向农场主和涉农商人提供大约3~50年期限不等的抵押贷款。同时,下属的基层合作社一般不承担贷款的责任,主要负责资料的审核和办理相关文件,只有联邦土地银行才能直接向农场主提供和发放贷款。

另外,合作银行系统主要由12个农业信贷区的合作银行及下属的农业合作社和一个中央合作社组成。中央合作银行为农业信贷区的合作银行办理结算服务,提供资金和相关咨询服务。合作银行及分支机构主要为其下属的合作社提供用于支持农产品出口和基础设施建设等方面的贷款。联邦中期信贷银行并没有统一的中央机构,区域性的中期信贷银行下属多家生产信用合作社,要想取得贷款资格,也需要认购中期信贷银行一定的股份并成为其社员才行。社员的贷款由各地的生产信用合作社提供,在期限选择上也较为灵活,一般分为短期和中期。对上述系统进行总结可以发现,在这种体制下,农业供应链金融供给仍是停留于农业生产环节,并强调各机构之间的合作,尤其是发挥合作社的作用,并针对不同农民类别,合作社的权属也是不同。在联邦土地银行下属的基层合作社一般不承担贷款责任,联邦土地银行的贷款对象也是农场主或者说是规模化大户,而合作银行系统面向的对象是其下属合作社,并不面向农户。社员的贷款则由生产信用合作社来提供。总之,针对不同农户类别,金融供给的主体是不同的,这也是合作社主导型的供应链模式所具有的最大特点。

(二)发展中国家农业供应链金融创新的经验

和发达国家不同,发展中国家的农业供应链金融创新也呈现一些新的特点,尤其是在模式选择上则存在显著的不同。但基本上存在以下两种典型模式:农业生产小组联保模式和收购企业主导型模式。

1.农业生产小组联保模式

农业生产小组联保模式始于尤努斯所创立的乡村银行,在消除贫困和促进农村发展方面产生了深远的影响并得到了有效地推广,为各个国家消除贫困提供了有效的"金融手段"。长久以来,关于乡村银行的探讨一直停留于小额信贷的模式。但事实上,在进行小额信贷供给的时候,操作流程上面有明显的供应链金融创新的特质。只是这种供应链金融创新在产业环节选择上主要选取的是生产环节。通过成立农业生产小组这种方式解决长久以来农村中穷人贷款面临的抵押不足问题,满足其对金融服务的需求,而且控制了金融风险产生的源头。具体来讲,由于农村贷款人缺乏相应的信用记录,在缺少抵押物或者担保人的情况下,借款人遵循自愿原则组成团体进行联合担保贷款。小组成员互助互促、责任连带,一旦农产小组内出现成员逾期未还款的行为,整个小组将丧失贷款资格。从其实践运作来看,这种小组联保贷款的模式主要经历了第一代模式和第二代模式。但只有第一代模式符合农业供应链金融创新的事实。具体来讲,第一代模式在运作中,一般按照乡村银行的要求,选取5名没有亲缘关系的村民组成联保小组。然后在进行贷款的时候,存在"优先序"。一般是先贷给组内最为贫穷的两个人,如果在贷款期限内如期还款,再贷款给组内的另外两个人,最后贷款给组长。所有组员全部承担连带责任。当然,贷款小组的存在也不仅仅是为了贷款的按时回收,在实践操作中一般5~6个小组还要组建会议中心,除了督促和监督贷款的完成进度和还款能力以外,还定期地交流生产经验和推广农业技术,对于推动农业的发展也起到了重要的推动作用。

在第二代模式中,上述操作中的小组联保制度和贷款次序的规定都取消了,也不再要求小组提取5%的风险基金。而在贷款制度上面也更为灵活,通过借贷双方协商,可以变更贷款规则、调整还款频率和延长还款期限等。但规定借款人必须按照贷款额度的2.5%来购买乡村银行的股份,并且规定个人账户的存款必须保持在贷款额度的2.5%以上。且规定贷款额度超过8 000特卡的借款人还要开立相应的养老金账户,并在退休后分期领取。虽然在运作中取得了一定成效,但实践运作和本研究中所讲的农业供应链金融创新的逻辑思路存在一定的背离。

2.收购企业主导型模式

收购企业主导型和农业生产小组联保型模式聚焦于农业生产环节不同,这种模式主要聚焦的产业环节是产后的销售环节。其典型代表就是以拉博发展组织和肯尼亚的DrumNet项目融资为代表。拉博发展组织作为拉博银行的子公司,所提供的农业供应链金融主要是建立在对农户进行分类的基础之上。认为,在国家农产品出口中,"商业性农民"做出了重要的贡献,也只有这类农民享受到了充足的金融服务。但是处于金字塔底部的"自给农户"则缺乏贷款的偿还能力。但是介于"自给农户"和"商业性农户"之间的小规模种植经济作物,如咖啡、棉花和可可豆等的农户,则具备成为"商业性农户"的可能,但缺乏相应的融资能力和管理农场的专业技能。鉴于此,拉博组织所提供的供应链金融服务主要是针对这类群体设计的。在这种模式下,农户和收购者达成100%的收购协议,但是款项并不是直接支付给农户,而是支付给银行并用于还款。在这种模式下,农民作为生产主体的个体风险转变为农民和收购方的履约风险。拉博发展组织长久以来一直关注的是农业供应链,据此农民才可能得到一个公平的市场价格,对于降低交易成本具有一定的积极作用,也有助于推进向"商业性农民"转变,对于推进供应链的成长有主要的推进作用。

另外一个典型的发展模式源自肯尼亚的DrumNet项目。该项目自2005年开始在肯尼亚运营,通过将小额信贷和供应链结合的方式取得了巨大的成功,有效解决了农户的金融服务需求。在项目的供应链上主要涉及买方、银行和农业生产资料零售商三个主体,他们之间存在密切的联系,然后通过一个专门化的平台将小农户有效地连为一体。具体来讲,在项目初期,农户与买方签订一个固定价格购买合同,农户凭借该固定价格合同向银行申请贷款支持,并从生产资料零售商那里获得农业生产资料。到了农产品收购季节,农户将固定价格合同中所确定的标的物在收集和分级的基础上,按照合同约定的价格卖给收购企业,交易成功后通过银行转账付款以用于偿还贷款。该模式有效解决了农户的金融服务需求问题,取得了显著的效果。

(三)我国农业供应链金融创新的启示

本章对发达国家和发展中国家农业供应链金融创新的主要模式进行梳理的主要目的是通过提炼农业供应链金融发展的一般规律,以促进我国农业供应链金融创新的发展,满足新时期"三农"对于金融服务的需求。当然,通过梳理农业供应链金融创新的国际经验,还可以反思现有我国农业供应链金融创新中的一些制度背离性,并及时采取应对措施。这对推动我国农业供应链金融的可持续发展具有一定的指导意义。通过梳理现有发达国家和发展中国家在农业供应链金融创新中的经验,研究认为以下三点值得我们在实践中予以借鉴,分别是农业生产环节是供应链金融产品设计的关键,满足不同类型的农户金融需求是创新的目标和不同属性金融机构合作是创新的必然趋势。具体来讲:

1.生产环节是农业供应链金融产品设计的关键

通过对发达国家和发展中国家供应链金融创新的基本模式进行梳理发现,农业供应链金融创新的关键是满足生产环节的资金需求。这一点和其他产业的供应链金融创新是存在较大的不同的。一般来说,制造业供应链金融创新聚焦的是产前和产后,主要目标是满足分布于产前和产后的中小企业的融资需求。这一点从发达国家的农业供应链金融创新中发现事实并非如此。农业产业的特殊性决定,产中环节才是供应链金融产品设计的关键,直接影响到农业供应链金融创新的成败以及预期效果的取得。从现实情况来看,生产环节的主体是农户。农业供应链金融创新的目的是解决农户的金融需求问题,并不是为了解决分布于农业产前和产后的农业经济组织的融资问题,这个根本宗旨不能偏离。从我国目前的实践来看,主要的农业供应链金融产品在设计的时候仍以涉农企业为主,将供应链金融创新的重点转至产前或者产后,这在某种程度上来说,是对农业供应链金融创新一般规律的背离。总之,按照发达国家经验,聚焦生产环节和满足农户的金融需求才是农业供应链金融产品创新的关键,在农业供应链金融创新实践中不能直接将发端于工业领域的供应链金融创新理念直接移植到农业领域,要根据农业产业属性及其特性来针对性地进行设计。

2.满足不同类型农户金融需求是创新的目标

上述已经说明农业生产环节的农户是农业供应链金融创新的关键组成。但是从国外农业供应链金融创新的经验比较中,我们也发现满足不同农户类型的金融服务需求也十分关键。如在 P2P 主导型的模式和农业生产小组联保模式中,农业供应链金融服务主体一般都是小农户,而在合作社主导型模式和收购企业主导型模式中的服务主体则是典型意义上的专业大户。从最终目的来看,这两类农户的金融服务需求都通过不同的农业供应链金融创新得到了满足。但供应链金融产品的设计以及参与的金融机构则存在明显的不同。这说明,我国的农业供应链金融产品在设计的时候也应遵从结构化的原则,满足多层次、不同类型的农户的金融服务需求。随着我国农业新型农业经营体系的构建,在我国农业产业内部,农业经营主体也面临内部分化的局面。具体来讲,随着土地流转市场的发展,小规模农户可以通过流入土地的方式增加经营规模,可以逐步成长为专业大户或者家庭农场。此外,小农户还可以通过纵向合作或者横向合作的方式组建农民专业合作社。当然,还可以通过与农业产业化组织合作形成"价值链式农业"。除此之外,各种新的模式也会随着经营实践的深化变得日趋丰富。但总体来说,在相当的时间内,我国的农业经营体系仍会是小农户与多种类型新型农户并存的格局。农业供应链金融的创新离不开在对各类农户进行分类和划分的基础上,进而设计出针对不同农户类别的农业供应链金融产品才是关键。

3.不同属性金融机构合作是创新的必然趋势

通过对发达国家和发展中国家农业供应链产品进行研究发现,都有一个共同的特征,那就是比较重视发挥小额信贷机构的作用。当然,作为一种新型金融机构小额信贷在支农效率、服务方式和发展定位上均与传统金融机构存在显著的不同。但从实践效果来看,其服务"三农"发展的作用是十分有效的,这也是传统的金融机构所无法比拟的。在农业供应链金融创新的国际实践上,各国都十分重视发挥小额信贷机构在其中的作用。无论在农业生产小组联保模式还是收购企业主导型模式中,都可以看到小额信贷机构在其中的身影和发挥的作用。但从现阶段我国的发展实际来看,小额信贷公司在发展中普遍存在着诸多问题,其中最为突出的问题就是资金不足。当然,这也和小额信贷公司"只贷不存"的制度约束存在着重要的联系。但相比较而言,各类型银行不但存在着充足的资金优势而且存在着显著的客户优势,若能建立银行和小额信贷机构的合作机制,不但可以发挥小额机构的支农效率优势,而且可以弥补资金缺陷,从某种意义上来说,重要意义不言而喻。这也是农业供应链金融创新的国际经验的主要体现与必然趋势。

三、重庆农业供应链金融创新实践

本研究已经揭示了国际农业供应链金融创新和对我国的启示。在实践中也涌现出了一些农业供应链金融创新的典型案例和实践操作范式。那么,现阶段的农业供应链金融创新的成效如何? 是否符合农业供应链金融创新和发展的一般规律呢? 存在哪些比较突出的问题呢? 以此科学问题为认知基础,基于典型性、可获性原则,运用重庆农业供应链金融创新实践进行研究,为新时期农业供应链金融创新的思路理清和模式选择提供借鉴。

(一)重庆背景介绍和机构介绍

重庆市作为我国中西部地区唯一的直辖市,既是西部地区经济增长的动力引擎,同时又集大城市、大农村、大山区、大库区及少数民族聚居区为一体。尽管近年来重庆地区生产总值增速一直位居全国前列,但是不同区域间社会经济发展差异巨大。尤其是位于三峡库区的渝东北生态涵养发展区和处于武陵山区的渝东南生态保护发展区,既要大力发展地区经济,又要注意保护生态,经济社会发展任重而道远。为此,重庆市五大功能区战略中专门为上述两个区域明确了"加强生态环境保护,提供生态产品,发展生态经济"的发展路径,重点强调以特色农业和生态旅游业为主导带动地区经济发展。然而,这两个发展区内部却面临诸多困境,在宏观层面上,受到产业基础薄弱、基础设施落后、人力资本匮乏、生态环境恶化等因素的制约;而微观层面则更为突出,大多数农户长期处于贫困线以下,资金匮乏,融资渠道有限,难以发展生产,凡此种种问题都使得当地特色农业和生态旅游业发展举步维艰。鉴于此,如何创新运用金融杠杆,解决农户融资难问题,夯实资本积累,撬动产业发展,强化生态涵养和保护,带动农户致富,成为破解产业空心化,推动生态涵养与生态保护发展区建设所面临的现实课题。

重庆三峡银行作为一家立足于重庆的本地银行,成立近10年来始终致力于支持"三农"发展,努力支持贫困区县经济建设和经济结构调整,特别是对渝东南、渝东北贫困地区持续加强授信支持。截至2015年9月,该行在万州、黔江、城口、石柱、酉阳等14个国家级贫困区县和涪陵、忠县、潼南、南川4个市级重点扶贫区县投放资金余额达到198.3亿元。其中,投向贫困区县旅游业,改善贫困地区水、电、路等基础设施建设,发展农林牧渔药等产业的信贷资金达22.7亿元。特别是在农业供应链金融创新方面,重庆三峡银行实施的"公司+农户""公司+合作社+农户"的农业供应链贷款模式,先后推出"富民贷""农保通"等贴近农户需求的金融产品等,紧抓涉农龙头企业和农民专业合作社这两个着力点,创新产品设计,强化服务力度,积极带动渝东北生态涵养发展区和渝东南生态保护发展区的"三农"向产业化、集群化方向转型升级,在创新融资模式、拓宽抵押物范围、延伸产业链金融服务等方面进行了积极探索和实践,全力支持涉农龙头企业、骨干企业以及个体农户融资需求,缓解涉农企业和农户融资难、融资贵的突出问题,为化解"金融空心化"和"产业空心化"做出了积极贡献。

(二)重庆农业供应链金融创新

重庆三峡银行在农业供应链金融上进行创新,提出了包括"公司+农户"的中心化模式以及"公司+合作社+农户"的中间化模式在内的两种农业供应链融资方式。

1."公司+农户"的中心化模式

从产业化发展的范畴来看,在"公司+农户"的合作形式下,公司与农户签订农产品购销合同,组织农产品生产与销售,承担市场风险,农户进行小规模分散经营,不参与最终的市场活动。针对这种形式的农业产业链,重庆三峡银行为其量身定做"公司+农户"的中心化供应链融资模式,以公司为贷款主体,解决农业产业链条上诸环节的资金需求,特别是分散农户的资金需求。这种供应链融资模式的运行思路有五步:第一步,公司通过抵押、担保等方式获取银行贷款,为整个农业产业链生产注入资金。第二步,公司与农户签订农产品购销合同,公司受托将资金支付给农户,农户通过公司或者其他渠道购置生产资料,自行组织农产品生产。第三步,农户按照合同约定向公司出售农产品,在抵扣了向公司贷款的资金数额后,获得剩余所有收益,公司则在收购农产品过程中回拢借贷资金。第四步,公司把收购的农产品统一进行加工、包装,在市场上进行销售,获得相应经济收益,并偿还银行的本金和利息。第五步,通过"公司+农户"的中心化供应链融资模式,实现公司、农户、银行的"三赢"合作,促进相关涉农产业的发展。

2."公司+合作社+农户"的中间化模式

从产业化发展的范畴来看,"公司+合作社+农户"的合作形式是对"公司+农户"的拓展,是为了解决其中存在的经济地位不对等、信息不对称等问题,由合作社等一些中介机构介入农户与公司间的经济活动,在合作社与农户间建立起熟人监督,减少了违约,实现公司对农产品的顺利收购,也使农户可通过合作社与企业进行平等对话,表达利益要求。针对这种形式的农业产业链,重庆三峡银行专门设计了"公司+合作社+农户"的中间化供应链融资模式,以合作社为贷款主体,公司为担保,解决农业产业链条上各个环节的资金需求。这种供应链融资模式的运行思路有五步:第一步,公司、合作社、农户三方签订合作协议,以合作社为主体向银行贷款,公司为合作社提供担保。第二步,合作社受托将资金支付给农户,农户统一或自行采购生产资料,组织农业生产。第三步,农户将农产品统一交到合作社,由合作社向公司出售农产品,获得资金收益。第四步,合作社偿还银行本金和利息,公司解除担保,合作社将剩余资金收益按相应比例分配给各个农户。第五步,通过"公司+合作社+农户"的中间化供应链融资模式,解决了农业产业链条上各个环节的资金需求,实现相关涉农产业的发展。

(三)重庆农业供应链金融创新成效

重庆三峡银行采取"公司+农户"的中心化供应链融资模式和"公司+合作社+农户"的中间化供应链融资模式取得良好成效,有效带动了重庆地区特别是渝东北生态涵养发展区和渝东南生态保护发展区相关农业产业的发展。

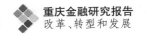

1.开州区中药材产业的发展成效

在开州区与城口交界的大巴山深处,中药材种植一直是当地农户收入的主要来源。但当地中药材产业发展常年受制于交通不便、授信主体分散等原因,一直得不到信贷资金支持。重庆三峡银行了解情况后,积极推动市级农业龙头企业重庆大巴山中药材开发有限公司组织当地农户成立农民合作社,搭建"公司+合作社+农户"的经营模式。2013年10月29日,经过多次实地考察市场,共同研究解决方案,经过深入调查后,重庆三峡银行决定选取中药材行业试点向农户提供融资服务。重庆三峡银行以农业龙头企业重庆大巴山中药材开发有限公司提供担保,向开州区巴云中药材股份合作社贷款1 000万元,贷款资金受托支付给342户农户,使342个分散多个乡镇的农民拿到了农业种植所需要的资金,解决了农业产业链条上各个环节的资金需求,包括农户生产初始资金投入、农业采购企业收购资金需求等。最终,该合作社药材产量同比增加超过30%,社员户均增收1.5万元,供应链融资业务成效显著。

2.万州猕猴桃产业的发展成效

在万州孙家镇,由重庆市级农业产业化龙头企业——重庆佛印山农业开发公司开发建设的猕猴桃产业基地,规划种植面积10 000亩(1亩≈667平方米),预计年销售收入超过1亿元。该项目总投资超过1.1亿元,前期的土地流转、猕猴桃苗木、肥料、工程投入、固定资产等总投入近6 000万元,企业的注册资本金和各项补贴能够勉强支撑前期投入,但后期的基地改扩建、猕猴桃深加工等投资严重缺乏资金。在缺乏充足抵押物的情况下,重庆三峡银行与担保公司合作,通过补充2 000余亩林权抵押作为附加担保措施,对项目授信3 800万元,使得项目得以顺利实施。通过"公司+农户"的产业化经营模式,1 200余农户每年直接收益的土地流转费超过350万元,公司每天安排老弱劳动力近300人务工,每人每年获取的劳动报酬在8 000~20 000元之间,同时,公司采取了"反承包"的方式,把部分基地果园再承包给农户,收获的猕猴桃,公司按协议价收购后,再根据零售市场的销售情况与农户分红。在重庆三峡银行对龙头企业提供信贷支持下,带动了万州猕猴桃全产业链的发展,促进农户就业增收。

3.忠县柑橘产业的发展成效

经过十多年的发展,忠县目前已建成35万亩果园基地,柑橘产业已经形成集基地果园、加工销售、仓储物流、生态旅游于一体的完整产业链。位于忠县永丰镇的重庆团丰生态农业旅游度假区,是柑橘产业链向深加工、高附加值延伸的综合体项目。然而,柑橘从种植到投产,大约需要近3年时间,前期的土地流转、基础设施、果苗培育生长、果园管理等需要大量的资金投入,而资金的回收又要在柑橘投产后才能实现,因此柑橘种植的前期资金压力巨大。在重庆三峡银行4 000万元信贷资金的扶持下,该项目已顺利完成柑橘交易市场、加工仓储基地建设,目前正在打造观光农业和生态旅游的新名片。此外,重庆三峡银行还累计向忠县柑橘"产—加—销"等全产业链投入了超过5 000万元信贷资金,通过对柑橘种植、加工、销售的全产业链扶持,推动当地支柱农业发展,取得良好成效。

另外,重庆三峡银行还在石柱围绕当地的辣椒产业链搭建了极具代表性的涉农"1+1小企业之家",支持辣椒专业合作社21个,累计发放贷款1 615万元,带动了全县20万户农户的辣椒生产。在酉阳对建民农产品股份合作社、丰庄林木种植股份合作社等10余户小微企业发放贷款1 670万元,均取得显著业务成效,极大促进了地区农业产业发展,提高农户收入水平。

(四)重庆农业供应链金融创新综合评价

从重庆三峡银行农业供应链金融创新实践效果来看,无论是采取"公司+农户"的中心化供应链融资模式还是"公司+合作社+农户"的中间化供应链融资模式,都取得多方共赢的良好成效。具体来看,对于银行而言,按期收回本金和利息,实现资金有效利用,获取经营收益,扩大自身在金融市场上的市场份额,通过向农业生产进行贷款,支持了当地农业的发展,能够间接得到政府政策的支持与倾斜,得到较好的经济效益和社会效益。对于公司而言,由于农业项目投资具有"投资大、周期长、见效慢"等特点,难以依靠自有资金进行项目开发。通过供应链融资将自身利益和众多农户捆绑在一起,从银行获取信贷资金支持,有力促进农业项目建设步伐,最终实现项目盈利。对于合作社而言,中间化供应链融资模式使得合作社成为一个借贷主体,其作用不断被开发和加强,使得合作社成员更加紧密团结在一起,提高合作社的稳定性,在农户和公司之间充分发挥纽带作用,有助于实现小农户与大市场的有效对接,使这种农业供应链融资模式更加稳固。对于农户而言,通过农业供应链融资模式获得了银行信贷资金的支持,解决了自身资金缺乏而又无合适抵押物融资的困境,能够利用资金扩大经营规模,同时又通过供应链融资与公司、合作社的利益紧密相连,使农业生产经营更加稳定。

不过,也应该注意到,无论是"公司+农户"的中心化供应链融资模式还是"公司+合作社+农户"的中间化供应链融资模式,顺利实现多方共赢的前提是供应链融资的稳定性。众所周知,农业面临着自然与经济的双重风险,较高的风险性使得农业产业链上下游主体之间可能会存在违约行为和道德风险等问题，影响到融资供应链的稳定性，进而导致融资供应链上的每个主体面临较高融资风险。可见，通过重庆三峡银行农业供应链金融创新案例，发现现阶段农业供应链融资模式中缺乏必要的防范风险措施，一旦农业生产经营过程中受到天气、灾害、价格等不稳定因素的影响，势必引起金融供应链的混乱，产生严重的违约行为，使包括银行在内的各方主体都蒙受损失。针对这一弊端，应在农业供应链中加入政府主体，负责巩固供应链金融的稳定性，规避可能产生的相应风险，主要是从政府主导的再担保机制入手，一是完善再担保机制。发挥政府政策导向作用，研究论证国家融资担保基金通过股权投资、技术支持等方式，支持省级再担保机构发展。各省（区、市）人民政府要按照政府主导、专业管理、市场运作的原则，推动省级再担保机构以股权投资和再担保业务为纽带，构建统一的融资担保体系；完善再担保机制，提升辖内融资担保机构的管理水平和抗风险能力，统一管理要求和服务标准，扩大小微企业和"三农"融资担保业务规模。二是加快再担保机构发展。研究设立国家融资担保基金，推进政府主导的省级再担保机构基本实现全覆盖，构建国家融资担保基金、省级再担保机构、辖内融资担保机构的三层组织体系，有效分散融资担保机构风险，发挥再担保"稳定器"作用。三是改进完善对政府性融资担保和省级再担保机构的考核机制。对政府性融资担保机构，地方各级人民政府要结合当地实际降低或取消盈利要求，重点考核小微企业和"三农"融资担保业务规模、服务情况，对省级再担保机构，坚持保本微利经营原则，不以盈利为目的，在可持续经营前提下，着力降低融资担保和再担保业务收费标准。

四、我国农业供应链金融创新原则与总体思路

通过上述的案例分析，对现阶段的农业供应链金融创新中存在的问题有了进一步的了解和认知。在新时期随着"四化"协同的纵深推进，必须正确坚持农业供应链金融创新原则和总体思路。

（一）我国农业供应链金融创新原则

相比较传统的金融创新范式、服务理念和支农体系，农业供应链金融创新都表现出前所未有的不同和显著的差异，并不是单一农业产业领域的"单兵作战"，需要市场与政府协同配合、多方主体合作互动、多种制度安排同时跟进才能完成。当然，同以往的金融产品也存在多种不同，农业供应链金融创新是在

农业产业化推进、农业新型经营体系建设的现实背景下,金融中介组织所做出的自发性调整,顺应了农业适度规模经营和农业现代化的发展趋势。从某种意义上说,农业供应链金融创新是"市场驱动的创新"。从实践层面来看,无论是涉农金融机构还是非涉农金融机构都不约而同地对农业供应链金融进行探索并取得了一定成效。但是,农业供应链同其他产业的供应链不同,农业供应链金融创新也呈现出诸多的特殊性。若无视这种特殊性,盲目地进行农业供应链金融创新可能会存在一定的风险性。为此,在农业供应链金融创新的过程中应坚持一定的原则。概括起来主要有:特色性原则、普惠性原则、需求性原则、监管性原则。

1.特色性原则

供应链的思维发端于物流之上的先进管理模式,旨在降低交易成本和提高用户的服务水平。农业供应链则是供应链在农业领域的具体体现与运用。但农业供应链和其他产业链不同,其发育程度、竞争性与市场化改革、农业产业化推进、农业分工的深化存在密切的关系。这一点可以从发达国家的发展轨迹中探寻到踪迹和寻找到支撑。但从我国实践情况来看,我国农业仍处于传统农业向现代化转型、蜕变的初级阶段,农业供应链、产业链建设仍处于初级阶段,且受制于分工因素,农业供应链同制造业的供应链在结构层面存在明显的特殊性与独特性。具体表现在以下几个方面:一是在"供应端"农业供应链和制造业存在明显不同。一般而言,制造业的"供应端"主要是以其他形态呈现,而农业产业的供应端则是由家庭分散经营的"农户"构成,因而相比较制造业,农业供应链中的"利益衔接"更为不稳定。二是核心企业的不同,在农业供应链中,加工企业是供应链中的核心企业并且拥有技术优势和信息优势,这与制造业的核心企业或者联盟是显著不同的。这导致的直接问题是农业供应链金融创新的前提和土壤是不同的。当然,正是因为这些特点,就决定着农业供应链金融创新的目的和要解决的问题是显著不同的,农业供应链金融创新不能简单地照搬供应链金融思想,而应结合农业供应链特点,充分体现差异性、特色性。

2.普惠性原则

普惠性也是农业供应链金融创新所依据的重要原则。之所以要提到普惠性,主要是对传统金融的反思。农业供应链金融创新的普惠性就是要让所有农业供应链参与主体能平等地享受金融服务,进而获取信贷机会的公平和融资渠道的公平。当然,农业供应链金融的实施内涵就体现了普惠金融的思想。但要让供应链金融真正地体现普惠金融的实质,一些内容仍要引起注意。随着农业现代化的推进和农业社会化服务体系的健全,新型农业经营主体逐步演化和成长为我国农业经营体系中的重要一员,并在推进农业现代化的过程中起到了重要的作用。但是从我国农业经营体系的发展现实来看,以家庭经营为基础进行的分散经营的小农户仍会在我国农业经营体系中占据较大的比重。因此,农业供应链金融创新也应以此为现实起点,从某种意义上来说,这是农业供应链金融创新的主要目的和初衷。但从金融中介组织的角度来看,也应正确地看待新时期农户的变化。在传统金融体系下,农户因为缺少相应的抵押担保、财务能力有限,无法获得金融服务,但随着新型农业经营的构建以及农业现代化的发展,农民同新型农业经营主体通过供应链实现了利益联结,议价能力、谈判能力和财务能力都显著改善。具备依托农业供应链供给系统性、完备性金融服务的现实基础和前提条件。综上,在进行供应链金融产品设计的时候应始终坚持普惠性原则,尤其是农户的金融服务需求能否满足是要考虑的迫切问题。

3.需求性原则

需求性原则体现的是农业供应链主体对于创新产品的接受程度。从某种意义上来说,金融创新的效果完全取决于此。唯有融资者接受并长期使用的金融产品才是成功的金融产品,才会给银行带来丰厚的收益。但反之,一个不被市场融资主体认可和接受的金融产品或者说没有融资主体参与的金融创新品种不但无法达到市场的预期目标,而且还会给银行带来风险损失。由于农业供应链所涉及的主体内涵众多,农业供应链主体基本上涉及农业产业链产前、产中和产后的各个环节。如果按照"大农业"进行细分,则可以分为农林牧渔业的生产经营者。如果按照贷款的主体来划分,则主要包括龙头企业、农民专业合作社、个体工商户、专业协会、加工企业、终端消费者等等。如果按照农业供应链上各市场主体的性质,还可以划分为产前的原材料供应商、产中的生产商、产后加工商、销售商等等。可以看出,农业供应链所包含的主体内容是多维的、层次性的。这也就决定着农业供应链金融创新应体现各主体的需求并要充分考虑差异性,进而针对不同的供应链组织形态创新不同农业供应链金融产品,以满足不同的农业供应链形态下的金融服务需求。

4.监管性原则

农业供应链金融改变传统金融服务供给的单笔监测、单笔考察和"自上而下"的"点对点"的支农框架。以农业供应链整体和依托特色产业和特色产品,通过核心企业的信用共享,捆绑上下游的农业中小企业、农业生产经营主体甚至是消费者,提供了系统性的金融解决方案。但任何金融创新都是一把"双刃剑",由于涉及主体众多、一旦失去控制和监管,将产生不可估量的风险性。农业供应链金融也不例外。事实上,农业供应链金融风险从根本上主要来自农业供应链自身的特殊性以及不稳定性。具体来讲,在农业产业组织内部,受制于产权和利益分配机制,龙头企业和农户的利益衔接关系并不稳定,双方都存在不同程度的机会主义行为,尤其是农业产业化进程的中后期阶段,这种违约行为越演越烈,农产品合约稳定性较差、产业化组织的运行效率并不高。同时,农业合作经济组织正处于起步阶段,在农业产业化以及农业供应链中的作用并未凸显,进而也导致了农业产业化组织结构的松散性和运行绩效的低下。此外,从农业合作经济组织内部来看,农民专业合作社也是乱象纷呈、问题不断,在内部运行机制优化、农民合作意识的提高和政府支持政策落实等诸多方面都亟待解决,也正是这些原因使农业供应链参与主体的利益联结机制的稳定性较差,进而使农业供应链金融创新的基础受到挑战。为此,农业供应链金融创新应主动寻求监管以尽可能地减少其中的风险性。当然,监管部门也要创新监管方式,转变监管思路,探索农业供应链金融创新框架下的监管方式的创新。

(二)我国农业供应链金融创新总体思路

在上述分析中,本研究认为依托农业供应链进行金融服务创新,应坚持特色性、普惠性、需求性和监管性的基本原则。但相比较传统的金融服务创新范式,农业供应链金融是一个全新产品构建思路和体系,在实践中应坚持怎样的总体思路呢? 结合上述分析,本研究认为农业供应链金融创新思路主要有三个基本点:强化政府引导作用、力促多属性金融中介组织联动和满足农户的融资需求。

1.强化政府引导作用

金融创新理论和实践已经充分证明了市场是主导金融创新的主要力量。通过市场机制,新的金融产品、金融工具才会涌现,新的交易方式的效率才会提高。但"三农"发展的特殊性尤其是农业的"弱质性"决定,市场机制在农业金融创新中可能面临着功能失灵的情况。农业供应链金融作为农业金融发展与创新的前沿领域,目前仍处于探索阶段,诸多问题还并不明细。尤其是上述分析中所揭示的"农业供应链"自身所存在的不稳定性和利益联结的薄弱性问题都是新时期农业供应链金融创新中亟待解决的重要问题。但这也说明,应该充分发挥政府的作用,实现政府与市场的协同配合。其实,发挥政府的作用也是改革开放以来我国农业取得丰硕发展成就、粮食增产增收、农民增收致富的关键所在。从这个维度来讲,必须由政府通过改革制度,通过政府的政策引领与有效的配套制度来激发农业供应链金融创新体系。为此,在供应链金融服务创新中政府应发挥如下的作用:一是构建农村信用体系,化解农业供应链金融服务供给主体和农业经营主体间的信息不对称问题、减少农业供应链金融的交易成本。二是完善相应的农业供应链金融创新的风险规避机制,化解传统金融供给框架下的贷款难的问题。三是对金融机构创新农业供应链产品出台相应的政策,如税收减免、扩大支农资金再贷款范畴等诸多方面予以政策扶植,调动金融机构创新农业供应链产品和支农的积极性和主动性。

2.力促多属性金融中介机构联动

农业供应链金融拓展了传统的金融支农框架和内涵。在价值链金融中,正式金融和非正式金融都是满足农业经营主体经营服务需求的重要力量,涉农金融中介组织和非涉农金融中介组织都可以成为农业供应链金融的供给主体,如在上述案例分析中提到的三峡银行的"公司+农户+合作社"新合作社贷款就是其中的典型代表。重庆三峡银行是城市商业银行,但却在农村金融服务方面有所创新,解决了农业产业链上的各环节的资金需求,包括农户生产资金初始投入和农业采购企业收购资金需求等,从中可以看出,农业供应链创新中,金融中介机构的属性已经逐步淡化了。究其原因,这主要是源于农业供应链金融的价值属性切合了各种类型的金融中介组织的逐利性特质。若从金融中介组织的本质角度来看,也是在市场中追求利润最大化的特殊企业,利润是第一考虑因素。而农业产业则恰恰不符合金融中介组织利润创造的前提基础。因此,在传统的支农框架下,农业长期成为金融中介组织涉足的薄弱领域。但是,随着产业化推进,农业经营主体通过供应链结成利益共同体,不但提高了传统分散农户的组织性,而且实现了利润创造和价值分享,使农业存在金融中介结构涉足的利润基础,也是在这样的条件下,各种类型金融中介组织都可能涉足和提供支农服务。因此,在坚持农业供应链金融创新主体界定的时候也不应将其局限于"涉农金融"机构,而应动员所有金融机构的积极性,形成农业供应链金融创新合力,推出更多的农业供应链金融产品和满足农业的融资需求。

3.满足农户融资需求为侧重

当前,随着我国农业现代化的转型,我国以家庭经营为基础,分散的、小规模的农业生产格局正逐步发生改变,专业大户、家庭农场、龙头企业和农民专业合作社等农业新型经营主体所构成的适度规模经营格局逐步演化成为农业生产经营体系中的重要一部分,在农业转型和升级中起到了至关重要的作用。但从实际来看,我国农业家庭分散经营的经营格局并不会很快发生变化,仍存在相当长时间的过渡期。虽然,专业大户、家庭农场、龙头企业和农民专业合作社相比较农户来说,对于金融服务需求层次、需求程度都更为强烈且在国家政策导向下,金融可获性和可得性已经明显提高,金融服务需求已经得到了较大程度满足,而且随着各类新型金融机构的涌现,融资渠道也得到了拓展。但就目前的农业供应链创新实践来看,满足新型农业经营主体的融资需求仍是农业供应链金融创新的重点。如农行的供应链金融创新系列产品中就对客户准入条件有了明确规定:其贷款的主要对象是具有一定资金财富积累,农业生产规模经营达到要求的专业大户、家庭农场、农业龙头企业等农业新型经营主体。还在经营规模上也有明确的要求:如规定大田作物种植一年一季100亩以上,一年两季及经济作物种植、水产养殖面积在50亩以上。但事实上,这可能会有悖于我国农业经营体系演化的基本规律,在普惠制金融发展理念下,农业供应链金融创新的关键仍应是要以满足农户融资需求为侧重。而且这已经上升至国家战略层面,农户生产性融资不单单是自身的问题,而是通过农业供应链直接牵制和制约整条农业供应链的利润创造和竞争力提高。所以,农业供应链金融创新的重点仍是满足分散经营农户的融资需求,这也是农业供应链金融产品设计和创新的现实立足点。

五、我国农业供应链金融创新的制度建议

由于农业供应链金融的属性,供应链金融涉及的农业经营主体较多且各主体间存在着密切联系。因此,农业供应链金融创新需要相应制度配套予以保障,这样才能切实地增强其服务"三农"发展的能力。本研究基于上述结论提出农业供应链金融创新的制度安排与政策建议。结合农业供应链金融创新的一般规律以及现实实践,本研究认为农业供应链金融创新的制度安排主要包括:信用制度、组织制度、风险防范制度和财政支持制度。

(一)信用制度

农业供应链金融创新所涉及的农业供应链参与主体较多,包括各类农户(小农户和规模经营农户)、农民专业合作社、涉农中小企业、龙头企业、农业生产基地以及各类专业化市场等。因而相比较传统金融模式的"点对点"金融供给模式,在农业供应链金融模式下,金融机构要克服信息不对称和逆向选择的问题,不但需要了解农业供应链上的各参与主体的信用能力,还要了解各主体

间的信息,比如缔结契约的类型、稳定性和效益性等问题。现阶段在对农业供应链金融主体供给金融服务的时候,一般都通过龙头企业的"统贷统还"和农户的"联保贷款"来解决。但事实上,随着农业组织化水平的提高以及分工的深化,大多数的交易行为一般都是通过农民专业合作社来"牵线搭桥",可以说农民专业合作社的地位是举足轻重的,但是在实践中正是缺乏相应的信用制度和评价机制以及农民专业合作社自身发展水平的问题,农民专业合作社长期成为金融机构"金融排除"的对象,这也就导致了信贷资金总量、期限和用途之间错配问题比较严峻,直接制约了农业供应链金融的发展。事实上,从农民专业合作社和龙头企业以及专业化市场间所签订的一系列合作中很容易对农民专业合作社的信用能力进行判断。如果能建立比较完善的诚信档案,金融组织就能很容易对那些财务能力较强、合作关系稳定和运营管理规范的合作社提供贷款服务。当然,对于农业供应链上所有参与主体都可以通过这种方式获取其信用信息和评价其信用能力。因此,随着农业供应链金融创新的深化,建立基于农业供应链金融创新的信用制度就显得比较迫切。

1.构建农业信用制度体系

构建针对农业新型经营主体的集信息采集、等级评定以及信用共享等多重功能于一体的信用制度体系,将其作为农业供应链金融创新的有力支撑。在信息采集方面,采用多手段、多类别和差异化的手段采集农业新型农业经营主体的信息。如果是家庭农场或者专业大户,则可以通过二者的"个人征信记录"获取其信用信息。如果新型农业经营主体是农民专业合作社,有"机构信用代码",则可以同时采集农民专业合作社入社会员的个人诚信记录和农民合作社成立时候的牵头人(法人代表)的个人信用记录。如果没有"机构征信代码",则可以采集农民专业合作社成立时牵头人和入社会员的个人信用记录。除此之外,还可以通过走访、暗访等多种形式,向新型农业经营主体的生产生活以及业务合作伙伴等了解其综合信息。此外,在信用评级方面,由于农业供应链主体涉及主体较多、牵涉环节较多,一旦有农业经营主体出现相应的"不良信用"记录,则尽可能慎重对待其信用级别。最后,在评价指标确定上,除了传统意义上的资产负债结构、流动比率和速动比率外,还应加入合作能力、经营管理水平等定性考核指标,增强评价的多维性。在此基础之上,还应建立信息共享平台,如涉农企业的资源计划、供应商管理以及农户的管理等,实现物流、人流和信息流的整合和同步提高。

2.强化增信制度和共享制度

由于农业供应链资金的自偿性和封闭性特征以及各农业经营主体间相互联系,本身就形成了一个相互监督、信息共享和风险共担的体系。尤其是农业供应链金融核心企业的作用日益凸显。在传统信贷供给中存在的信息不对称性问题,可以通过相应的制度建设得以化解。比如从农户或者涉农中小企业与龙头企业的交易往来中可以充分了解农业供应链链条上农户和中小企业的信用情况,进而可以为金融机构供给金融服务提供丰富的信息。在理论层面,农业本身就具有一定的内生性增级机制。但现实中,由于多重因素的制约,农业供应链自身存在一定的稳定性和松散性,龙头企业和农户都存在一定的违约性。为此,除了利用农业供应链本身的信用增级机制以外,还应强化制度建设,如加强商业金融与涉农担保机构、农业保险机构或者政府财政资金合作,以实现系统外部的"信用增级"。通过挖掘多种类型的供应链间和供应链外部的合作关系,通过对农业供应链的整体授信,实现农户贷款的批量化、系统化操作,有效解决和提升农业经营主体金融服务可获性,解决长久以来困扰"三农"发展的融资难问题。

(二)组织制度

除信用制度建设以外,相应的组织制度安排也是农业供应链金融创新的制度保障。从组织层面来看,我国目前已经基本形成了多层次、复合型和完备的农业金融组织体系,商业性金融与政策性金融协同配合、国有资本与民间资本互动和正规金融与非正规金融并重,为农业供应链金融创新提供了很好的组织制度保障。但是农业供应链金融到底应由哪一类金融机构来承担呢?本研究认为由于农业供应链本身的复杂性以及多重性,其资金需求是多维的、多样的,尤其是随着各类新型农业经营主体的涌现,单一的金融机构可能无法胜任。而且在实践中也出现了一些新的问题:比如在重庆市农业供应链金融创新实践中,一些城市商业银行,如三峡银行也纷纷投入到农业供应链金融创新的实践大潮中,这种现象本身无可厚非,在某种程度上可以增加支农力量和形成"示范效应"。但这与我国设立城市商业银行的功能定位存在一定的出入与背离性。同时,这种现象还对一些新成立的新型金融机构造成了一定的业务冲击,不利于我国金融涉农金融整体的良性发展和可持续发展。现有实践中涌现出来的这种农业供应链金融创新热潮对于目前金融体系中的金融机构分工会产生不良的影响。为此,明确相应的组织制度建设就显得比较急迫。参照农业供应链金融创新的国际经验,在农业供应链金融组织建设方面应注意以下几点。

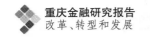
1.优选农业供应链金融创新主体

在我国现有的农业金融体系中,各个金融机构在成立初期都被赋予了相应的政策功能。基于这样的政策初衷,我国的金融体系根据此进行"查漏补缺",尤其是新型金融机构的设立在我国农业金融体系中的作用也日益明确和凸显,并发挥了重要的作用。由于其在"软信息"收集、产品设计和服务方式等方面都显示出同传统金融机构的比较优势,尤其是支农效率更是传统的金融机构所不能比拟的。由于农业供应链金融涉及的主体较多、环节较多,尤其是生产环节农户的金融服务需求更显得十分重要,而且直接制约着整个农业供应链的金融服务需求,而在满足此类农业经营主体的金融服务需求方面,新型金融机构是首选。但对于农业供应链上的其他参与主体,如龙头企业、农民专业合作社、家庭农场和专业大户来说,在资金需求规模较大,期限和周期较长,新型金融机构就可能"忘尘却步"。因为受先天制度性约束,对于新型农业经营主体的满足程度可能存在重要问题。但传统的涉农机构这方面则存在明显优势。这就说明,在现有的金融体系中进行农业供应链金融创新时不能一哄而上,而应明确分工,结合我国农业经营体系的现状,农业供应链金融创新应以新型金融机构为主。

2.构建农业供应链金融创新合作机制

新型农业金融组织在支农效率方面存在绝对优势,但可贷资金的短缺是制约其发展的重要因素。因此,在组织制度建设的时候应建立正规金融机构与新型农业金融机构的合作机制。在运行中可以借鉴发达国家的"批发贷款"机制,解决新型农业金融机构的资金短缺问题,全面发挥其在农业供应链金融创新和服务"三农"方面的效率优势。当然,由于农业发展的特殊性,其发展属性决定政府的作用十分重要。且由于农业供应链本身发展的不稳定性,也决定单纯依托龙头企业或者其他新型农业经营主体进行担保的风险性仍旧比较大。为此,在上述的基础上,农业供应链金融的组织安排中还应有相应的担保机构对此进行再担保。为此,应构筑完善的信用担保体系,建立相应的政策性担保机构,为农业供应链金融创新提供坚实的组织制度基础。

(三)风险防范制度

农业供应链发展的特殊性以及在农业供应链金融创新中多类型的金融机构的参与决定着农业供应链金融创新的风险也比传统的金融创新的风险要大。除了具备传统的金融风险以外,农业供应链金融风险还存在一些新的风险。具体表现在以下几个方面:一是农业供应链断裂的风险。在上述分析中我得知,位于农业供应链末端的中小企业或者农户,通过"核心企业"的信用增级机制,可以有效地解决其金融服务需求问题。从某种意义上来说,核心企业在整个农业供应链中的作用是至关重要的。一般而言,在农业供应链中核心企业的角色可以由龙头企业来承担。就其实质而言,是将龙头企业的融资能力转化为农户或者涉农中小企业的融资能力,进而提升涉农中小企业和农户的信用评级级别。但也要辩证地看待这一问题,这一过程虽然有重要的现实意义,但是风险也将"过于集中",涉农中小企业和农户的全部风险也实现了转移。可以说,一旦核心企业出现问题,农户和涉农中小企业的问题也会立刻显现,后果不言而喻。二是道德风险。由于农业供应链上涉及的参与主体较多,各主体间既存在共同利益,也存在利益背离的时刻,尤其是面临市场波动或者核心企业面临巨大的财务负担的时候,龙头企业可能会利用在农业供应链中所处的"强势地位",通过虚假交易"套取"信贷资金。当然,从农户的角度来看,也会存在这些问题,也可能会通过与龙头企业签订的虚假契约套取信贷资金,进而引发严重的道德风险。当然,农业供应链金融创新的时候还可能存在操作风险。这些风险形态说明,在农业供应链金融创新中必须建立系统完备的风险防范制度。

1.建立风险补偿基金制度

在新时期农业发展的多功能性表现日益明显和突出,也正是因为农业的多功能性特征决定着农业领域金融创新需要政府的参与,而且在这一过程中起到的作用是十分显著的。由于农业供应链金融创新所涉及的领域和环节较多,面临的风险多样、类别多样,严重影响了金融机构进行农业供应链金融创新的热情。为此,应通过政府出资组建农业供应链金融创新的风险补偿基金,发起基金筹资,并建立相应的基金管理公司对农业供应链金融创新的风险补偿基金进行管理。该基金公司的主要目的就是调动农业金融机构创新农业供应链金融的积极性和对农业供应链金融创新中的风险进行防范。当然,为了明确分工,该风险补偿基金也并不是对所有风险都予以补偿。而应遵循针对性和自负盈亏的原则,只对于农业供应链金融创新中的政策风险和自然风险进行补偿,其他风险不在该范畴内。

2.强化农业保险制度

在前文已经揭示农业供应链金融稳定性是进行农业供应链金融创新的重要前提,也直接关系到风险程度的大小。同其他产业的供应链不同,农业供应链的风险除了前面所说的农业供应链的不稳定性除了源自契约的违约性外和市场价格波动性外,还有一个重要的原因就是农业生产的自然风险。这也是十分重要的。因此,仅建立相应的农业供应链金融创新的风险补偿制度是远远不够的。还应强化农业保险制度建设。具体来讲,应针对农业产业特性以及农村市场的发展现实,引导"保险下乡",增强农业供应链上的龙头企业、农民专业合作社、家庭农场等参与主体的风险抵抗能力。同时,还应建立健全农业再保险制度,通过签订"再保险合同"和"分保"的方式,将已承保的保险业务转移给其他保险公司,将风险在大范围内分散。为农业供应链金融创新提供一个良好的制度基础。

3.完善再担保制度

农业供应链上"核心企业"的信用共享解决了农户和涉农中小企业的融资问题。但是将所有的风险都转至龙头企业,可能会增加其财务负担。为了化解这种困境,金融机构在进行农业供应链金融创新实践过程中,应鼓励物流公司、专业化市场和第三方管理公司作为相应的放贷主体方,实现正规金融和非正规金融的协同并进和提高。另外一方面,建立和完善再担保制度,通过在上述组织制度保障中的"政策性再担保"机构为农业供应链上的"核心企业"或者其他参与主体提供"再担保"以分散和化解农业供应链金融创新中涉农金融机构和核心企业等担保主体所面临的风险,并提供制度保障。

(四)财政支持制度

农业发展和农业供应链发展的特殊性以及涉农机构的"企业属性"决定农业供应链金融的创新如果没有外部的支持,其发展的积极性可能会降低。也正因此,农业供应链金融创新需要政府的参与并通过相应的财政政策予以扶持和支持。这样一方面可以调动金融机构创新农业供应链金融和服务"三农"的积极性,另一方面还可以降低金融机构在创新农业供应链金融时候的风险。

1.拓展农村抵押物范畴

在我国的信贷实践中,一直存在着动产资源闲置和不动产资源枯竭的矛盾性困境。金融机构普遍存在不动产偏好的现象。因此,在这样的偏好导向下,农业供应链上的涉农中小企业或者农户普遍存在融资难的问题。但是农业中的土地、农业生产性设备和房屋等可以用来抵押的物品一般都受到金融机构的排斥。因此,随着农业产业的不断发展和农业供应链的逐步成长,就需要政府部门深化改革,破除农村抵押物范畴小的法律障碍,采用先行试点、逐步推开的整体思路,有条件的地区可以逐步放开农村住房和宅基地的抵押的法律障碍。

当然,在这方面农业供应链金融的国内先行者——黑龙江银行就与中粮信托共同开发出了抵押品的拓展机制。当然,农业供应链上的农户和中小企业等参与主体还可以将其土地承包经营权或者设备收益权委托给第三方信托公司,并设立"自益性信托"。然后,信托公司利用其"财产隔离制度"功能属性,凭借信托受益权质押,向农业供应链上的新型农业经营主体提供担保,通过这样的举措将不能抵押的资产转化为可以抵押的资产,提升农业供应链上的新型农业经营主体和农户的融资能力。

2.出台贷款贴息和税收优惠政策

要调动金融机构从事农业供应链金融创新的热情,光靠上述的制度还是不行的,还必须政府财政政策的协同配合。为了提升金融机构参与农业供应链金融创新的热情,政府还应基于当地特色产业和特色农业供应链,进行贷款贴息,提升金融机构参与农业供应链金融创新的热情。此外,在税收方面,政府也应对从事农业供应链金融的金融机构给予税收方面的优惠。由于农村金融市场回报低下、风险高,涉农金融机构的经营成本也就相对较高,尤其是对于小贷公司、资金互助社、村镇银行等新型金融机构,这种问题表现尤为突出。因此,政府应运用税收政策对于从事农业供应链金融创新的金融机构,尤其是新型农业金融机构,加大税收支持力度。为了调动各方积极性,在实践操作中,还可以将税收优惠政策与信用挂钩,对于农户和新型农业经营主体都采用税收减免政策,一旦出现违约行为,就需要补交优惠税款,进而有效调动金融机构从事农业供应链金融创新的热情和积极性。

研究报告五

财税金融助农政策研究

财税金融助农政策研究*

一、重庆市农村综合改革推进情况

在国务院农村综合改革工作小组办公室的大力支持和市委、市政府的坚强领导下，重庆市着力深化一事一议财政奖补、美丽乡村建设试点、建制镇示范试点、农村综合改革示范试点、传统村落保护等各项改革工作，助推统筹城乡发展，取得积极成效，较好完成了重庆市农村综合改革各项目标任务。

（一）推进一事一议财政奖补工作

2015年完成一事一议财政奖补资金118 209万元（其中美丽乡村建设试点资金25 127万元），带动村民筹资8 296万元、筹劳人口149.1万人，村集体投入2 084万元、社会捐赠1 140万元、其他投入3 840万元，整合财政支农资金17 901万元，总投资147 630万元。在重庆市38个涉农区县的1 744个行政村，实施了3 041个村级公益项目，其中，建成生产生活便道7 569千米（含硬化道路4 443千米），水渠87千米，安全饮水管线95千米，堰塘水窖等小型水利设施242处，厕所、垃圾收集点等村内环卫设施5 475座，太阳能路灯等新能源设施2 909个，文化体育场地97 223平方米，绿化植树9 957株，改造村容村貌76 052平方米，直接受益群众341万人。项目建成后显著改善了当地农民生产生活条件和乡村面貌，有效解决群众出行难、饮水灌溉难等瓶颈问题，促进产业发展和带动农民增收的作用逐步显现，催生了一批养殖大户和种植大户，群众满意度较高，社会舆论评价较高，区县党委政府认可度较高。

（二）完成美丽乡村建设试点

2013至2015年，重庆市在28个区县的200个行政村开展了以"生态宜居、生产高效、生活美好、人文和谐"为主要内容的美丽乡村建设试点，市级以上财政每年补助每个村100万元，连续支持3年。截至2015年末，各级财政累计投入试点奖补资金7.3亿元，整合其他涉农资金3.9亿元，引导村民筹资筹劳、村集

---

*主研人员：张洪铭、王秀模、许世琴、陈邦强、江薇薇、尹俊、黄为等。

体投入、社会捐赠等1.9亿元,建设了2 145个试点项目,其中,建成农村生产生活道路2 742千米,水渠195千米,安全饮水管线841千米,燃气管线114千米,堰塘水窖等小型水利设施482处,厕所、垃圾收集点等村内环卫设施2 517座,太阳能路灯等新能源设施8 460个,其他公益设施774处,文化体育场地15.4万平方米,绿化植树27.3万株,改造村容村貌169.6万平方米,直接受益群众114.2万人。一批宜居宜业宜游的美丽乡村,不仅是望山见水留乡愁的亮丽风景线,更用"绿水青山"赢得"金山银山",成为带动区域发展、促进农民增收的生力军。试点期间,各地结合地区特点探索了产业拉动型、城郊休闲型、自然生态型等多种美丽乡村建设模式,积累了有价值的试点经验。

探索山区农村生活垃圾分类处理"联户保洁"。针对农村现行"户收集—村集中—镇转运—县处理"的垃圾处理方式存在前期投入大、运维成本高、易产生二次污染等问题,转变思路,在地形多山的万州区5个试点村探索生活垃圾分类处理"联户保洁"模式。根据自然村人居布局,合理划分"联户保洁片区",区内住户组成保洁联合体,共同承担农户"门前三包"、公共区域清扫保洁和生活垃圾分类处置等责任。通过建立激励约束机制和简便可行的垃圾处理规范标准,强化垃圾产生源头的"户分类"和"户处理",使需集中清运处理的垃圾减量90%左右,群众反响较好。

创新"三定四议五落实"群众工作法。重庆市城口县坚持试点工作以民为本,以群众之"美"为"美",采取"三定四议五落实",规划设计出符合群众意愿的美丽蓝图。通过"定人""定期""定点"的"三定"收集法,广泛征求群众意见,打牢美丽乡村建设的民意基础;通过群众"议事会"发表意见、"理事会"分析意见、"审议会"审议意见、"决议会"表决意见的四议抉择法,群众全程参与美丽乡村建设的议事、决策,充分调动其积极性、主动性和创造性,通过"落实办理人员""落实办理期限""落实督促检查""落实结果反馈""落实公开透明"的"五落实"跟踪法,保证决议事项"人人知晓、有人办、按时办、有人管、按时回",切实解决群众关心的实际问题,保障美丽乡村建设顺利推进。

(三)建立公共服务运维机制

结合农村综合改革示范试点工作,着力构建村级公共服务运行维护机制,提高乡村公共服务水平。

一是积极保障村级公共服务财政补助资金。参考其他省市的经验,完善农村公共服务补助资金管理机制,2016年按照财政部全覆盖的要求,以每村2万元的标准下达全市8 255个村农村公共服务补助资金16 510万元,资金重点用于开展农村基础设施和环境的运行维护,也可由农民组织自建小型公益设施,整合相关资金根据相关因素分村分类确定补助标准,对地理偏远、经济收入较差地区给予重点扶持。通过预下达2016年农村公共服务,补助资金16510万元。支持区县尽早启动2016年相关工作,从区县反馈情况看,该项资金在保障农村公益设施的运行维护,帮助农民增收致富,促进生态宜居建设方面起到了积极作用。

完善健全"县乡村"三级服务群众工作体系。按照市委市政府的要求,为发展和支持服务性政府,切实解决联系服务群众"最后一公里"问题,2015年通过安排下达村级便民服务中心补助资金4132万元,主要用于购买办公家具、购置基本办公设备、制作标志标牌以及维修办公用房等,如结余还可以作为村组织运转经费。2014—2015年两年累计安排村级便民服务中心补助资金8276万元,平均每村1万元,1万元带来的"最后一公里"的便利,达到了方便群众、紧贴需求、流程简便、群众满意的效果。

推进乡镇公共服务中心建设。通过改善乡镇公共服务中心办公条件,深入推进固本强基,不断提高乡镇管理与服务水平。在项目选择上,坚持把为老百姓提供方便、快捷、优质的服务作为工作的出发点和落脚点,严格控制新建办公用房和建设标准,区分轻重缓急,先排危修缮、再改建、后新建的顺序安排,向整合行政资源及资金实施公共服务中心建设的31个区县84个乡镇安排资金补助6200万元,改扩建和维修95909平方米,有效缓解了群众办事"多头跑、反复跑"问题。乡镇通过集中开展各种公共服务、公开办事制度、规范行政权力运行,增强了乡镇财政资金监管能力,树立党和政府在人民群众中的良好形象。

(四)开展建制镇示范试点

为加快推进新型城镇化和城乡一体化,探索支持建制镇发展的有效途径,按照《财政部 发展改革委 住房城乡建设部关于开展建制镇示范试点工作的通知》(财农〔2014〕261号)精神,2015年重庆市开展了建制镇示范试点工作。经公开竞争,严格按照竞争性评审程序,最终确定在万州区龙沙镇、渝北区统景镇开展相关试点,重点围绕城乡发展一体化体制机制、农村基本公共服务供给体制、城镇基础设施投融资体制机制、乡村社会治理机制、新型农业经营主体和社会化服务体系等领域探索创新,力争到2016年底,努力将龙沙镇、统景镇打造成连接城乡、经济发展、服务完善、特色鲜明、带动周边的区域性示范建制镇,为新型城镇化积累宝贵经验。试点计划总投入14.2亿元,其中,专项试点资金1.2亿元,整合各级财政资金3.8亿元,吸引社会资金9.2亿元。

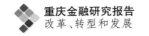
（五）落实传统村落保护

按照《住房城乡建设部 文化部 国家文物局 财政部关于公布2014年第二批列入中央财政支持范围的中国传统村落名单的通知》（建村〔2014〕180号）和住房城乡建设部等部门《关于公布第三批列入中国传统村落名录的村落名单的通知》（建村〔2014〕168号）精神，下达了第二批中国传统村落保护农村综合改革转移支付资金8个村1 200万元，其中，2014年第二批重庆入选村落7个，第三批入选村落1个，每个村支持150万元。补助资金主要用于改善传统村落基础设施和公共环境，注重保持传统村落的完整性、真实性和延续性，每个传统村落确定一名省级专家组成员负责技术指导。为充分发挥农村综合改革一事一议财政奖补民办公助的机制优势，在项目确定和资金使用上，采取一事一议民主程序议事决事，遵循群众主导和自下而上的民主决策机制。

二、重庆市农村综合改革主要成效

（一）大力推进精准扶贫精准脱贫

2011—2015年，市级以上财政安排专项扶贫资金136.9亿元，帮助贫困群众改善基本生活、提升脱贫能力、发展致富产业。通过整合资金，完成50万人高山生态扶贫搬迁目标任务，在集中搬迁点强化基础设施、发展特色产业，大幅改善贫困户生产生活条件。2013年以来，累计减少贫困人口178.3万人，808个贫困村实现整村脱贫，涪陵、潼南两个贫困区顺利"摘帽"。

（二）支持现代特色效益农业发展

2013年以来，市级财政每年安排10亿元以上专项资金，大力促进特色效益农业区域化、差异化、品牌化发展。加快柑橘、生态渔、草食牲畜、茶叶、榨菜、中药材、调味品等七大百亿级重点产业链建设，推进农村一、二、三产业融合发展。2015年，七大产业链综合产值达到750亿元，同比增长15%。打造出三峡生态鱼、奉节脐橙、丰都肉牛和石柱辣椒等一批特色农产品知名品牌，实现重庆市传统粮猪型农业向农林牧渔多元发展的转变。

（三）不断改善农业基础条件

将农田水利建设、农业综合开发等作为改善农业基础条件的重要抓手，夯实农业生产基础，转变农业发展方式，推动农业可持续发展。"十二五"市级以上财政安排水利资金426.9亿元,推进重点水源工程建设和病险水库除险加固,治理水土流失,超额完成"解决500万农村人口饮水安全问题""整治7.4万口山坪塘"两大民生实事。推进土地综合治理,五年间改造治理面积突破300万亩,其中建成高标准农田129万亩。全面落实4 505万亩公益林管护责任,推进新一轮退耕还林,重庆市林地面积达6 551万亩、森林面积达5 562万亩,分别比"十一五"增加433万亩、988万亩,森林覆盖率达45%,比"十一五"提高8%。

(四)切实深化农村综合改革

完善一事一议财政奖补机制,实现农民民主决策与政府补助的有机结合。"十二五"累计筹集财政奖补资金63.5亿元,带动社会投入14.4亿元,建成项目1.6万个,有效解决了群众出行难、饮水灌溉难等瓶颈问题。2013—2015年,在200个村开展了美丽乡村建设试点,一批宜居宜业宜游的美丽乡村成为带动区域发展、促进农民增收的生力军。

(五)探索财政支农业务新抓手

支持完善政策性农业信贷担保体系,引导金融资源向农业产业流动。开展农业生产全程社会化服务试点,激发潜在服务需求,引入专业技术力量,降低综合生产成本,提高农业规模化、精细化、机械化水平。启动财政支持适度规模经营农户发展试点等,积极培育壮大新兴农业经营主体。截至2015年10月,全市累计培育家庭农场13 433个,农民合作社25 158个,农村新型股份合作社3 118个,农业企业3 086家(其中国家级32家、市级625家),农业社会化服务组织24 042个。深化农业项目财政补助资金股权化改革,以永川区为例,试点1年后,780万元持股金额实现分红54.6万元,农民户均增加财产性收入619元,村民小组平均收入1.8万元,形成"企业有发展、农民有收益、村社有活力"的良性互动。

三、重庆市财政助农改革和机制创新

(一)财政支农资金管理方式改革

2013年以来,积极改革传统的财政支农资金管理方式,以提高财政支农资金绩效为核心,既遵循市场规律,又发挥政府作用,既坚持市级引导,又激发区县活力,突出重点,循序渐进,着力构建政府和市场、市级和区县协同推进全市农业现代化的格局。

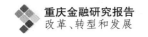
1. 坚持政府和市场共同着力，构建财政和金融协同支农机制

充实完善信贷担保、财政贴息、小额贷款、产业基金、普惠性扶持等政策工具，以破解"融资难"问题为切入点，支持专业大户、家庭农场、农民合作社、农业企业等农业新型经营主体快速成长，推动农业适度规模经营。通过资本金注入等方式，支持完善以市农业担保公司为主，兴农担保公司、乡镇企业担保公司、供销担保公司等为框架，业务覆盖农业全产业链和所有涉农区县的政策性农业信贷担保体系，引导金融资源向农业产业流动。统筹7个涉农部门产业贴息资金，对农业产业贷款给予支持。充实农业新型经营主体（农民合作社）创投基金、小额贷款等，将财政资金放大1.5~2倍，2015年有87家农业经营主体获得1.4亿元资金支持。

2. 坚持市级和区县共同作为，推动财力下沉权力下放

逐步转变传统的自下而上、层层申报、市级主管部门审批拨付的支农项目资金分配管理方式，在保持适当的由市级直接审批专项的同时，不断提高按因素法切块下达资金比重，由区县结合实际自主投向支农重点领域，市级实行备案制管理。在资金切块分配、财力下沉区县的过程中，既充分调动了区县积极性，又实现了市级部分资金的统筹整合。目前，除部分水利项目、农业综合开发产业化项目、农业贴息资金等少数受技术、政策限制维持由市级审批管理，市以上85%左右的资金采取了切块下达，切实提高区县统筹项目、整合资金能力，加快相关项目实施进度。同时，加强资金监管，进一步明确各级权责，建立与项目审批权限下放相适应的工作机制，防止"跑冒滴漏"。

3. 坚持投入和管理共同推进，改革支农资金预算管理方式

经济发展新常态下，财政支农投入增速放缓趋势明显，做好农业财政保障工作，既要加大投入、盘活存量，更要强化预算管理。针对长期形成的"先定总量、后定项目"的支农资金预算管理方式，支农资金存在项目安排慢、执行进度慢、结转结余大的现象，按财税体制改革和新《预算法》要求，支农预算管理改"先定总量、后定项目"为"先有项目、后有预算"，改"当年项目、当年申报"为"当年项目、头年确定"。同时建立支农资金预算执行与资金分配挂钩制度，完善结转结余资金管理机制，盘活支农存量资金。改革后，中央提前下达的专项资金全部在年前安排到区县，市级专项资金提前下达73%。农业处（市综改办）全年一般公共预算指标下达率达到99.9%，进一步提升区县和部门预算编制的完整性和预算执行的均衡性。

(二)财政补助资金股权化改革

通过将财政支持农业企业的产业资金,按一定比例以股权形式量化到流转土地的农户和当地集体经济组织,每年固定分红,改变以往无偿补助企业的做法,让农民坐上农业产业化"顺风车"。2014年以来,先在渝北、永川、云阳3个区县开展试点,形成了"企业有发展、农民有收益、村社有活力"的良性互动。

1. 让农民、村社充分享受到国家补助带来的红利

以永川区为例,补助资金100万元以上的项目(基础设施除外),企业必须将其中的50%由项目所在地流转土地的农民和村民小组共同持股,每年按持股金额的7%实行固定分红,分红比例为农民60%、村民小组40%,分红时限为项目存续期。从2014年3月开始,永川区有5家企业实行了补助资金农民持股,持股金额780万元。到2015年3月,实现分红54.6万元,农民户均619元,村民小组平均1.8万元。截至2015年底,农民持股企业达到9家,持股金额增加到1 560万元。在此过程中,切实做到"三个不":一是企业得利不推责。企业要想获得国家补助,必须与区农委、项目所在镇(街)、村民小组签订农民持股协议书,做出推行股权改革、回馈村社农民的具体承诺。二是农民分红不干涉。持股农民只享有分红权,不享有管理权,防止干涉企业经营,影响企业生产。三是农委监管不松懈。区农委把企业的项目申报、协议签订及兑现分红等情况建立台账,加强监管,以此作为企业申报后续补助资金的重要依据,实行"一票否决"。

2. 推动企业、农户、集体经济组织建立更加紧密的利益联结机制

通过改革,增加了农民财产性收入,融洽了村社、农民与企业的关系,增强了受益各方当家做主的责任感、使命感。一是农民收入更加多元。一份收入变三份,即:土地租金+务工薪金+分红股金。如永川区五间镇新建村贫困户孔德银,原来他家年均收入仅2 000余元,如今通过流转土地3.7亩给同申元食用菌公司获得租金2 886元(780元/亩),到公司摘菌务工收入6 000余元(120天左右,50元/天),加上一年的持股分红810元,其年收入超过9 000元,实现脱贫目标。二是村企关系更为融洽。通过联结各方利益,企业更有责任意识和回馈思想,希望做大做强,发展自己,回报乡民;村社和农民也更加支持企业做大做强,企业发展更有保障。受益各方的主人翁意识更加浓烈,村企关系更为融洽。三是村社发展更具活力。永川区的12个村民小组平均分红1.8万元,解决了村社"无钱办事"的难题。村社获取收益后,既可以向社员进行再分配,也可以改善基础设施,推动村社持续发展。永川区的试点经验在中央农村工作会上作了交

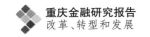

流发言,得到国务院领导及相关部委的肯定。2015年这项改革已扩展至所有贫困区县,全面覆盖贫困农户,计划将30%以上的农业产业资金用于股权化改革,让贫困户从产业发展中得到更多收益。

四、重庆市金融助农工作创新和成效

(一)健全农村金融体制机制

1. 完善金融支农政策

围绕落实金融服务"三农"发展工作,出台了《关于做好2015年农村金融服务工作的通知》(渝银监办发〔2015〕53号)、《关于服务"三农"承诺有关事宜的通知》(渝银监办发〔2015〕73号)、《重庆金融业贯彻落实精准扶贫精准脱贫行动方案》(渝扶组办发〔2015〕36号)、《关于重庆银行业支持精准扶贫精准脱贫的指导意见》(渝银监发〔2015〕135号)等配套政策和制度,引导和鼓励金融资源投向"三农"。

2. 健全农村金融服务体系

截至2015年末,全市农村基础金融服务行政村覆盖率超过91%,较年初提高了8个百分点,初步形成"乡有网点、村有自助设备、家有手机银行"的多层次金融服务体系。涉农贷款余额4 377亿元,比年初增加476亿元,同比增长11.10%,高于各项贷款增速0.32个百分点,完成"一个高于目标"。其中,重庆农商行、农发行市分行等4家涉农银行涉农贷款余额占65%以上,涉农银行主渠道作用充分发挥。村镇银行等新型农村金融机构快速成长,全市共有34家村镇银行及69家支行、2家农村资金互助社,村镇银行覆盖面达到89%,贷款余额达175.18亿元,同比增长11.14%。鼓励各银行业金融机构开展支农服务,重庆市发放涉农贷款的银行占开展信贷业务银行机构总数的81.5%。支持小贷公司积极开展涉农产业链贷款、村镇居民消费贷款、农业合作社贷款,利用畜牧兽医数据开展养猪农户网络信贷,全市涉农小贷公司达150家,约占机构总数的58%,发放涉农贷款余额35.48亿元。

3. 加大"三农"融资担保服务力度

重庆兴农担保公司、市农业担保公司、市三峡担保公司等3家国有涉农担保公司在保余额近853.8亿元。特别是重庆兴农担保公司创新"担保+新型农业经营主体+农户"的方式,在26个涉农区县设立子公司,实施"一区(县)N产品"

的特色化经营和产品创新战略,推行农业产业链金融开发模式,拓宽服务范围、提升服务质量,累计为1.91万名客户提供融资担保256.25亿元,担保额年均增长170%,户均担保金额130万元。

4.加强涉农金融风险防范

积极贯彻落实《关于引导和规范农村信用合作的通知》(银监发〔2014〕43号)要求,开展农村信用合作清理排查,及时清理处置发现的问题,有效化解潜在风险,切实履行地方政府监管职责。建立新型农村合作金融监管工作联席会议制度,构建新型农村合作金融监管机制和风险防控长效机制。结合重庆实际,积极借鉴山东试点经验,研究开展新型农村合作金融组织试点相关工作。

(二)大力发展农村普惠金融

1. 全面推动金融扶贫攻坚

贯彻落实中央扶贫开发工作会议精神,按照精准扶贫、精准脱贫的要求,出台《2015年重庆市信贷投向指引》,加大贫困地区信贷投放力度。全市18个贫困区县(自治县)贷款余额达到2 806亿元,占全市涉农贷款余额的65%。加强扶贫信贷贴息和风险分担补偿,2015年安排资金3 500万元,贴息扶贫贷款规模达24亿元,惠及贫困村1 000余个、贫困户5万余户。在全国率先推出"欣农贷""惠农贷""再贷款+"等系列金融扶贫产品,累计投放支农再贷款10.8亿元,带动新增涉农贷款21.6亿元,其中70%投向贫困地区。扩大扶贫小额信贷试点,将黔江、石柱等9个区县(自治县)纳入试点范围,市、区县两级财政扶贫小额信贷风险补偿金达到6 850万元。安排财政专项扶贫资金2 110万元,为48.2万建卡贫困户购买农村扶贫小额保险,实现建卡贫困户全覆盖。安排市级财政扶贫资金1 100万元,为60.8万建卡贫困户购买大病医疗补充保险,降低了贫困户因大病重病致贫返贫风险。

2. 着力降低"三农"融资成本

及时落实央行下调贷款基准利率政策,增加银行可贷资金约263亿元,引导资金投向"三农"等重点领域。推动银行业金融机构优化内部考核,建立市场利率定价自律机制,合理确定涉农企业、农户贷款利率,降低融资成本。再贴现投放量同比增长41.4%,将涉农领域纳入优先支持范围。积极督导银行业金融机构严格执行银监会关于涉农金融服务收费政策,清理不合规收费项目,统一服务收费名录、规范服务收费行为、扩大免费服务范围,切实为涉农经营主体减轻负担。2012年以来累计清退服务收费3.1亿元,取消收费项目3 693项,降低

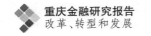
收费标准505项。兴农价格评估公司在全国率先建立"三权"资产评估行业标准,并取得国家发展改革委甲级评估资质,有效解决了农村资产评估难、标准不统一等难题,平均评估费率降低到3‰以内,对1 000余个"纯"农村产权抵押融资的农业项目执行免评估费政策。

3. 积极促进农业保险拓展创新

2015年,全市农业保险实现保费收入2.97亿元,同比增长32.86%;承担保险责任295.7亿元,承保农户105万人次,赔付支出1.95亿元。农业保险财政补贴额度达到2.36亿元,同比增长38%,享有财政补贴的险种达到31个,新增险种3个,享有中央财政补贴险种9个,逐步形成中央、市级、区县三级财政协同保障机制。积极创新蔬菜、生猪、水稻价格指数保险和土地收益保险等产品,为种植、养殖业主提供1.04亿元的风险保障。

(三)加强农村金融产品和服务创新

1. 深入推进农村产权抵押融资

2010年以来,在全面实施统筹城乡综合配套改革试验过程中,大力推进农村产权抵押融资,不断完善配套机制,开辟快捷通道,优化评估流程,提高贷款审批效率,将"三权"以二合一或三合一的方式进行综合评估、抵押,提高涉农授信额度。大力开展涉农主体动产抵押融资,积极开展宣传培训和动产抵押登记指导工作,办理涉农动产抵押269件、融资金额11.61亿元。截至2015年末,累计实现农村产权抵押融资827.2亿元,贷款余额275.58亿元,不良率0.86%,低于我市同期银行不良率0.04个百分点。

2. 加快推进农村金融服务试点工作

按照国务院相关文件精神,积极组织区县申报农村承包土地的经营权和农民住房财产权抵押贷款试点。积极推动集体经营性建设用地入市改革试点,完善农村集体经营性建设用地抵押融资制度,实现农村集体经营性建设用地与国有建设用地同等的抵押权能。开启村级农村金融服务组织试点工作,研究制订《重庆市村级农村金融服务组织试点管理办法》和相关操作指南,明确了区县、乡镇、村三级联动的协同监管机制,探索建立乡村内生的信用约束机制和农村产权资产合法有效流转机制。

3. 支持企业自主创新农村金融服务

支持重庆兴农资产管理公司积极开展农村土地收益保证贷款,通过对涉农资产的贷前托底收储,免去了不良资产诉讼执行等法律程序,现已发放土地收益保证贷款14笔、金额5 000万元。推动重庆兴农担保公司与银行合作,采取"担保+新型农业经营主体+农户"的方式,累计支持农业龙头企业融资27.52亿元,累计支持种植、养殖专业大户、家庭农场和农民专业合作社融资168.77亿元,推动了农业产业化和特色效益农业的加快发展。

(四)拓宽涉农企业融资渠道

1.完善农村产权交易平台

依托重庆农村土地交易所建立全市统一的农村产权流转交易市场和农村产权抵押信息管理系统,出台了《重庆市农村产权流转交易管理办法》和农村土地经营权、林权、养殖水面经营权等交易规则。巴南、长寿、南川等19个区(县)农村产权流转交易市场已建成运营,形成了以市级平台为核心、区县平台为支撑、乡镇平台为基础的交易体系。2015年重庆市地票交易共计2.1万亩、金额39.3亿元,承包地经营权、林权、"四荒地"经营权等交易3.08万亩、金额2.5亿元,惠及农户7984户。

2.建立农副产品电子交易平台

重庆农畜产品交易市场推进国家级生猪市场建设,推出生猪现货交易,共计交收14.68万头、价值2.1亿元。重庆渝涪农副产品电子交易市场开展榨菜、黄连等产品实物交易,交收12.56万吨,帮助当地5.7万户菜农累计增收750万元。2015年新成立了重庆土特产品交易中心,交易品种100余种,交易总额达71亿元。

3.积极引导期货机构服务"三农"

推动期货机构支持农业产业经济发展,重庆市农产品期货交易较为活跃,截至2015年末,重庆市农产品期货代理交易额1.1万亿元,代理交易量3 097万手。

4.积极争取产业发展基金支持

推动国家新设立农村产业融合发展专项建设基金,柑橘、肉牛等9个农业产业化项目被纳入国家专项建设基金范围,获得基金3.9亿元。主动向国投创益基金推荐20余家农业企业,其中1家已在新三板挂牌,1家已签订投资合同,9家企业有望获得投资,充分发挥重庆市产业引导基金作用,设立3支农业专项基金,总规模达16.15亿元,其中引导基金出资7.94亿元。

(五)加大金融助农的财税支持力度

市、区县两级财税部门实施"奖、贴、补、免"等多项政策,提高金融机构支农服务积极性,引导金融资源向"三农"倾斜。拨付农村金融机构定向费用补贴资金1.53亿元,对新型农村金融机构以及基础金融服务薄弱地区的银行业金融机构(网点),按年度贷款平均余额的2%给予补贴。拨付财政奖励资金1.13亿元,对县域金融机构当年涉农贷款平均余额同比增长超过15%的部分,按2%的比例给予奖励。拨付支农贷款贴息资金1.3亿元,对农业、农业综合开发、林业、扶贫等涉农贷款进行贴息。拨付保费补贴2.5亿元,大力推进农业保险,进一步扩大森林、水稻、玉米保险实施范围。落实税收优惠政策,按照农村金融机构营业收入减按统一3%税费收取营业税等政策要求(所享政策为"营改增"之前),2015年对重庆农商行、农行市分行及部分村镇银行等农村金融机构减收税款共计4 099万元。

截至2015年末,重庆市金融服务"三农"工作取得了较好成效,有力推动了农业生产力水平不断提高、农村经济社会加快发展、农民生活持续改善,但也面临一些困难问题。一是涉农不良贷款反弹明显,影响银行涉农贷款投放积极性。在当前经济形势下,银行信用风险上升、盈利下降,部分银行对涉农贷款惜贷、慎贷现象有所抬头。二是政策性、开发性金融支农信贷结构有待进一步完善。国开行、农发行等政策性、开发性金融机构侧重于对农村道路、农田水利等基础设施的信贷投入,对新型农业经营主体和农户的信贷支持力度还有待加强。三是农村金融组织管理还需进一步加强。新型农村合作金融组织的发展缺乏相关的管理办法,监管缺乏法律依据,制约农村金融组织体系的进一步发展健全。

五、重庆市财税金融助农思路和任务

(一)重庆市财税金融助农总体思路

重庆市财政支农重点将向转方式、调结构、强基础倾斜。

1. 转方式

根据不同领域市场化程度,建立健全普惠性补助、金融支持及竞争性项目相结合的财政扶持农业产业发展新机制,深化农业产业项目财政补助资金股权化改革,处理好市场规律和政府作用的关系,更多运用市场化、社会化手段促进现代农业发展。

2.调结构

推进农业供给侧结构性改革,建立现代农业产业体系,重点打造特色效益农业七大百亿级产业链,支持发展乡村旅游和农村电子商务,促进农村一、二、三产业融合发展;建立现代农业生产体系,重点构建农业生产全程社会化服务体系,提高粮食综合生产能力,增加农产品有效供给;建立现代农业经营体系,重点培育新型农业经营主体,促进农业适度规模经营,提高农业生产竞争力。

3.强基础

调整完善粮食直补、农资综合补贴和农作物良种补贴政策,实现"三补合一",加强地力保护。以农田水利、高标准农田、林业生态建设等为主要抓手,构建山水林田湖生命共同体,推动农业可持续发展。集中力量推进脱贫攻坚,扶持村集体经济发展,探索全域性美丽乡村建设,激活农业农村发展活力,为"十三五"开局奠定良好基础。

(二)重庆市财税金融助农重点任务

进一步加大对农业生产发展能力、农村基础设施、农民权益改革创新支持。

(1)加大对农村便道"民生实事"的支持力度,进一步方便村民出行,改善生活条件。支持农业生产道路建设,打通农业机械到田到土的接口,逐步完善农村行车道、人行便道、机耕道建设体系。

(2)在总结美丽乡村试点的基础上,将美丽乡村建设扩展到全市所有涉农区县,并在产业发展、社会管理、文化传承、生态保护、精神文明等方面充实建设内容,改善人居环境。完善建制镇"镇村同治、以镇带乡"试点思路,加大指导力度,力求试点经验有价值、可复制。

(3)结合农村集体资产量化确权改革,推动区县发展村集体经济,为争取纳入中央财政扶持村级集体经济发展试点打好基础。加快推进财政农业项目补助资金股权化改革试点,为村民特别是贫困农民以及村集体经济组织探索出一条增加收入的有效途径。

(4)做好村级组织运转经费保障,健全村干部参加社会保险缴费补贴制度,巩固完善农村公共服务运行维护机制,按照中央新的标准,提早谋划村级组织办公经费和村干部补贴最低保障标准2017年调整工作。

(5)加大支持农村公共服务运行维护机制建设工作力度,按照"保基本、广覆盖"的原则,逐步提高补助标准,重点开展农村基础设施、环境卫生、村级活动场所等方面的运行维护,探索通过政府购买方式推动建立第三方服务组织,推进更大区域内的专业化和常态化管护。

（6）推广一事一议财政奖补机制。积极创造条件，引导村民做好民主议事，逐步在小型农田水利、扶贫开发、农业产业发展等方面，改革项目实施方式，实现"村里的事务村民议，村建的项目村民管"，进一步提高村级公共产品和服务的供给效率。

六、重庆市财税金融助农对策建议

（一）出台重庆市财税金融助农政策

进一步加大市级投入，加强资金整合，完善管理机制，提高资金效益，出台一系列财税金融助农政策。

（1）制定涉农信贷担保、产业基金、小额贷款等金融工具支农管理办法，完善财政和金融协同支农机制。

（2）研究跨部门涉农资金整合办法，进一步提高支农资金使用效率。

（3）研究财政支持农业生产全程社会化服务体系和多种形式适度规模经营的具体办法，加快培育新型农业经营主体。

（4）完善农业产业项目财政补助资金股权化改革实施办法，建立健全普惠性补助、金融支持及竞争性项目相结合的财政扶持农业产业发展新机制。

（二）重庆市财政助农对策建议

1. 加大财政对"三农"的投入力度

《中共中央关于全面深化改革若干重大问题的决定》明确提出，要完善一般性转移支付增长机制，清理、整合、规范专项转移支付。这是中央在财税领域对"简政放权"的有力回应，增强了地方财政的自主权，为做好财政支农工作提供了有利条件，也提出了更高要求。总体而言，目前农业发展水平有限、投入动力不足，对地区经济发展缺乏带动作用，各级政府发展农业的主动性不够。因此，建议中央充分发挥宏观指导作用，鼓励地方大力发展农业特别是粮食生产，随着中央一般性转移支付增长，明确一般性转移支付中"三农"投入的份额，切实保障财政支农投入。

2. 合理划分各级政府间的事权和支出责任

理顺财政支农工作中各级政府间的事权关系，并建立事权和支出责任相适应的制度。上级政府和部门重点突出政策制定、目标设定、绩效评价等宏观指导职能,避免"越位"行使本属于基层政府的事权,将事权切实下放到直接负责项目规划实施的一级政府。在此基础上,中央和省市逐步加大专项资金切块下达的比重,给予基层政府与事权相适应的支出责任,在保证资金用于农业发展的前提下,增强基层政府资金管理和使用的自主权,充分调动基层和地方政府的积极性。

3. 在中央层面加强涉农专项资金整合

由于管理体制、机构设置、路径依赖等原因,从地方层面对中央涉农专项资金进行整合的难度较大,因此,建议中央财政进一步加强统筹力度,清理、整合、规范专项转移支付项目,对属于地方事务的切块划拨地方。建立财政部门统筹协调、相关部门积极配合的资金整合机制,明确财政部门的资金整合权力,防止部门化倾向,要求省市同步压缩部门二次分配,通过体制机制创新促进支农资金的有效整合,增加资金切块下达到区县的比重,不断提升资金效益。

4. 进一步完善财政扶持方式

完善竞争性分配机制,扩大"民办公助""先建后补""以奖代补"扶持范围,"谁积极、支持谁",引入市场化运作模式,财政资金在保证粮油生产、畜禽养殖、蔬菜种植等关系国计民生的基础性产业投入的前提下,在竞争性领域转变扶持方式,发挥财政资金引导作用,吸引社会资本投入农业产业,发挥市场在资源配置中的决定性作用。引导金融、民间资本投入,通过股权投资方式,辅之以融资担保、跟进投资、风险补助等方式,发挥财政资金杠杆放大效应,提升财政支农资金的经济效益和社会效益。

5. 加大中央财政对西南贫困地区产业发展支持力度

推动产业发展是拓宽农民增收渠道的长远之策。近年来,在中央财政现代农业生产发展资金和市级现代特色效益农业资金支持下,我市柑橘、生态渔、草食牲畜、茶叶等特色效益产业发展势头强劲。希望财政部进一步加大对西南贫困地区相关支持力度。

6. 建立国家级贫困县"脱贫摘帽"奖补机制

在中央财政专项扶贫资金政策延续到2020年的基础上,鼓励贫困区县主动脱贫摘帽,并对提前"脱贫摘帽"的国家级贫困县每个区县给予一次性奖补资金。

(三)重庆市金融助农对策建议

按照国务院要求,结合我市实际,继续开拓创新、深化改革,提高金融服务

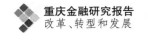

"三农"水平和效能。

1. 做好金融精准扶贫工作

进一步贯彻落实精准扶贫的工作部署,引导金融机构和信贷资源向贫困区县倾斜,帮助贫困区县和农村建卡贫困户尽快实现精准脱贫。出台相关办法,对吸纳贫困人口就业达到20%以上的农业企业及自主创业的贫困户申请抵押担保贷款实行财政贴息和担保费用减免。探索由兴农资产管理公司作为承贷主体,承接政策性、开发性银行贷款,以搬迁农户退宅基地复垦产生的地票收益和地方政府扶贫补助等资金为还款来源,解决我市贫困人口高山生态扶贫搬迁融资。

2. 进一步完善农村产权抵押融资机制及配套制度

用好"两权"抵押贷款试点政策,在试点区县大力推广"两权"抵押贷款。继续开展农村集体经营性建设用地抵押贷款试点。在试点基础上推广农村土地收益保证贷款。探索开展农村产权抵押物互助合作保险试点,对农业保险品种尚未覆盖的农村产权抵押物开展互助合作保险,充分发挥保险的风险分担作用。

3. 加快村级农村金融服务组织建设

构建市、区县金融办、村委会三级监管体系,在完善乡村内生信用约束机制基础上,促进农村产权在村集体范围内流转处置,撬动银行贷款覆盖农户5万~50万元间的融资需求。规范发展农村合作金融。完善新型农村合作金融试点管理办法等相关制度,构建新型农村合作金融监管机制,选取条件成熟的供销社及农村行政村试点组建新型农村合作金融组织。

重庆是集大城市、大农村、大库区、大山区为一体的直辖市,推进金融扶贫攻坚、建设社会主义新农村任务繁重,提5点建议:

(1)建议适度加大对我市支农再贷款、扶贫再贷款、再贴现规模,支持我市法人金融机构发行"三农"金融债,增加涉农贷款投入。

(2)建议进一步强化农发行政策性职能,明确支农定位,单列信贷计划和考核指标,专设机构部门,增加人员编制,加大对农业企业和新型农业经营主体的中长期信贷投放力度。充分发挥国开行开发性金融作用,明确其承担金融支农支小政策性任务,加强服务"三农"融资模式的创新,由地方政府成立政策性融资机构,采取"统承、统贷、统还"的模式,承接国开行低成本的批发贷款进行转贷。

（3）建议国家相关部委加强对我市新型农村合作金融组织试点工作的指导，支持我市"先行先试"。

（4）建议将服务"三农"和小微企业的外资村镇银行纳入西部大开发外商投资鼓励类项目，享受西部大开发企业所得税优惠政策。

（5）建议将符合条件的小贷公司纳入农村金融机构定向费用补贴和涉农贷款增量奖励范围，并享受小额农户贷款利息收入免征营业税和涉农贷款损失准备金税前扣除等税收政策，进一步提高小贷公司服务"三农"积极性，加大涉农信贷投放力度。

研究报告六

中小企业融资政策信息资源平台建设研究

中小企业融资政策信息资源平台
建设研究*

一、中小企业融资的国内外主要理论与实践综述

(一)交易费用论

1. 交易费用理论概述

1937年,著名经济学家罗纳德·科斯(Ronald·Coase)在《企业的性质》一文中首次提出"交易费用"的思想,1969年阿罗第一个使用"交易费用"这个术语,之后威廉姆森系统研究了交易费用理论。该理论认为,企业和市场是两种可以相互替代的资源配置机制,由于存在有限理性、机会主义、不确定性与小数目条件使得市场交易费用高昂,为节约交易费用,企业作为代替市场的新型交易形式应运而生。交易费用决定了企业的存在,企业采取不同的组织方式最终目的也是为了节约交易费用。

交易费用的内涵有交易分工说、交易合约说、交易维度说、交易行为说等典型观点。交易费用的构成主要包括搜寻信息、达成合同、签订合同、监督合同履行和违约后寻求赔偿的费用。交易费用理论在国家理论、产业理论和企业理论中均得到广泛运用。交易费用的测度、交易费用理论对转型国家的解释以及用交易费用理论指导中国的改革等方面的研究,均有可能获得创新性成果。交易费用概念的提出是对新古典经济学的一种挑战,它为分析经济理论及经济现象提供了全新的视角。以交易费用理论为核心的新制度经济学已经发展成为现代经济学的重要分支,它对经济现象尤其是转型国家的经济问题具有极强的解释力。

2. 交易费用的内涵与构成

(1)交易分工说

科斯在提出交易费用的概念后进一步指出,不仅市场有交易费用,企业本身产生的如行政管理费用、监督缔约者费用、传输行政命令费用等组织费用也

---

*主研人员:张洪铭、王秀模、邓涛、蒋琼、沈朋雁、付海、孙迎新等。

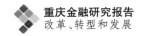

可以看成企业内部的交易费用。当企业扩大时,企业内部的交易费用也随之扩大,当其扩大到与市场上的交易费用相当时,企业的规模便不再扩大。企业或其他组织在社会分工中作为一种参与市场交易的单位,其经济作用在于把若干要素的所有者组织成一个单位参与市场交换,以减少市场交易者的数量,降低信息不对称的程度,最终减少交易费用。因此,交易源于分工,交易费用是一种源于分工的制度成本。

（2）交易合约说

张五常强调了产权交换对契约安排的依赖关系以及交易费用对契约选择的制约关系,指出在市场经济中,每一个要素所有者都面临三种选择:自己生产和销售商品;出售全部生产要素;引入契约安排方式,采用委托代理的方式把生产要素的使用权委托给代理人以获得一定的收入。企业的产生与第三种选择有关,企业家或代理人是根据委托代理中的契约所规定的生产资料的有限使用权来安排生产活动的。

（3）交易维度说

威廉姆森在交易费用理论的发展上做出了重大贡献,他认识到交易的三个基本维度:交易频率、不确定性和资产的专用性。交易频率指交易发生的次数;交易的不确定性包括偶然事件的不确定性、信息不对称的不确定性、预测不确定性和行为不确定性等;资产的专用性指在不牺牲生产价值的条件下,资产可用于不同用途和由不同使用者利用的程度。这三个维度是区分各种交易的主要标志,也是使交易费用经济学区别于解释经济组织的其他理论的重要特点,尤其是资产专用性。

（4）交易行为说

诺斯在张五常提出的关于一个人的社会不可能存在交易费用的认识基础上,建立了完善的人类行为理论。他从对人类社会分工的分析入手,将人类的社会行为分成交易行为和转化行为。其中,交易行为指购买投入品、中间投入、协调生产过程、获取信息、进行市场营销、产权保护等行为;转化行为指对自然物质的开发研究、变换和位移、服务的生产等行为。

3. 交易费用与相关概念的关系

（1）交易费用与生产费用

马克思在《资本论》中描述了价值增值及其实现过程,区分了生产与非生产,认为生产过程中的劳动创造了价值,在创造价值的生产过程中,生产者必然要支付消耗的生产资料并支付劳工的劳动报酬,这两部分的和就是生产费用;

而交易费用是伴随着交换过程中的讨价还价、签订合约、监督合约履行产生的费用。所以交易费用与生产费用是属于两个不同领域的概念,有着严格且明显的不同。

(2)交易费用与流通费用

流通费用与交易费用都是相对于生产费用而言的非生产费用,它们有相同之处,也有不同之处。马克思在《资本论》中也指出,在价值规律的作用下,在生产过程中劳动创造的价值需要在流通领域得到实现,商品在流通领域的运行会产生一定的费用,这些费用就是流通费用。在内涵、外延上以及性质上交易费用与流通费用具有一定的相通之处,所以很容易混淆。

(3)交易费用与交易成本

蒋影明指出,交易成本与交易费用是有区别的,交易成本是总体上的概念,而交易费用是局部上的概念。交易成本是交易费用之和,并且在市场作用下,交易成本往往在配置到交易参与者时形成不均匀的交易费用。即使在理论中存在总体和局部上的差异,也只需要在研究结果中指出即可。

4. 交易费用理论的广泛应用

(1)在国家理论中的应用

诺斯沿用新古典经济学理性人的假设,利用交易费用理论,指出产权对经济增长的重要性,而产权又是国家界定的,同时一个国家的经济绩效也取决于产权的有效性。诺斯理论与以往理论不同的是,诺斯使用了交易费用理论,注意到了制度以及产权等的重要性,采用新的视角有效地解释了国家理论,推动了制度变迁理论的发展。

(2)在产业理论中的应用

根据科斯提出的交易费用理论,分工必然会带来交易费用,且分工越细,交易费用越高。科斯用交易费用理论分析了组织的界限问题,也说明了企业或其他组织作为一种参与市场交易的单位,其经济作用在于把若干要素所有者组织成一个单位参与市场交换,以减少市场交易者的数量,降低信息不对称的程度,最终减少交易费用。新制度学派将交易费用理论及产权理论等新理论引入产业组织理论的研究,彻底改变了只从技术角度考察企业和只从垄断竞争角度考察市场的传统观念,将经济活动看成是一种交易,进而将交易看成是一种契约,不同的契约关系适用于不同的交易,同时不同的交易也需要不同的契约关系。

(3)在企业理论中的应用

交易费用理论在企业理论中的应用还体现在对现实企业行为的解释,如企

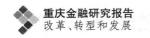

业是否应该存在,或某项活动是企业来做更有效还是市场来做更有效等。利用交易费用理论,研究咨询企业存在的原因,外包及技术外包存在的原因,分析了企业销售人员到底要外包还是雇佣等。交易费用理论不仅促使企业理论的形成,在企业理论发展的过程中也得到进一步的应用与发展,成为解释现实企业行为的良好工具,也成为企业理论研究的核心。

5. 交易费用理论在中小企业中的应用

如图6-1,交易费月理论在企业中的应用。资源通常通过加工转化进入市场,使用者提供消费品.另一部分则是使用者直接获取资源,减少中间的转化环节与交易环节,而众多的资源通常需要经过交易、转换的中间环节,最终才进入到使用者手中,在整个环节中,交易发生重要的作用,企业在生产经营中通常将自身不擅长的部分转化给具有专业技能或更有能力的组织进行。因此,在整个市场活动中根据交易的频数等产生相应的交易费用。

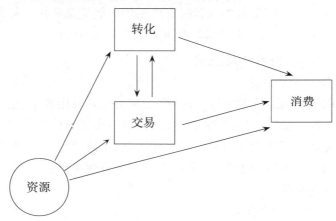

图6-1 交易费用论在企业中的简单应用模型

(二)信息不对称论

1. 信息不对称理论概述

信息不对称理论是由三位美国经济学家——约瑟夫·斯蒂格利茨、乔治·阿克尔洛夫和迈克尔·斯彭斯在70年代提出的。信息不对称理论是指在市场经济活动中,各类人员对有关信息的了解是有差异的;掌握信息比较充分的人员,往往处于比较有利的地位,而信息贫乏的人员,则处于比较不利的地位。该理论认为,市场中卖方比买方更了解有关商品的各种信息;掌握更多信息的一方可以通过向信息贫乏的一方传递可靠信息而在市场中获益;买卖双方中拥有信息较少的一方会努力从另一方获取信息;市场信号显示在一定程度上可以弥补信息不对称的问题;信息不对称是市场经济的弊病,要想减少信息不对称对经济产生的危害,政府应在市场体系中发挥强有力的作用。这一理论为很多市场现象如股市沉浮、就业与失业、信贷配给、商品促销、商品的市场占有等提供了解释,并成为现代信息经济学的核心,被广泛应用到从传统的农产品市场到现代金融市场等各个领域。

2. 传统经济学与微观经济学角度看信息不对称理论

(1)传统经济学角度

从传统的经济学理论看,把完全竞争模型作为理想模型,因为在这种模型下才能实现帕累托最优,达到最高经济效率。而完全竞争模型的一个基本假设条件是在完全竞争市场上,生产者和消费者都拥有完全消费信息,所有与产品有关的信息都是完全公开的,生产者和消费者可据此做出正确的决策。即新古典经济学的基本假定是理性的经济人和"完备信息"。在此前提下,任何经济行为的结果都是确定的和唯一的。

(2)微观经济学角度

从微观经济学角度看,信息不对称理论是指在市场经济活动中,各类人员对有关信息的了解是有差异的,掌握信息比较充分的人员,往往处于比较有利的地位,而信息贫乏的人员,则处于比较不利的地位。

3. 信息不对称理论的主要内容与作用

(1)信息不对称理论的主要内容

一是交易双方中的任何一方都未获得完全清楚的信息。

二是有关交易的信息在交易双方之间的分布是不对称的,即一方比另一方占有更多的相关信息。

三是交易双方对于各自在信息占有方面的相对地位都是清楚的,但这种对相关信息占有的不对称状况导致在交易完成前后分别产生逆向选择和道德风险问题。在这种情形下,处于信息优势一方出于追逐利润最大化的目的,往往使得信息弱势一方处于不利地位,从而导致资源配置无法达到帕累托最优状态。它们严重降低市场运行效率,在极端情况下,甚至会造成市场交易的停顿,使得市场交易不复存在。

(2)信息不对称理论的作用

一是该理论指出了信息对市场经济的重要影响。随着新经济时代的到来,信息在市场经济中所发挥的作用比过去任何时候都更加突出,并将发挥更加不

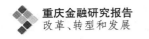

可估量的作用。

二是该理论揭示了市场体系中的缺陷,指出完全的市场经济并不是天然合理的,完全靠自由市场机制不一定会给市场经济带来最佳效果,特别是在投资、就业、环境保护、社会福利等方面。

三是该理论强调了政府在经济运行中的重要性,呼吁政府加强对经济运行的监督力度,使信息尽量由不对称到对称,由此更正由市场机制所造成的一些不良影响。

4. 信息不对称理论的重要启示

(1)充分认识新经济的特点,高度重视信息对未来经济社会可持续发展的重大影响。

我们正在进入由信息业推动,以生命科学、超级材料、航天技术等新知识和新技术为基础的新经济时代。这是一个充满不确定性的、高利润与高风险并存的、快速多变的"风险经济"的时代。在新经济时代,过去的"大鱼吃小鱼"将不再是一般规律,取而代之的将是"快的吃慢的"、"信息充分的吃信息不充分的",速度是新经济的自然淘汰方式。只有及时掌握比较充分的信息,才能变不确定为确定,认准方向,加快发展。

(2)在政府职能转变的过程中,应注意政府对经济运行发挥作用的方式、方法的研究

市场经济不排斥政府对市场的干预,关键是要研究什么地方需要干预,用什么手段干预以及怎样干预,才能完善和发展市场经济。经济手段、法律手段和行政手段的运用,都应以相关信息的收集、研究为前提,一切唯书、唯上、照抄、照搬是不行的。

(3)重视信息资源的开发利用工作,扶持信息服务业的发展

要不断地发掘信息及其他相关要素的经济功能,并及时将其转化为现实的信息财富,努力开拓其在经济社会发展中的用途。要克服知识和观念方面的障碍,树立正确的信息意识。应积极采取措施,促进信息市场体系的构造和形成,大力扶持信息服务业的发展。特别是加强对高新技术领域的技术信息和经济信息资源的开发利用工作,努力争创高新技术的新优势,以此带动整个经济社会的发展。

5. 信息不对称理论在中小企业中的应用

如图6-2,图中横坐标表示信息不对称系数,纵坐标表示产品的价格。按照这一理论,如人们对品牌的崇拜和追逐,折射出一个道理,从某种程度上恰恰说

较一般商品而言,名牌商品提供了更完全的信息,降低了买卖双方之间的交易成本。

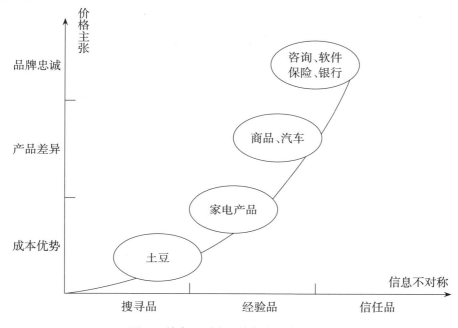

图6-2 信息不对称理论在企业中的应用

(三)政策公开原则

1. 政策概述及分类

政策是国家或者政党为了实现一定历史时期的路线和任务而制定的国家机关或者政党组织的行动准则。政策的实质是阶级利益的观念化、主体化、实践化。

作为国家的政策,一般分为对内与对外两大部分。对内政策包括财政经济政策、文化教育政策、军事政策、劳动政策、宗教政策、民族政策等;对外政策即外交政策。

2. 政策公开概述

公开的本意是不加隐蔽。行政程序中的公开,其基本含义是政府行为除依法应当保密的以外,应一律公开进行。政策公开的主要要求包括,制定政策的活动应当公开,广泛征求和充分听取相关人的意见,允许新闻媒介对有关政策法规予以公开发布,通过公开文件发布或在办公场所张贴等,使人们了解。

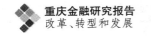
3. 政策公开应遵循的原则

（1）公正原则

政策公开最基本原则，只有依据正规的法律约束，采取公正的政策公开才能够为社会大众所接受。

（2）公平公开原则

公平公开原则主要是政策在公开过程中除国家依法应当保密性以外，其他非保密性的政策应当依法按照公平公开的原则向全社会公民公布，做到政策公开与执行的透明化。

（3）民主参与原则

民主参与理论要求大众传播媒介向一般民众开放，允许民众个人和群体的自主参与。民众可以通过网络等媒介接收政策信息，根据政策信息要求自觉参与到政策执行中。

（4）有效性原则

政府所公开的政策必须能够有效地解决社会问题。这种有效性包括：一是指时间上要有效，就是要在恰当的时间内解决社会问题；二是在政策范围方面要有效；三是在政策标准方面要有效。

（5）连续性原则

政策要有连续性，政策的制定、公开与执行过程中强调连续性。根据不同时代发展要求，不断更新政策并连续发布以适应社会经济发展需要，同时注意发挥传统政策的优势，利用传统改造传统，可能会取得更大的社会效果。

（6）周密性原则

既要详尽地分析所面对的特定社会问题的包含内容和表现形式，同时又要注意不同的政策所带来的不同的社会后果，特别是不同的政策选择所需要运用的各类资源。

（7）可行性原则

公开的政策要做到切实可行，特别是公共政策在政治上的可行，必须能够获得政策执行者和政策对象的接受和配合。如公开的政策不具有可行性，对政策的接受者不具行为导向性，公开的政策就无任何意义。

（8）保证公民便捷获取政策原则

政策公开应充分考虑便民原则，保证公民能及时、准确地获取相关信息，满足生产、生活的需要。要发挥网络优势，充分利用政府网站的信息公开功能。

(四)政策的现代传播方式

1. 传播理论基础

(1)"韦斯特利—麦克莱恩"系统传播理论

韦斯特利和麦克莱恩在"韦斯特利—麦克莱恩模式"中引入了选择性因素,认为传播者和受传者都在一个包含了社会心理等众多因素相互集结、相互作用的"场"中进行选择,传播者选择不同的内容和渠道向受传者传播信息,受传者选择不同的媒介接触信息,选择不同的信息点接受信息,同时受传者还能选择不同的媒介进行二次传播。该模式具有三大特色:体现了信息选择的多样性;表明传播系统具有自动调节性;突出了反馈机制在传播中的作用。

(2)帕森斯的结构功能主义理论

社会学功能学派大师塔尔科特·帕森斯的结构功能主义理论认为社会系统乃至整个社会行动系统都面临大致相同的基本功能要求,满足这些要求是系统生存的先决条件,而主要需求是通过系统的内部结构得到满足的。认为社会行动系统必须满足适应、达鹄、整合、维模四个基本需求。从宏观上来说,政策传播能为国家治理社会提供明确的目的和充分的信息沟通,具有达鹄和整合功能;从政策传播内部来讲,政策传播也必须具有相应的适应、达鹄、整合、维模四个子系统。这样的理论思路能为政策传播分析提供理论上的指导。

2. 政策信息传播方式

计算机技术、网络技术的发展,信息传播的速度以及传播的容量较之以前都得到了极大的提高,信息传播的方式也更加多元化。除了传统的纸媒体传播方式以外,还有广播、电视、电子出版物、网络传播等传播方式。政策发布通常以文件等形式将政策信息发布给受众者,这也是信息传递的一个过程。本文将信息传播方式大致分为纸媒体传播、可视听媒体的传播和网络媒体传播。

(1)纸媒体传播

纸媒体传播就是以纸张作为传播载体,通过印刷来实现传播,因而纸媒体传播依赖于印刷技术并伴随着印刷技术的发展而发展。尽管其他传播方式形式多样,发展迅速,但由于纸媒体传播方式有着上千年的发展历史,人们对于它有着广泛的认同,同时纸媒体所独有的随意、舒适和简单的特性是其他传播方式所不具备的。因此在各种传播方式中,纸媒体传播方式仍然占据着主导地位。

相对于其他的传播方式,纸媒体传播方式具有以下几个方面的优点:良好的阅读性,纸媒体适合于人们的阅读习惯,相对于人眼具有较适宜的亮度和对

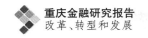
比度;浏览的随意性,纸媒体在阅读时不需要借助于其他的辅助工具,所以它不受时间、地点等的限制;价格的低廉性,纸媒体由于不需要借助其他的辅助阅读工具而直接阅读,并且材质低廉,所以它是最为廉价的大众传播方式;不可替代的物质性,虽然像新闻、电视节目等信息可以通过电视、网络等方式更快捷、更广泛地进行传播,但是诸如商品包装、美术作品等,纸媒体不但要承载各类信息,还必须作为商品的载体,因而具有不可替代的物质性。

纸媒体传播也存在着一些不足,这主要表现为:以纸张为传播载体的图文信息,其表现的形式和空间均较为有限,同时人们对于信息的接受也主要以视觉为主,难以涉及其他感觉器官;并且纸媒体传播由于受到其物质性和所依赖的印刷技术的限制,其传播范围受到了一定的限制,时效性也相对差一些。

(2)可视听媒体的传播

可视听媒体主要包括广播、电视和电子出版物等,它们或借助于通信设备,或以磁盘、光盘为载体,以各种电子设备作为辅助工具来实现传播。广播以其生动而富有感染的话语打动了千百万听众,电视则以声像合一的画面吸引了无数观众,而电子出版物更是以其互动性使人有如临其境之感。

虽然这几种传播媒体间有差别,但它们与纸媒体传播相比,具有以下特点:传播的容量大,其传播的容量是纸质媒体无法达到的;具有文字、图像和声音综合传播的能力,可视听媒体在传播中,能把文字、图像和声音多种信息有机地结合起来,有效地调动人们的多个感觉器官,从而创造出一个动态的、立体的传播效果;具有一定的交互性,借助于现代通信技术和计算机技术,可以实现异地对话、人机对话,从而在一定程度上实现了人们的即时交流。伴随着电子技术的发展而发展的可视听传播,使人类进入了一个全新的、前所未有的信息社会。

虽然可视听媒体在某些方面比纸媒体前进了一步,但同样也存在着不足:受传播时段和传播内容的限制。无论是广播,还是电视,当你要浏览某些内容时,你必须受到相应时段的限制,并且所浏览的内容往往不具有重复性。受传播工具和传播载体的限制。无论是广播、电视的收听和收看,还是计算机的使用,都必须有相应的传播工具,否则无法实现信息的传播。

(3)网络传播

在网络中传播的信息,以数字形式存储在光、磁等存储介质上,通过计算机网络高速传播,使用计算机或类似设备进行阅读。

网络传播集中体现了新经济时代的特点,它与上述两种传播方式相比,其特点是非常鲜明的:传播的范围广,传播速度快,不受时间限制,信息量大,查询方便,交互性强。网络媒体使得传播者和受众随时可以进行交流,从而加强了媒体与受众的联系。超越时空的限制。由于网络传播的特点,使得区域界线变得模糊直至消失,各种信息一经上网,便实现了对全球的信息传播。

网络传播方式虽然具有较突出的优势,并且发展迅猛,但是网络传播也存在着其自身的缺陷:受传播工具的限制。由于网络传播必须依赖于网络,并以计算机为终端,因而信息获取必然受到传播工具的限制。就目前而言,除了少数的几个发达国家外,网络的基础建设仍处于初级阶段,要达到较完善的程度是要经历一个长期建设和发展过程。受众面受到限制。由于网络传播必须采用计算机作为浏览工具,而计算机的应用又受到受教育程度、国家的发展状况、文化背景等诸多条件的制约,这都在一定程度上影响了受众范围。采编能力限制。绝大多数网站并无独立的采编队伍,其信息的来源主要依赖于其他的传播媒介,因而缺乏独立性、新颖性和权威性。阅读体验差。由于计算机屏幕亮度较高,并时常伴有闪烁及亮度的变化,阅读时的舒适感不好,易于疲劳,不符合人眼的阅读习惯。

二、重庆市近年在中小企业融资政策及工作上的绩效和局限

(一)重庆市政府重视中小企业融资工作状态

1. 重庆市中小企业发展现状

中小企业在促进我国经济增长、提供服务、解决就业等方面发挥了突出作用,已成为国民经济和社会发展中不容忽视的重要组成部分。

2016年上半年,重庆市中小企业实现增加值3 264.3亿元,同比增长10.9%,高于全市GDP增速0.3个百分点,对全市GDP增长的贡献率达到43.4%,拉动全市经济增长4.6个百分点。

2016年上半年,市场主体数量增长较快,重庆市新设立中小微企业6.2万户,比去年同期多增0.3万户,期末实有登记户数达62.5万户。其中新设立以电子商务为主的批发零售业企业1.93万户,同比增长19.2%;以特色效益农业为主的农、林、牧、渔业企业1.2万户,同比增长8.3%;以文化创意为主的文化、体育、娱乐业企业0.2万户,同比增长4.6%。重庆市新设立非公经济市场主体16.9万户,期末实有户数达196.2万户。

在市场主体数量较快增长地带动下,中小企业和非公经济在吸纳社会就业方面进一步发挥主体作用。2016年上半年,新增中小企业从业人员27.8万人,

占重庆市新增就业人数近7成,累计达687.8万人;重庆市新增非公经济从业人员37.3万人,占全市新增就业人数9成,累计达1 112.8万人。

2016年上半年,全市民间固定资产投资3 619.7亿元,同比增长9.5%,增速比一季度回落2.7个百分点,但比全国民间投资增速快6.7个百分点,占重庆市固定资产投资额的51.1%,比去年同期提高1.2个百分点。

据重庆市纳入全国中小企业生产经营运行监测平台的1 459家中小企业调查结果显示:2016年6月,近8成企业反映总体生产经营状况良好和正常。1—6月,重点监测的中小企业营业收入同比增长12.6%;利润总额同比增长13.1%,比1—5月提高0.2个百分点;营业收入利润率5.86%,比去年同期提高0.32个百分点;每百元营业收入负担税费3.1元,比去年同期下降0.2元;从业人员同比增长1.6%。

但是跟国有大型企业及其他大型企业相比,重庆市绝大多数中小企业存在技术力量薄弱、管理水平落后、竞争能力差、经济效益低下、技术人才缺乏等先天不足的缺陷,使得中小企业的经营风险较大,导致融资困难。如何使中小企业摆脱融资困境,是一个急需解决的重要问题,并已经引起重庆市社会各界的高度关注。

2. 市政府采取措施支持中小企业融资

（1）政府在政策上支持

中小企业的发展在带动经济增长、增加就业等方面发挥重要作用,但中小企业在发展中面临着融资难等问题,重庆市政府一直致力解决中小企业融资问题,按照国家对中小企业发展的要求,出台相关政策性文件以鼓励中小企业发展。近年重庆市政府根据国家对中小企业的发展要求先后出台各类支持中小企业发展的文件以鼓励中小企业快速发展。

（2）政府提供金融性财政支持

重庆市政府对中小企业实行税收扶持力度,对中小企业信用担保、再担保机构按照国家规定标准取得的担保收入,3年内免征营业税,经市政府批准,可再免征2年营业税(所享政策为"营改增"之前)。为扶持中小企业信用担保机构做大做强,符合西部大开发税收优惠条件的,经税务部门批准,可在2010年前减按15%的税率征收企业所得税。通过加大开发性金融支持力度,积极争取国家开发银行的软贷款,帮助经营业绩突出、信用良好的中小企业信用担保机构增强资本实力。通过一系列的财政措施,为中小企业发展提供资金支持,扶持中小企业发展。

（3）为中小企业开通绿色通道

重庆市为解决中小企业融资难问题，开通"中小微企业融资服务绿色通道"。据中小企业融资超市人士介绍，"融资绿色通道"涵盖了多个方面，包括无偿为企业提供投融资专业咨询、相关政策解读；提出合理化建议，帮助企业制定融资方案；提供财务及法律相关的顾问服务等。只要企业提出融资需求，重庆工业服务港将在24小时内快速响应，中小企业还可以通过网络对贷款进度进行全程追踪。从目前接到的需求来看，中小微型企业的融资成功率相对较高，这也体现了投融资机构响应国家的号召，对中小微型企业的服务意识、服务水平有所提高。

（4）为中小企业提供公共服务

重庆市中小企业局从解决中小企业实际困难入手，在技术创新、信息化、知识产权、人才培养、投融资咨询、品牌推广、项目对接等方面，与重庆市信迈驰科技有限公司合作，建设起重庆市中小企业公共服务平台（重庆市中小企业信息化资源平台），向企业提供覆盖其整个生命周期的完善的公共服务，给予中小企业切实的帮助。重庆市中小企业服务网为重庆市中小企业发展提供行业服务。

（二）重庆市中小企业融资主要政策文件

1. 2015-2016年重庆市出台相关的金融性政策文件

2015年12月18日，重庆市金融工作办公室关于印发《重庆市金融突发事件风险管理实施细则》（渝金发〔2015〕12号）的通知，提出要采取技术措施，实时监控企业资金流向，防止资金转移和流失，减少风险，提前做好应急准备，加强防范，为中小企业所面临的金融风险提供解决方案。

2015年12月25日，重庆市金融工作办公室关于印发《重庆市小额贷款公司开展网络贷款业务监管指引（试行）》（渝金发〔2015〕13号）的通知，进一步规范小额贷款公司网络贷款业务，防范网络贷款业务风险，保障小额贷款公司及客户的合法权益，在一定程度上为中小企业贷款提供了良好的保障。

2016年6月3日，重庆市金融工作办公室关于印发《落实国务院防范金融风险等政策督查工作方案》（渝金发〔2016〕8号）通知，通过风险补贴、股份合作等引导资产管理公司、私募股权基金增资入股我市民营企业，为中小企业发展提供资金支持。

2016年5月5日，重庆市金融工作办公室、重庆市财政局、重庆市扶贫开发办公室印发《关于推进落实金融精准扶贫工作》（渝金发〔2016〕11号）的通知，加

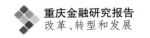
大对金融精准扶贫工作的财政支持力度,引导金融机构和信贷资源向贫困区县的中小企业倾斜,鼓励中小企业发展。

2016年6月8日,重庆市互联网金融风险专项整治工作领导小组办公室《关于印发互联网金融风险分领域整治方案》(渝整治办发〔2016〕1号)的通知,将非银行支付机构、网络借贷、股权众筹等以投资理财名义从事金融活动、通过互联网开展资产管理及跨界从事金融业务6个分领域的专项整治工作实施方案,为中小企业提供良好的融资环境。

2. 2014年重庆市关于中小企业融资的相关文件

2014年2月21日,重庆市人民政府印发《关于加快推进农村产权抵押融资工作意见》(渝府发〔2014〕4号),其中工作任务中明确提出农民合作社、企业等为重点服务对象,扩大产权融资范围,积极创新融资模式,切实降低融资成本等,为农村中小企业融资提供良好服务与保障。

2014年7月29日,重庆市人民政府印发《关于重庆市完善小微企业扶持机制实施方案》(渝府发〔2014〕36号),强调小微企业是经济社会发展的重要力量,对于稳定增长、扩大就业、促进创新、繁荣市场等具有重要作用,但仍然存在市场准入门槛较高、融资难融资贵、企业负担偏重、发展空间不足、服务环境有待提升等问题。其中的主要任务中提出着力缓解中小企业融资难,加大对小微企业信贷倾斜、融资扶持、贷款担保扶持,健全风险补偿机制,支持小微企业直接融资,通过完善政府补贴办法,落实税收扶持政策等措施,切实减轻企业负担。

2014年8月5日,重庆市人民政府印发《关于重庆市完善地方金融市场体系实施方案》(渝府发〔2014〕40号),其中第十条明确提出要强化小微金融服务,丰富小微金融服务渠道。支持银行增设小微企业专营机构和社区网点,简化服务程序,稳步推进微型企业创业扶持贷款、小额担保贷款等产品。加大金融机构为小微企业提供开户、结算、理财、咨询等基础性、综合性金融服务力度,为中小企业融资提供保障。

2014年5月22日,重庆市金融工作办公室印发《中国人民银行重庆营业管理部关于开展小额贷款公司信用评级的通知》(渝金发〔2014〕6号),旨在提高管理能力和规范化水平,解决商业银行等机构与小额贷款公司合作中信息不对称等问题,为市广大中小微企业和"三农"融资提供良好的市场环境与服务。

2014年9月10日,重庆银监局印发《关于进一步改善金融服务缓解企业融资难、融资成本高问题的指导意见》(渝银监发〔2014〕59号),提出要清理整顿不规范经营,减少企业融资成本,要求各银行业金融机构应把做好小微企业金融服务作为履行社会责任、实现自身发展转型的重要途径,从而推动银行业金融机构进一步改善金融服务、切实缓解企业融资难、融资成本高的问题。

2014年关于印发《重庆市小微企业扶持资金管理暂行办法》(渝财企〔2014〕359号)的通知,旨在进一步促进我市小微企业健康发展,规范小微企业扶持资金的管理,提高资金的使用效益,改善小微企业融资环境,支持小微企业创业创新,提供小微企业经营场所,完善小微企业服务体系。

(三)"十二五"期间全市中小企业融资绩效

1. 中小企业融资效率分析

目前对融资绩效的分析一般从两方面进行:一是融资成本,即企业使用资金的代价,包括融资费用和使用费用,企业融资时,应尽量使资本成本最小化;二是企业是否能够及时融通所需的资金,以及资金是否能发挥最大效应。站在企业角度来看,企业融资得来的资金能否得到最大限度的利用直接决定了融资效率的高低。如果企业融资价值较低,所获得收益还不足补偿融资成本的需求,即使融资成本再低,融资效率也不会高。

从近年重庆市中小企业融资效率来看,普遍存在效率低下,投入和产出不足的情况,在现有资金投入情况下,企业并未充分利用,使得企业产出未达到最优。中小企业普遍处在规模报酬递增阶段,资金缺口大,这说明其处于成长期和扩张期。在成长期,企业将新产品投放市场,产品逐步得到市场的认可,销售量和利润呈上升趋势,企业整体呈现出一个发展向上的趋势,但是企业仍然处于亏损阶段,需要外部资金支持。在扩张期,企业已经占领了一部分市场,但为了迅速抢占更大的市场,需要组织大规模的生产,并需要短期内获得大量资金。

2. 提高中小企业融资绩效措施

为解决中小企业融资效率问题,需要全社会的共同努力,关键要形成企业、银行和政府三方面相互协调的经济关系,因此从企业自身、金融机构、信用担保体制和相应的政策法规四方面提出提高中小企业融资绩效的措施。

(1)提高中小企业自身素质,完善财务制度。中小企业的财务状况和信用水平很大程度上决定了企业信贷资金是否可得。财务制度不健全,财务报告准确性和真实性失真等都将严重影响金融机构对其资金的支持,因此中小企业要积极完善财务制度。首先政府应该采取鼓励措施,支持会计师事务所,税务机关等相关部门对中小企业财务人员的培训,帮助其建立规范的会计账簿,完善企业会计制度,使其最终能够提供符合金融机构要求的财务报表。加强信息披露。"信贷配给"是中小企业在获取银行等金融机构的债务融资时所遇到的问题，主要因为两者之间存在着信息不对称。因此完善企业的信息披露制度，提高增强企业信用风险的透明度非常重要。而前提是必须完善中小企业信息披露的相关法律法规体系，要求中小企业在不涉及商业机密的前提下充分公开自己的信用信息，这样才有利于消除银行与中小企业之间的信息不对称。

（2）深化国有银行改革，信贷审批权力层次化。国有商业银行上收贷款权限，取消基层银行的贷款审批权，这给广大中小企业的融资带来了更大的困难。因此银行需要做到对不同贷款条件和产品实行差别化对待。集中风险高的大额业务审批决策权，对于中等以下额度，风险较低的贷款，应当将审批决策权适当分散到基层机构和相应的信贷人员。信用评估中介机构介入。银行对中小企业进行风险评估，风险控制等信息采集成本太高，对信贷风险难以掌控。如建立相应的信用评估中介机构，可以降低银行对中小企业放贷的成本。此外中小企业也需要为其提供包括资金方向、技术改造、经营管理、司法诉讼等方面的信息咨询服务。

（3）完善信用担保体系，创建高效的信用等级评估体系。在对中小企业进行信用评估过程中，要尽量减少过分依赖企业的财务报表，更多注重企业的实际情况，重点核查企业的存贷增减、贷款使用、回笼等情况，最后由权威评估机构根据企业经营状况，偿债能力，风险保障能力以及信用指标等主要指标做出符合事实的评估等级，以此作为金融机构对中小企业信贷融资的决策依据。建立中小企业信用担保机制。建立分层次的政府信用担保体系。可以建立中央和地方分层次的中小企业信用担保体系，地方主导，中央辅助。另外，中央和地方的担保侧重点不同，中央重点对于一些贫困地区及欠发达地区的中小企业提供信用担保，而地方则根据本地中小企业的特点，确定相应的担保重点。发挥民间担保机构的作用。我国中小企业量大面广，而国家的资金有限，仅仅依靠政府的信用担保来满足中小企业的需求无疑是杯水车薪。因此不仅要开展政府的信用担保，更需要引导中小企业之间的互助担保和商业担保机构对中小企业的担保，充分调动和发挥民间担保机构的作用。规范对担保机构的管理和监督。为了保证中小企业担保机构的健康有序发展，国家应该明确指定一个政府部门监督和管理中小企业担保机构，主要是对担保机构的资质，担保程序，担保机制和收费标准等进行监督管理。

（4）改善宏观经济制度，转变政府职能。政府在行使其职能时，不仅要站在国有大企业的立场上，维护大企业在吸引社会资金方面的垄断地位，更需要对中小企业给予较多的关注，制定相应的政策引导中小企业的发展，并为其创造良好的外部环境。与此同时逐步改变政府在金融市场上的垄断地位，由原来依赖国有大企业转变为依靠中小企业经济发展来实现促进经济的增长。完善法律体系。由于目前我国关于中小企业的法律法规存在两方面的不足：一是许多法律不具体，实际中难以操作；二是相关法律滞后于经济发展。建议政府应该从以下两方面入手，完善司法环境。一方面，修改完善《担保法》，与此同时完善全国统一性的动产担保登记制度，进一步扩大动产的担保范围，增强贷款人的积极性，保护各方的利益；另一方面，颁布《担保公司条例》，使得担保机构的行为有法可依。条例应该对行业标准，担保比例，担保方式，担保赔偿数额等担保的关键内容做出统一的运行规定。

（四）重庆市中小企业融资局限

1. 信贷规模紧导致中小企业贷款困难

受信贷规模影响，中小企业贷款增速偏低。2014年全市中小企业贷款余额近8 000亿元，年增长率约为18%，比全市贷款增幅低，中小企业贷款增速更低。

2. 融资成本高

目前，中小企业主要通过银行贷款、承兑汇票、小额贷款公司等方式获得资金，融资成本与往年相比都有大幅提升。数据显示，目前商业银行指导利率水平是6.56%（一年期），而体制外"委托贷款"利率高达20%以上。

银行贷款方面，由于项目贷款要求高、程序复杂等原因，中小企业的银行贷款一般为一年期流动性贷款，贷款利率上浮约50%，同时，银行一般会提出企业进行1∶1存款、购买理财产品等要求，贷款综合成本近10%。小额贷款公司方面，按规定最高利率不能超过基准利率的4倍，但在实际操作中，放款人往往通过财务顾问费用等其他方式提高利率，资金使用成本一般在月息4分以上，有的利息达到每天3‰，造成中小企业融资成本偏高。从图6-3中可以看出，重庆中小企业融资存在问题比重中"融资成本高"占40%，是中小企业融资问题中最突出的问题。

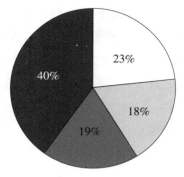

　　□ 融资渠道单一　　□ 资金回笼慢　　■ 信贷规模紧　　■ 融资成本高

图6-3　　重庆中小企业融资存在问题比重(2014年)

3. 资金回笼慢

　　由于市场资金紧张,企业间也经常互相拖欠货款,有的以承兑汇票作支付货款。如南岸区一家民营企业反映,企业是1月送货,2月挂账,3月收到承兑汇票,最后资金回笼需要7~8个月时间。如果企业急于将承兑汇票贴现,就需要支付较高的贴现息。

4. 融资渠道单一

　　从图6-4中看出,亲朋好友借款与金融机构贷款是重庆中小企业的主要融资渠道,约37%的企业将亲朋好友借款作为主要融资渠道。在银行贷款难的情况下,中小企业更多采用金融机构贷款,或者民间借贷。此外证券、信托、保险、融资租赁等机构以及农村信用合作社、财务公司等都是重庆中小企业融资的重要渠道。近年来由于小额贷款公司的成立,为重庆中小企业提供了新的融资渠道。另外利用政府采购信用拓展政府采购供应商链式融资业务,成为解决重庆中小企业的融资难问题又一新渠道。

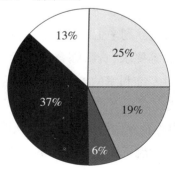

　　□ 金融机构贷款　　■ 民间借贷　　■ 其他　　■ 亲朋借款　　□ 通过担保公司到银行贷款

图6-4　中小企业目前的融资形式

5. 资金短缺问题十分突出

重庆市有六成以上中小企业存在资金短缺,资金的不足已经严重影响到了重庆市中小企业的发展。绝大多数中小企业面临资金短缺问题,国有、集体企业最为突出。中小企业申请贷款量大,且资金缺口呈逐步扩大的趋势明显。由于资金短缺严重影响中小企业规模扩大和技术设备更新,因此阻碍中小企业发展。

6. 商业银行对中小企业的信用歧视

商业银行在对中小企业进行贷款授信时,往往存在严重的信用歧视,致使中小企业贷款难。产生这种现象的主要原因是由于部分中小企业在自有资金并不充裕的情况下,单纯依靠银行信贷资金或其他非信贷融资盲目扩张,使得资金链常常处于紧绷状态,没有预留足够的余地和弹性。

7. 贷款抵押资产信用不足

现阶段金融部门在贷款过程中均实行"谨慎性原则",首先考虑的是资金的安全性,因此基本上不对中小企业办理信用贷款,只办理抵押、担保贷款。与大型企业相比,重庆市中小企业资产总量偏小,总体技术装备落后,技术水平偏低,因此导致中小企业在利用资产进行抵押融资时,金融机构对其评估价格自然偏低。

8. 资本市场门槛太高

证券市场是企业获得发展所需资金的最佳途径。然而,对于绝大多数的中小企业来说传统的证券市场门槛实在是太高。如果企业要发行债券和股票必须经营业绩良好,达到一定的标准,然后经过有关部门严格审批,通过后才能向社会筹集资金,而且所发行的债券和股票主要在公开市场交易。因中小企业在股票上市方面很难满足上市资格的要求,所以无法进行股权融资。

9. 社会信用缺失

由于社会信用缺失的影响,企业间资金相互拖欠问题也比较严重,也制约着中小企业与其他企业之间的融资往来。目前金融部门的不良贷款比例较高,基于资金安全性考虑,使得金融部门在办理贷款业务时产生"惜贷"心理,将一些有强烈融资需求的企业拒之门外,大多数中小企业也自然而然被这些条件和措施限制在外。

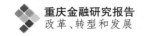

（五）解决重庆市中小企业融资问题的对策

1.加大政府扶持力度

政府应更加重视中小企业在就业及创新等方面的作用,采取切实措施减免中小企业税赋,减轻中小企业负担。对中小企业的一些要求或活动响应并积极参与、支持,在会上或者新闻上呼吁广大市民或银行金融机构对中小企业的支持,在政策上积极保障中小企业的利益。积极引导和支持担保机构为中小企业融资服务,继续推进中小企业"金融服务计划"的实施,努力搭建融资服务平台,创新微型企业金融帮扶政策。

2.建立良好银企关系

银行作为标准的合法的企业融通资金来源的债权人,搭建良好的关系是企业获得资金来源的重要途径。在中小企业向银行贷款的过程中,银行要对各中小企业的财务状况、信用等进行评估,评估及放贷的时间长短对于企业的运转都有着一定的影响,所以搭建良好的银企关系,对于解决企业融资难问题具有改善作用。

3.加强培训,提高中小企业人才素质

中小企业的综合经济实力与大公司相比还处于劣势,参与人才面对面的竞争比较困难,加之人才市场价格有被日益抬高的趋势,使得中小企业在吸引高素质的人才方面存在先天不足。所以,如何通过激励留住现有人才,通过培训提高就业人员的整体素质才是行之有效的办法,同时对于发展情况较差的集体企业和股份合作公司等中小企业可以采取聘请兼职人员的方式缓解高素质人才缺乏的问题。

4.创新融资方式,完善金融服务

按照目前银行通行的贷款模式,中小企业只有通过自身的资产抵押获得贷款,而它们通常没有多少资产可供抵押。因此,缓解中小企业资金紧缺问题,重点应当是从创新融资方式着手,通过深化改革,进一步完善金融服务体系。

5.优化中小企业发展软环境

近几年,我国在促进中小企业发展方面出台一系列政策措施,对中小企业发展的重视程度高于部分发达国家,但是地区间市场环境等"软环境"的差异对中小企业融资和经营发展影响较大。在"政策扶持"和"市场支持"方面,市场支持才是解决中小企业融资问题和促进其持续发展的长久之策。所以,促进中小企业发展,还需要各级地方政府不断完善软环境。

6.实施多元化融资渠道

一方面拓宽中小企业股权融资渠道,尽快推出类似于"创业板市场"的中小企业股票市场,为高科技、高成长型的中小企业提供直接融资渠道。鼓励股民积极参与,相信并购买该股,帮助企业融通资金,从而转移风险。另一方面,对中小企业业绩采用一定的指标进行评估,以发行债务等方式使效益较好的中小企业尽早融通资金投入项目之中进行自我建设。

7.改善企业内部管理

中小企业需要通过完善其管理制度,提高管理人员的素质,提升企业形象,创造出自身的商业品牌,形成一定的品牌效应。加强信用意识,按时归还银行金融机构的贷款,建立良好的企业文化,通过良好的诚信意识提升自身形象,增强可信度,解决融资难问题。针对中小企业所处的不同时期,进行动态分析,按阶段实施有效措施,完善内部体系,解决融资困境。

三、重庆市中小企业融资政策信息分析

(一)政府及部门政策信息运行规则

1.政策信息运行系统

政府及各部门之间政策信息的运行在长期的工作中基本形成一个相对固定的运行模式。政策信息运行主要以需求为导向、以信息技术为支撑,辅以网站、有线数字电视、信息服务自助终端等形式,实现政策信息系统的有效运行。

从图6-5中可以看出,政策信息的制定首先是要问题的提出,结合目标群体的需求,制定相应的政策,再将政策发布给政策执行者,在政策执行过程中,采取监督管理,通过在执行与监督管理中发现政策不足,再将收集的信息意见反馈给政策制定者,进行相应的政策调整,完善整个政策运行系统。

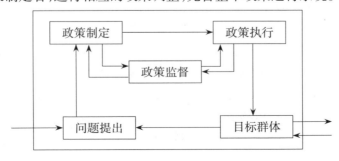

图6-5 政策运行系统

2. 霍恩－米特政策执行系统

政策执行系统模型又称"霍恩－米特模型"，这是两位美国学者霍恩（C.E. Van Horn）和D.米特（D.S.Meter）提出的一个政策执行模型。从图6-6可以看出他们认为在政策决定与政策执行这一转变过程之间存在许多影响二者的变量，既有系统本身，也有系统环境的因素。一个合理有效的政策执行模型须重视对如下五个重要变量的把握：政策的价值诉求，即政策目标与标准；政策资源，即系统本身实现价值的条件，包括人力资源、财物资源、信息资源、权威资源等；执行者属性，包括执行人员的价值取向、行为能力、精神面貌，以及执行机关的特征及其整合程度；执行方式，指的是执行者之间、执行者与目标群体之间采取的互动方式，主要包括沟通、协调与强制；系统环境，主要包括政治环境、经济环境、文化环境、社会条件等。

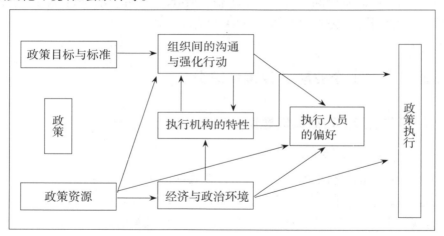

图6-6 霍恩—米特模型

（二）中小企业融资信息不对称状况

1.信息不对称与中小企业现状

信息不对称是指交易双方的一方拥有相关的信息而另一方没有这些信息，或一方比另一方拥有的相关信息更多，从而对信息劣势者的决策造成不利影响的情况。在现代经济学中，传统的一般均衡理论隐含着完全信息假定，即市场参与人之间不存在信息不对称问题。事实上，这个假定与现代经济的实际情况相距太远。现实生活中市场参与者之间的信息一般是不对称的，从来就不是完全的。信息不完全是人类活动的基本特征，在信息不完全状态下，信息的不对称使交易双方很难拥有同质同量的信息。

一般而言,在金融市场上,借款者一般比贷款者更清楚投资项目成功的概率和偿还贷款的条件及动机。中小企业普遍存在着资金短缺现象,融资渠道不畅,贷款难问题异常突出,融资问题已经成为制约中小企业发展的"瓶颈"。企业融资分为内源融资和外源融资:内源融资是指企业依靠本身的内部积累进行的融资,融资能力的大小主要取决于企业的盈利能力;外源融资则主要包括股权融资、债券融资、向银行贷款等多种形式。但我国中小企业偏小、自我积累有限,限制了通过内源融资来获取资金的能力,使得中小企业主要靠外源融资来满足企业发展对资金的需求。由于市场体系的不完善和经济体制转轨时期所特有的问题,造成中小企业的融资渠道过于单一,可供企业选择的金融产品较少。

2. 我国中小企业与银行间的信息不对称

信息不对称理论论述了信息在交易双方的不对称分布,或者一方信息的不完全性对于市场交易行为和市场运行效率的影响。经济学家把信息不对称理论应用于金融市场的研究,特别是在信贷市场的分析和应用,较好地揭示了信贷市场中的问题,由于资金使用者和提供者之间的信息不对称,拥有信息优势的企业在融资前存在着逆向选择。中小企业在向银行申请贷款时,银行往往处于信息劣势,而中小企业则处于信息优势。由于这种信息的不对称,使企业与银行的委托代理关系客观存在,企业是代理人,对其自身的真实状况有着准确的了解,而银行作为委托人,对其代理人的真实状况只掌握有不完全的信息。同时,银行信贷要解决资源的时间配置问题,所做出的决策要面向未来,因而其涉及的未来信息更不可能完备、充分。因此银行与借款人之间的不对称信息便客观存在,自然便会引发逆向选择情况的出现。由于银行处于信息劣势,它无法甄别出信用状况良好和信用状况较差的中小企业,因此银行就不可能根据信用度不同、风险不同的企业确定不同的利率,而只能用企业平均的信用状况确定利率。这样做的结果,显然是不利于具有较高信用度的企业的。这些高信用度企业便会退出市场,不向银行申请贷款。最后,这个市场上就只剩下了信用度较低的企业。当银行认识到市场上只有劣质客户且会增加银行的风险损失时,便会决定不再对此发放贷款,最终的结果将会导致中小企业贷款市场的萎缩甚至消失。这说明在信息不对称的情况下,即使利率完全放开,中小企业仍然存在贷款难的问题。

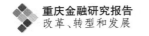
3. 信息不对称导致"逆向选择"与"道德风险"

在银行信贷市场上,中小企业与金融机构之间存在着信息不对称的现象,这种信息不完备造成经济主体之间要花费巨大的交易费用。与大企业相比,中小企业潜在的逆向选择和道德风险很大,这也成其从正规渠道融资的一个重要的障碍。

由信息不对称所导致的经济后果主要是"逆向选择"与"道德风险"。(如图6-7)

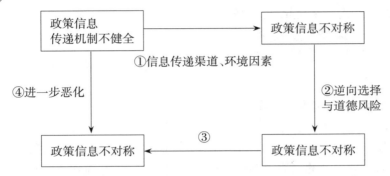

图6-7 政策信息机制不健全导致逆向选择与道德风险作用机理

(1)"逆向选择"是指发生在当事人签约之前的行为,在信息不对称条件下,拥有信息优势方的中小企业可能会故意隐瞒信息,以求在交易中获得最大收益,而信息劣势方银行则可能受损。在一般情况下,企业对投资项目未来的收益和风险,对投资回报与盈利以及借入资金的运动偿还概率都有较清楚的了解,而银行对于资金运用的有关信息并不能直接了解到,只能通过企业提供的信息来间接了解到资金的运用情况。银行在不能确切了解到企业投资项目的风险时,会根据自己所掌握的信息形成一个对融资市场的期望风险值。在决定放款时,银行就会根据自己的风险期望值调整放款利率。按照风险与收益对称的原则,银行对风险较高的资金使用者收取较高利率以弥补风险损失,而对风险较低的资金使用者则收取较低的利率。虽然银行在投资项目之前可以进行认真的审查,但总有一些甚至是关键的信息可能被资金使用者隐瞒。为了保证盈利,银行不得不将利率提高到能弥补平均违约风险的程度,但这样反而会使那些风险较低的资金使用者退出资金信贷市场。这样一来,融资市场上就只剩下高风险的资金使用者,这样的信息不对称会导致融资过程中的"逆向选择"。

(2)"道德风险"是指发生在当事人签约之后的行为,交易双方在签订合同之后,由于信息不对称而引发的任一交易方所做出的不道德行为的可能性。道德风险的产生就像经济学中的委托代理关系那样。在中小企业融资过程中,银行是委托人,中小企业是代理人。在信贷市场上,银行的目标是要中小企业按时还本且付息,而中小企业的目标是获取最大收益。为了达到这目的,中小企业在得到资金后,在不对称信息的掩护下,可能改变原来的承诺,从事偏离银行利益而有利于自身利益的活动,比如改变资金的用途,从事高风险投资活动或者故意拖欠借款,甚至逃废债务。这种资金挪用就是道德风险的表现之一。道德风险又增加了银行的风险,这让银行的投资行为表现得更加谨慎,甚至可能放弃提供资金。

(三)如何应对中小企业信息不对称情况

大企业由于具有开放的运作方式与各种公开的信息渠道,所以在赢得较高的社会公信度的同时,还为其扫清了各种融资障碍。而较为封闭的运营方式及其弱势群体形象的中小企业的信息透明度低、社会公信度不佳、会计制度不健全、缺乏财会专业人员、管理混乱等,造成自身财务信息披露失当,经营状况透明度比较差的恶性局面。因此,商业银行还是愿意贷款给有保证的大型企业,而缩小或拒绝贷款给那些无保证的中小企业。所以,中小企业融资问题的核心就是找到有效的融资方式,尽量降低中小企业与投资者的信息不对称程度。

1. 从中小企业自身解决信息不对称状况

(1)提高信息质量

加强企业内部治理,完善企业内部控制制度,规范企业的信息结构,特别是企业内部会计控制制度,保证信息的真实。我国目前已经制定并发布了内部会计控制体系及基本规范等。认真完善和执行这些制度,是中小企业提高信息质量,减少信息不对称的重要保证。

(2)制定和实施融资战略

把融资作为战略性管理的内容,而不是临时性的管理活动。分析企业面临的融资环境,明确贷款主体及其管理规范,固定的与相关银行打交道,主动邀请有关人员到企业来参观,保证信息通畅,减少信息不对称的负面影响,保持企业与银行的良好关系。

(3)规范内部管理机制,提高自身素质

改善企业治理机构,提高经营管理水平,减少经营风险,健全企业内部财务管理制度,提高诚信意识,确保自身在金融机构没有不良贷款的记录,从而树立良好的信用形象,为企业顺利融资创造积极的条件。

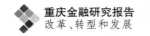

2. 从银行角度解决中小企业信息不对称状况

（1）利用同业信息共享等方式收集相关企业信息

目前，我国有关中小企业的信息收集和系统研究工作严重不足，可以设立专门的调研机构来从事有关中小企业的信息收集和政策研究，从而减少国家中小企业政策的盲目性。

（2）完善企业资信评级制度

企业资信评级是资信评级机构对企业的资金实力、偿债能力、履约意愿等各方面状况做出评定和预测，从而确定企业资信等级的过程。客观、公正的资信评级结果可以为商业银行贷款决策提供可靠依据，减少信贷市场中的信息不对称现象。

（3）建立数据库系统

金融机构需要建立自己的数据库，采用信息识别技术，完善信用记录以供同行查询，这样可以使同行在选择贷款客户时更加果断，更加充满信心。

（4）与客户长期保持良好关系

与企业客户保持长期联系，银行可以通过同企业客户建立长期联系来获取借款企业的信息。通过对借款企业账户的调查，了解借款企业资金流动状况，从而识别信用风险。可见，与客户的长期联系，减少了收集信息的成本，并使识别信用风险更容易。

3. 政府应加强中小企业融资建设

（1）建立高效的担保体系

目前我国的信用担保体系尚未建立，《担保法》的有关细则还未出台，从而形成有些中小企业找不到担保机构担保，而有些有了担保却由于没有具体的细则约束仍然出现逃废银行贷款的现象。因此应该建立专为中小企业提供担保的担保机构，既为中小企业贷款提供方便也加强了对中小企业的借款还款的管理。

（2）大力发展中小金融机构

要从根本上解决中小企业融资难的问题就必须建立以中小银行为主体的中小金融机构体系。不断强化对接中小企业金融产品设计，进一步简化信贷流程，适当放宽信贷政策关口，建立高效、灵活、快捷的贷款抵押管理体制，切实解决中小企业抵押不足的问题。

（3）放松对民间金融控制，引导非正规金融的发展

针对民间金融固有的风险问题，应该采取措施来进一步规范其发展而不是

压抑控制。通过采取疏堵结合的方法区别对待民间金融,给予民间金融机构足够自主经营的空间,建立民间金融机构的准入和退出机制,合理规划民间金融格局。进行产权改革,建立起合理的产权制度,以使民间金融机构内部形成一个权力和责任明确,能合理选择和评价,有效约束或监督经营者,从而能有效维护股东的所有者权益的治理结构。

(四)信息实现充分价值的条件

信息社会通常被定义为信息生产和消费的集中。信息集中度取决于对信息的需求以及此需求被满足的程度。因此,一种看待信息社会是否形成的方法是评价信息的交换强度及信息内部流动的持久性。近年来,行为经济学把经济学理论和心理学理论结合起来研究信息的主观价值,取得了一定的成果。这些研究成果对于我们认识了解信息价值和市场经济条件下人们对信息的需求特性,具有重要的启示作用。信息实现价值涉及信息主体、信息接受者及信息传播媒介。从信息主体、信息接受者及信息传播媒介分析信息实现充分价值的条件。

1. 信息主体应具有使用价值

(1)信息的准确性

信息资料的准确性是信息价值的关键,不真实的信息毫无价值,并将进一步给企业的决策带来危害。对于处在激烈竞争的市场环境中的企业而言,信息的准确性不仅关系到它的竞争优势,甚至关系到企业的存亡。世界质量领域的专家朱兰(Joseph M. Juran)认为,低质量信息的成本占销售成本高达20%~40%,因此信息研究工作一定要客观,要站在中间立场。信息准确性不仅包括信息来源的可靠性,还包括研究分析的客观性。信息的准确性对于一手资料和二手资料都同样重要。

(2)信息的时间性

信息强调时间价值。随着通信技术的发展,信息交流在速度和数量方面快速提高,谁首先获得信息谁将掌握竞争的主动权。信息价值的时间性有短期和长期的区别,信息价值的短期性表现为信息出现后,必须在一到两天或更短的时间内做出决策,而有效期一过信息价值将为零。如证券市场信息的价值持续时间一般都较短。信息价值的长期性表现为信息价值在较长的时间范围内存在,其价值或随时间递减或保持不变。

（3）信息价值的针对性

信息价值需要通过实际的需求来体现。汇率的波动信息对于银行具有很高的价值，但对于业务基于国内的食品加工厂来说汇率信息价值不大。企业信息部门在对内发布有关信息时，需要按照不同的对象有选择地发放，以确保信息价值的最大化，避免信息资源的浪费，减少工时成本，提高效率，同时有利于加强信息的保密性。

（4）信息的新闻性和知识性

信息具有一定的新闻的特点，但信息和新闻不同，信息具有一定的价值，并且一般在有限的范围内传播，新闻则具有宣传性，以受众的广度为特点。不能把信息作为新闻来看待，应加以分析，从纵向和横向两个方面来延伸，发掘它的价值点。信息具有长期积累的知识性特点，通过信息的汇总、整合、分析能反映事件的发展趋势，加深对事物的认识和理解。

（5）缺乏信息所产生的非确定性程度

信息价值还表现在决策的非确定性程度，如果企业的决策方案只有一种选择，所有相关信息也将失去价值，不具有决策方案的因果性。如果信息的获得能有效排除企业在决策时的各种不确定因素，决策过程中信息所能排除的不确定因素越多，信息的价值就越大。

（6）决策者对风险的厌恶程度

信息的价值和决策者的风险厌恶程度有关，厌恶风险者一般希望得到充分的信息，以保证决策的正确性；而风险喜好者在决策时并不强求信息的完备性，由于信息的收集、汇总、整合、分析等过程都需要一定的成本，考虑到风险和成本的关系，风险喜好者更愿意采用"经验"式的感性决策，或不完全信息决策，信息价值将无法得到完全认同。

（7）信息接受者所做的决策反应

在通常情况下，企业和竞争者的信息获得是非对称的，具有一定的时间差异，对信息的价值利用也存在认识上的区别。企业信息研究人员和决策层应充分利用这一时间间隔，在竞争者获取信息和对决策方案执行产生反应之前完成整个方案的实施，从而达到预期的目标，使信息产生最大的决策价值。

2. 信息接收者应具备一定条件

（1）智力基础

智力是生物一般性的精神能力，是指人认识、理解客观事物并运用知识、经验等解决问题的能力，包括记忆、观察、想象、思考、判断等。信息接受者需具备一定的智力能力，能够获取信息并在头脑中对信息形成一定认识。

（2）信息再加工能力

信息加工是对收集来的信息进行去伪存真、去粗取精、由表及里、由此及彼的加工过程。它是在原始信息的基础上，生产出价值含量高、方便用户利用的二次信息的活动过程，这一过程将使信息增值。只有在对信息进行适当处理的基础上，才能产生新的、用以指导决策的有效信息或知识，才能实现信息价值。

（3）获取信息渠道

信息实现其价值需信息发布者通过一定的渠道将信息传递出来，而信息获取者需要通过一定途径获取信息。通常获取信息的途径有人与人的沟通获取信息，查阅书籍和报刊等资料获取信息，听广播、看电视获取信息，通过影视资料获取信息，利用数字设备获取信息，利用因特网获取信息等。

3. 信息传播媒介与信息时效性

信息传播媒介包括网络、电视、印刷品、广播等，信息传播的途径就是通过网络平台的双向互动获取信息资源；通过电视媒介的单向视听获取信息；通过广播单向收听获取信息。

信息时效性是指信息仅在一定时间段内对决策具有价值的属性。信息的时效性很大程度上制约着决策的客观效果。就是说同一信息在不同的时间具有很大的性质上的差异，我们管这个差异性叫信息的时效性，信息的时效性影响着决策的生效时间，可以说是信息的时效性决定了决策在哪些时间内有效。

由图6-8可知，信息从发布到传播、扩散到逐渐消失这个过程中所产生的信息价值大小随时间的变化而变化。在信息开始传播阶段，信息所产生的价值处于成长期；到逐渐扩散，受众面广之后，信息所产生的价值将达到最大值；最后信息所产生的价值将逐渐递减，而进入到衰退期。

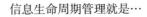

信息生命周期管理就是…

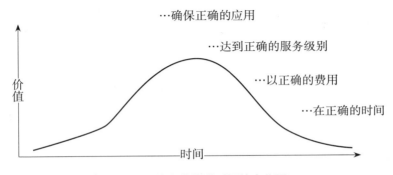

图6-8　信息价值随时间的变化图

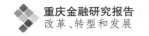
四、重庆整合与创新中小企业融资政策信息与路径

(一)增强政府及部门之间的信息一致性

1. 信息一致性的重要性

团结各成员,使产生共识,达成共同的目标。相互交换意见,使信息传播的范围更大,不知范围减少,以利问题的解决。掌握工作的过程与结果,使管理工作更顺利。

2. 信息一致性存在的问题

(1)信息传递途径不够

部门之间信息传递途径不够,导致信息传递过程中存在片面性,其往往会暴露出问题,引发信息传递行动目标不一致现象,如果得不到有效的疏通,极易造成相互间的矛盾。

(2)信息需要更新和完善

部分信息内容已经不适应现有要求,但还是不断在利用与传递,对行动的指向性较差,部门之间信息沟通不及时,造成行动不一致。

(3)部门之间信息传递脱节

我们现在的信息传递和协调工作只能局限于某一时间段内进行。而这种协调的结果是,能够分清当前主次,解决当前的主要矛盾,而根本问题得不到解决,可能转变为后续的主要矛盾。

3. 增强政府及部门之间的信息一致性

(1)增加信息传递途径

通过开例会、月报会等,大家参与这些会议,进行讨论及信息分享。另外还可以考虑采取报纸、看板、茶话会、内部联谊会、培训会等多种方式,通过不断变换讨论主题和环境,增进沟通,使部门之间能够增进了解,也使得信息交流更加充分。

(2)协调问题的解决

对于各部门提出的问题,要提出相应的解决方案,我们这一点现在做得比较好。但有些系统性的问题,不是靠解决一个或两个问题能够达到管理目标的,必须通盘考虑,避免做无用功,或是解决了一个问题引发另一个问题。要对未来可能出现的问题作充分的预测。

(3)坚持依法行政,规范政府行为

政府及相关部门应坚持依法行政,防止出现违规操作的行为,做到信息对内传播与对外传播的公平公正,个人不得乱用私权,为自身谋取私利。

(二)政策信息公开的广度与透明度

这几年,我国对政策信息公开工作虽然进行了全面部署和强力推行,但仍然存在公开的领域、范围辐射不广的问题。在政策公开主体的广泛性,政策公开内容的全面性以及政策公开载体的多元性方面还有待加强。政策公开的及时性、具体性和规范性还有待加强,政策执行力度监督检查,严格责任追究等还有待完善及健全配套制度。

1.政策信息公开存在的问题

在当前政府部门实际运行过程中,政府信息公开工作显得苍白而无力,政府信息公开工作亟待提高。由于历史和现实的诸多原因,我国政府信息公开还是存在以下几个主要问题。

(1)政府信息公开的思想观念障碍

政府信息公开的阻力,首先来自行政机关的思想观念障碍。受"民可使由之,不可使知之"这一封建思想的影响,有些行政工作人员仍然热衷于"暗箱操作"。有些人受官本位思想、官僚主义和文牍主义影响较深,将一般不需要保密的政府信息用文件的形式下发,让一般公众看不到,故作神秘,借以显示自己的地位和权势,不愿意主动公开政府信息,目前我国政府上网工程虽然大力倡导,但收效甚微,就是受到这种思想的影响 。

(2)政府信息公开的内容有限

目前我国政府信息公开呈现以下特点:形式上公开多,实质上公开少;结果公开多,过程公开少;原则方面公开多,具体内容公开少;公众被接受多,主动参与少。政府信息公开不仅应当公开政府"正面"信息,而且也应当公开"负面"信息,特别是政府工作失误、不足、违法乃至腐败的信息。

(3)政府信息公开不同程度地存在流于形式的现象

信息公开的内容应既包括行政事务办理的结果又包括政府行为程序,但是目前我国信息公开的形式普遍比较单一。有的单位只是将一些行政程序编印成册供政务信息使用者在现场查阅,或仅在办公室场所设立"公开栏"。有的单位只是公开了机关的工作流程、机构设置、规划方案及机关工作的制度。除此,在公开内容上也不同程度地存在抽象、过时等现象,偏重公布最终结果,面对决

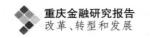

策前和决策过程中的信息公布较少。有的单位是采取召开干部职工大会的形式公开,这些既不能满足广大群众及时参与政府事务的要求,也不利于接受人民群众的监督。还有一些部门只公开那些不得不公开的、大家都知道的事项,把有可能影响部门利益的事项加以回避,或者只公开一些程序性要求,回避实质性事项。

2. 政策信息公开中存在问题的原因

(1)部分单位和领导对信息公开重视不够

有的部门单位没有设立政务公开的专门机构,有的部门单位虽然成立了专门机构,但相当一部分单位只是把政务公开工作看作是一项事务工作、一个阶段性任务,没有从转变政府职能、执政为民、加强党的执政能力建设的高度来认识并推动这一工作。

(2)特权思想严重,不愿公开

受封建思想的影响,一些官员习惯于权利神秘化。为了达到自己的私利而热衷于"暗箱操作",追求个人不当利益会损害公共利益。官员正是利用信息不对称来谋取自己的私利,包括经济利益和其他的利益。信息公开可以阻止个人谋取不正当利益,有利于社会公共利益的实现。

(3)存在腐败行为,不能公开

官员因为自己的腐败和低效运作,担心公开后会被追究责任,也害怕财政受到制约后失去腐败的机会而不愿进行信息公开,同时公务员信息素养和法律素养不够也是信息不能公开的原因。信息公开工作的实质效果,从主观上来看,还取决于公民的信息素质。我国普通民众对信息敏感程度不高,即在什么时候需要信息、需要什么样的信息、通过何种方式获取信息缺乏敏锐的判断力。

3. 增强政策信息公开的广度与透明度的对策建议

(1)确立政府信息公开原则,促进政府观念的转变

首先要敢于公开,摒弃封建社会的官本位意识,克服封建思想,杜绝"暗箱操作",树立服务理念,变不主动公开为主动公开,可以公开的一律公开,切实在实际工作中认识到信息公开的重要性,政府决策失误有很大一部分是由于信息不公开造成的。再次要及时公开,保证媒体及时准确获得信息,条例规定政府公开信息必须准确、及时。其次要全面公开,不全面,老百姓容易误解,政府也会由于掌握信息不够全面,对事态的预测和掌握不够,而做出一些错误的决策。最后,要真实公开,不得欺骗老百姓,坚决杜绝以往政府官员因害怕而隐瞒事件真相的做法,做到客观真实地公开相关事件真相。

（2）扩大政府信息公开范围，促进政府与社会公众的信息互动

政府与社会公众的信息互动一般包含两个方面：一方面，凡是社会公众想了解的政府内容，只要不违反保密法律，政府就有义务提供；另一方面凡是政府掌握的对决策产生影响的社会公共信息，也应当主动公开。因此，政府信息公开范围必须加以扩大，打破过去的时间和空间界限，打破过去政府信息公开的自上而下的逐级下传模式，实现政府信息公开的网络化模式，提高政府内外沟通的效率。行政机关行政行为全过程信息化，特别是行政决策信息需要及时予以公开，同时加强政府信息公开的系统性、针对性。有关行政会议主题及决议的内容和行政机构及其工作人员的活动情况，应当允许新闻媒体依法采访、报道和评论，反映社会公众的要求与呼声；另外，要将行政立法以及行政机关做出的影响公民权利、义务的行政决策的依据、标准、条件等依法公布。

（3）拓宽政府信息公开渠道，更多地赋予民众政府信息请求权

我国的政府信息公开多局限于办事制度公开，因此，其公开形式基本上是主动的政府公开，这对老百姓了解政府工作，维护自身利益固然发挥了很大的作用，但是由于没有固定的公开形式，使办事制度公开的实施受到了一定的限制。尤其是随着时间的推移和政府推动力度的下降，老百姓了解办事制度公开的渠道不畅通问题可能会逐步明显，因此应拓宽政府信息公开渠道，更多地赋予民众政府信息请求权。

（4）提高依法行政水平，提供政府信息公开制度保障

我国建设服务型，构建社会主义和谐社会，最重要的就是要提高国家法治水平，确保政府守法，防止行政权的滥用。《政府信息公开条例》虽然已出台，但能否取得实效，关键还在于政府是否自觉地去执行，如果政府不守法，任何一部法律都会失去了其存在的本意。

（三）落实政策的信息反馈机制

1. 信息反馈机制运作

要有敏锐性，意识到问题严重了要及时反馈。反馈信息一定要准确，要仔细确认才行。建立和完善政策信息反馈机制不是一项简单的工作，必须利用现有的技术力量，建立和完善信息反馈机制，建设一条信息高速公路，为落实政策信息反馈机制提供保障。

如下图6-9政策信息反馈机制运作流程图。从图中可以看出，政策信息从计划、实施到执行结果，参与者和政策发布者会根据当初制定政策预想效果与

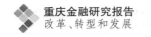

实际执行效果进行对比,分析结果与标准的偏差,根据存在差异的点提出相应的改进措施,将改进后的计划投入到下次执行中,以此循环,不断根据实际发展需求调整政策以适应社会经济发展需要。

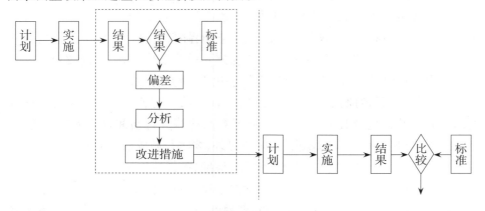

图6-9　政策信息反馈机制运作流程图

2. 建立有效的信息反馈机制

(1)健全畅通的信息流动渠道,完善沟通制度

信息反馈渠道可以分级、分层次,部门内完善定期交流制度,增加交流频率,给予充分的自主权进行非定期会议和讨论,提高个人的主观能动性。开展定期和非定期的沟通计划,进行目的性讨论沟通,还可以通过建立信箱、短信平台、服务网络等新的信息反馈渠道。

(2)建立流动信息反馈和监督机制

通过派定专人负责,开展定期交流活动,收集政策反馈信息,对政策执行进行监督管理,并及时收集政策执行中遇到的相关问题,向上级定期汇报政策执行情况,以便及时做出相应的调整。

(3)建立配套的信息咨询服务体系

完整的信息必须具备完善的反馈机制,及时观察政策执行后的效果,并收集可用的反馈信息,为政策改进做出评判和改进方法。信息反馈畅通使自上而下的沟通和自下而上的反馈达到平衡,能实现双向交流机制,真正实现信息反馈的有效性。

(4)优化内部组织机构

机构越复杂,信息反馈越困难,信息传达越容易扭曲,变形和失真,致使效率降低,因此,如果组织机构臃肿或设置不合理,各部门之间职责不清,分工不明,多头领导,人浮于事,就会严重影响信息传递与反馈。因此应根据实际操作后的绩效表现和运营效率来判断评估其组织机构设置的合理性并进行内部组织机构的优化。

（5）评价，总结，持续创新

在建立长效信息反馈机制的过程中，需要坚持定期总结信息反馈机制产生的效果，并在原有基础上改进不足，不断完善和优化，要广泛征求意见，不断完善政策信息反馈机制。

五、促进融资政策信息资源整合与创新的保障举措

（一）以《政府信息公开条例》为指导，构建重庆市中小企业金融信息服务规则

要加强组织领导，认真学习贯彻《政府信息公开条例》（以下简称《条例》）。我们必须根据实际，从加强组织领导、健全责任目标、强化制度建设等方面入手，着力推进《条例》实施工作。从重庆中小企业金融政策信息管理出发，提出我市在中小企业金融政策信息上具体贯彻《条例》的意见和建议。各部门要严格按照中央和市里要求，学习好、贯彻好、执行好、落实好《条例》，自觉依法行政、透明行政、公开行政，确保《条例》实施各项工作落到实处。一是认真部署，二是明确责任，三是全面推进。形成构建重庆市中小企业金融服务规则的基本条件。

（二）以重庆市金融服务中心为纽带，形成全市中小企业金融政策信息服务机制

全市要以重庆市金融服务中心为纽带建设信息发布平台，提供金融政策信息服务。信息发布平台的设计力求突出专业性、高效性和服务性，主要包含以下五个方面的内容：各银行背景介绍、银行支持小微企业的特色产品、成功案例、各家银行小微专营机构情况及相关联系方式。信息平台共分为首页、关于我们、新闻资讯、政策法规、银行介绍、产品中心、对话访谈、成功案例、联系我们、友情链接 10 个板块。其中"关于我们"包括平台简介，活动介绍、领导关怀等内容；"新闻资讯"包括最新动态和行业新闻等内容；"政策法规"包括相关政策法规和行业规章等内容；"银行介绍"主要是各银行业金融机构的背景，相关小微金融服务机构介绍及联系方式等内容；"产品中心"则是展示各银行业金融机构发布的信贷产品说明、特色服务、申报条件等内容；"对话访谈"则加入对银

行及小微金融服务专家访谈、明星团队、精英推荐等内容；"成功案例"包括小微企业通过使用信贷产品获得成功的经典案例、使用心得等内容；"联系我们"为小微企业在申请或使用相关信贷产品中的疑难解答，提供在线咨询等；"友情链接"则是链接相关产品发布平台的政府类网站、合作伙伴网站和各银行产品网站。信息发布平台初期涉及57个会员单位的产品介绍、办理流程、联系方式等内容，是银行有关小微企业信贷的政策、产品等内容的集中展示，是专为小微企业融资需求提供信息的一个平台。形成全市中小企业金融政策信息服务机制。

(三)加强中小企业金融政策信息服务人才培养

在全市除了进行中小企业金融服务的理论、政策和实践问题研究外，我们不建立银校合作成立研究机构的模式，可以为高校的社会服务探索一条道路，也是一种产学研相结合的一种尝试。金融行业是一个有着很高技术含量的行业，国际上的一些大型金融机构包括国内的一些大银行，都有很强大的研究团队来支撑其业务创新和发展。但中小金融机构由于种种原因，往往其研究力量普遍严重不足。与高等院校合作成立研究机构，可以弥补中小金融机构在理论研究方面的不足，研究机构通过聚集高校及其他相关领域专家，为中心金融机构的发展开展一些具有针对性的理论问题和实践问题研究，成为中心金融机构的"外脑"，并通过此途径实现产学研的有效结合，使科研成果能够及时得到应用和实践的检验。更多的还要培养金融政策信息沟通人才。

(四)健全中小企业金融政策信息服务反馈与调节网络

我们在健全中小企业金融政策信息服务反馈与调节网络中，要建立更为全面的监测统计机制。在现有金融统计监测数据基础上，探索建立包括经济、金融和社会发展多个方面，能为分析和实施政策提供信息支撑的，实现宏观与区域信息相结合的经济金融运行监测统计体系。建立高效能的协调机制。基层银行要认真做好与当地政府及相关职能部门、监管机构、金融机构之间的协调，通过不同途径与形式，构建起常态化的信息交流、交换和互动平台。建立科学的评价机制。基层银行要设定完备的指标体系，对各金融机构业务经营与信贷政策导向的吻合程度进行评价反馈。对得到反馈的信息，要综合分析，提出调节方法和指导意见。

研究报告七

农业保险发展现状研究

农业保险发展现状研究[*]

农业保险发展现状研究*

一、重庆市农业保险发展现状

农业保险是农业支持保护体系的一个组成部分,扮演着稳定农业生产和农村经济的准公共品角色。国家对农业保险发展高度重视,2014年国务院发布了保险业"新国十条",再次明确将农业保险列入我国保险业发展战略,农业保险已成为国家支持农村经济发展的一项重要战略举措。

(一)与全国及调查的其他省市相比,重庆市农业保险保费收入、保险深度和密度均处于下游水平

为对比重庆市农业保险发展的差距与不足,报告除了选取全国平均水平,以外还选取了西部地区四川省、云南省、贵州省,中部地区湖南省、湖北省,东北地区黑龙江省进行比较分析。

一是重庆市农业保险保费收入份额在全国占比偏低,保费收入距其他省市差距明显。由图7-1、表7-1可知,重庆市农业保险保费收入从2008年到2014年整体呈现上升趋势,年均增长20.7%,到2014年末,农业保险保费收入达2.29亿元,但农业保险保费收入占全国农业保险保费收入比重仍然偏低,2014年为0.70%,较2008年提高了0.04个百分点,占比最低的时候为0.49%。与其他省市比较,2014年重庆市农业保险保费收入仅占黑龙江省的8.79%,是四川省的10.7%,是湖南省的11.35%。

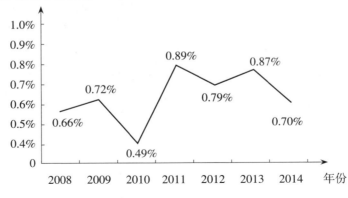

图7-1　重庆市农险保费收入在全国占比

*主研人员:张洪铭、沈朋雁、付海、孙迎新、李英、曹婷、关皓天等。

表7-1　重庆市农险保费收入与其他省市比较

年份	农业保险保费收入（亿元）						
	重庆	四川	贵州	云南	湖南	湖北	黑龙江
2008	0.74	10.03	0.71	1.99	12.76	5.11	13.75
2009	0.96	11.74	0.55	3.14	11.92	5.14	12.92
2010	0.67	12.22	0.09	3.42	10.68	5.04	13.99
2011	1.54	17.16	0.21	6.06	13.60	5.36	16.41
2012	1.90	23.18	0.69	7.13	15.96	6.47	22.16
2013	2.66	27.35	1.62	10.31	17.47	6.89	28.33
2014	2.29	27.66	4.39	11.06	20.17	6.70	26.06

注：表格由课题组整理。

　　二是农业保险深度低于全国平均水平及调查的其他省市。由表7-2可知，2014年农业保险深度为0.22%，低于全国平均水平0.34个百分点，差距较2008年扩大了0.14个百分点。在2014年七省市农业保险深度的比较中，黑龙江省最高，达0.98%，接下来依次是四川省0.78%，湖南省0.64%，云南省0.55%，贵州省0.34%，重庆市0.22%，以及湖北省0.21%。农业保险深度的差距反映了重庆市农业保险的保费收入占农业GDP的比值较小，说明重庆市农业保险较农业经济的发展程度滞后，需要加快农业保险发展的进程。

表7-2　重庆市农险深度与全国平均水平及其他省市比较情况

年份	农业保险深度（%）							
	全国	重庆	四川	贵州	云南	湖南	湖北	黑龙江
2008	0.33	0.13	0.45	0.13	0.20	0.41	0.29	1.26
2009	0.38	0.16	0.52	0.10	0.29	0.37	0.29	1.12
2010	0.34	0.10	0.49	0.01	0.31	0.28	0.23	1.07
2011	0.37	0.18	0.58	0.03	0.43	0.30	0.21	0.96
2012	0.46	0.20	0.70	0.08	0.43	0.33	0.23	1.05
2013	0.54	0.28	0.81	0.16	0.54	0.36	0.22	1.13
2014	0.56	0.22	0.78	0.34	0.55	0.64	0.21	0.98

注：表格由课题组整理。

三是农业保险密度低于全国平均水平及调查的其他省市。由表7-3可知，农险密度距离全国平均水平的差距较大，2014年，重庆市农险密度为11.4元/人，全国平均水平为134.8元/人，两者差距123.4元/人，差距较2008年扩大了90.4元/人，呈逐年扩大趋势。在2013年七省市农险密度的比较中，黑龙江省农险密度最高，为201.5元/人，其次是湖南省81.9元/人，四川省43.2元/人，湖北省42.1元/人，云南省28.3元/人，贵州省12.3元/人，重庆市11.4元/人。这反映了重庆市平均每个农业人口为转移农业风险所支付的保费较少，说明目前重庆市农业保险对农业经济发展保障程度不够，需加大向农户的宣传力度。

表7-3　重庆市农险密度与全国平均水平及其他省市比较情况

年份	农业保险密度（元/人）							
	全国	重庆	四川	贵州	云南	湖南	湖北	黑龙江
2008	36.1	3.1	15.0	2.1	5.3	46.2	29.9	69.4
2009	45.1	4.1	17.5	1.6	8.3	43.0	30.2	64.9
2010	48.7	3.1	18.4	0.3	8.9	38.8	29.8	70.5
2011	65.4	7.5	26.0	0.6	15.7	52.4	31.9	83.1
2012	93.6	9.4	35.2	1.9	18.4	62.7	39.5	113.5
2013	126.9	13.2	42.1	4.5	26.4	70.9	43.6	219.1
2014	134.8	11.4	43.2	12.3	28.3	81.9	42.1	201.5

注：表格由课题组整理。

（二）重庆市农业保险发展现状

1.重庆市农业保险发展情况概述

重庆是中国西部的经济大省和农业大省，是国家首批农业保险试点地区之一，自2007年重庆市政策性农业保险重新启动并开始试点以来，取得了较好发展。

一是服务"三农"能力增强。截至2014年末，全市农业保险保费收入2.29亿元，承保农户117.48万人次，承担保险责任202.6亿元，2007—2014年，农业保险累积提供保障854.6亿元，累积赔付6.67亿元，农业保险保障功能成效初显。

农业保险试点启动，同年，在黔江、渝北、忠县、合川试点	农业保险试点范围进一步扩大至全市	市级财政下拨资金鼓励区县发展地方特色农业险种	种植业险种水稻、玉米、马铃薯开始试点	油菜、渔业保险推出，截至2014年政策性农业保险险种增至26个
2007	2008	2009-2012	2013	2014

图7-2 重庆市政策性农业保险发展历程

二是农业保险覆盖面逐渐扩大。截至2014年末，能繁母猪、育肥猪保险政策已覆盖主城之外所有区县，森林保险覆盖29个区县，水稻、玉米和马铃薯保险覆盖25个区县，禽类保险覆盖7个区县。各区县还开办了支持地方特色经济的农业险种，如巫溪的烟叶保险、荣昌的花生保险、潼南的蔬菜保险等。

三是政策性农业保险支持力度加大。2014年末，重庆市享有财政补贴的政策性农业险种达26个。其中，中央财政支持的有8个，市级财政支持的有3个，各区县财政支持的有15个地方特色险种。农业保险财政补贴额度从2012年的1.21亿元增长到2014年的1.71亿元，年均增长18.9%，逐步形成中央、市级、区县三级财政协同扶持机制。

2. 重庆市农业保险运营模式及补贴机制

重庆市积极探索建立政府主导、部门协调、保险公司与镇(街)农业主管部门(畜牧站、农业服务中心)密切合作、共同完成从承保到理赔服务的工作机制。已形成保险公司委托基层农技、畜牧机构协助办理农业保险业务，包括承保标的确认、保费收取、理赔现场查勘、损失确认等工作，保险公司支付工作经费的经营模式。

补贴机制方面。中央和市级险种的补贴资金实行年初拨付预算资金，年末根据实际发生额进行清算。区县特色险种的保费补贴。首先是由保险公司根据投保情况向农业保险业务主管部门提交资料申请补贴，审核通过后提交至区县财政局，区县财政局审核通过后自行筹款划拨至保险公司，11月底，由区县财政局向市财政局提出补贴申请并提交相关资料，市财政局审核通过后按一定比例通过以奖代补形式向区县发放保险补贴。

3. 从数据分析看，重庆市农业保险险规模小，结构不均衡，部分地区农业保险进程缓慢

(1)重庆市农业保险起步早、发展慢、盈利水平较低

2007年重庆在部分区县及产业开展农业保险试点，但发展比较缓慢。由图

7-3可知,2014年农业保险保费收入呈负增长,为2.29亿元,较2013年下降0.37亿元,降幅为13.99%。

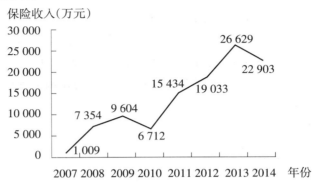

图7-3 重庆市农业保险保费收入增长情况

由表7-4可知,自2011年开始,重庆市农业保险承保利润率从大额亏损转为实现微利。2011年至2013年,重庆市在简单赔付率合理的情况下,农业保险承保利润率维持在10%左右。2014年在简单赔付率上升的情况下,承保利润率下降到5.62%,重庆市农业保险维持较低盈利水平。作为衡量农业保险盈利能力的主要指标之一,简单赔付率与盈利能力呈反比关系。鉴于农业保险的特殊性,通常农业保险简单赔付率在75%以内都是合理的。重庆市除2009、2010年受暴雨洪涝灾害影响,简单赔付率偏高以外,其余年份都在正常范围内。

表7-4 重庆市农业保险赔付率及盈利情况

年份	保费收入(万元)	赔款支出(万元)	简单赔付率(%)	承保利润率(%)
2007	1 009	110	10.90	−62.60
2008	7 354	4 453	60.55	−28.40
2009	9 604	9 270	96.52	−17.40
2010	6 712	5 578	83.10	−0.50
2011	15 434	7 384	47.84	9.36
2012	19 033	10 451	54.91	13.70
2013	26 629	17 339	65.11	11.70
2014	22 903	16 812	73.41	5.62

注:表格由课题组整理。

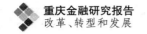
（2）各险种发展不均，种植险利润较高，但发展滞后

一是养殖险保费收入明显高于种植险。由图7-4可知，2007—2012年重庆市农业保险保费收入的80%以上都源自养殖险，直到2012年种植业保险全面开放后，这个比例才得以下降。2014年，重庆市养殖险保费收入占农业保险收入比重为59.6%，种植险保费收入占农业保险收入比重为40.4%。综合来看，重庆市种植业保险还处于试点阶段，需要各级政府、保险公司加大支持与投入。

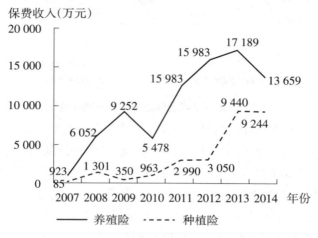

图7-4　重庆市农业保险保费收入构成情况

二是种植险的赔付率低于养殖险。由图7-5可知，除2008年、2009年种植险的赔付率高于养殖险，2010—2014年其他年份种植险的赔付率均明显低于养殖险，2014年末，种植险赔付率低于养殖险36.2个百分点。调查显示，自然风险与道德风险并存的养殖业风险更大、出险率更高。

图7-5　重庆市养殖险和种植险赔付率情况

三是尽管重庆市种植险的承保规模大幅低于养殖险,但其承保利润率一直领先于养殖险。由图7-6可知,养殖险一直处于微利甚至亏损的状态,而种植险自2010年起,承保利润率便维持在16%以上,2014年达到22.2%,比养殖险的承保利润率高16.6个百分点。

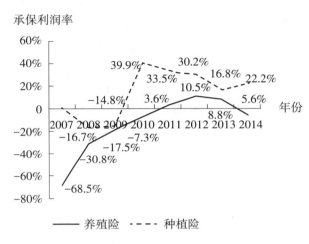

图7-6　重庆市养殖险和种植险承保利润率情况

(3)各区县规模差距大,部分偏远地区农险进程缓慢

在农业保险保费收入的比较中,各区县差距悬殊。由图7-7可知,2014年合川区的保费收入最高。造成不同区域巨大保费收入差距,一是因为各地政府对农业保险的推广和重视程度不同。二是因为保险公司进入各区县开展农业保险业务的时间长短有别。

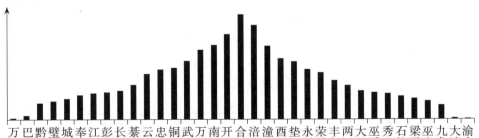

注:此图为以2014年为例,其中开县、荣昌县、潼南县、梁平县、武隆县为未撤县设区前名称。

图7-7　重庆市部分区县农业保险保费收入规模情况

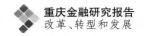

二、重庆市农业保险发展存在的主要问题

(一)农业保险的政策支持及财力投入不够

一是农业保险工作机制不完善,农业保险工作推动力不足。目前重庆市虽建立农业保险联席会议制度,农业保险工作由市级多部门共同参与管理,重庆市现有文件中虽已对各参与管理部门间权责进行分工,但具体执行层面的激励约束办法以及协调配合方式还不够明晰和完善,政府在解决农业保险问题、推动农业保险发展等方面的作用难以有效发挥,对农业保险推广过程中遇到的问题协作解决效率不高,制约农业保险发展的瓶颈长期存在,农业保险工作较难取得实质性的突破和提升。

二是财政支持力度不够,制约了农业保险规模进一步扩大。首先,市级财政直接支持的险种过少,财政补贴比例仍然偏低。2014年末,获得市级财政直接支持的农业保险险种仅有3个,市财政以奖代补的补贴水平过低。其次,区县财政支持力度有限,由于区县财政实力有限,大规模推广农业保险给区县财政带来较大压力,因此推广农业保险积极性不高。同时,区县自主开发的特色险种保障额度较低,无法满足投保农户需求,特色农业保险发挥的保障作用不足,严重制约了各区县农业保险规模和覆盖面的进一步扩大。

三是缺乏政府最后兜底的巨灾风险分散机制,保险公司经营及开展业务存在顾虑。重庆市地理及气候环境特殊,巨型灾害时有发生,突发性巨额赔付给保险公司的经营收支平衡带来极大冲击,但市级政府层面缺乏政府最后兜底的巨灾分散机制,保险公司经营及展业时存较多顾虑,不利于承保面积的扩大。目前保险公司通过体系内分摊和体系外购买再保险对农险巨灾风险分散程度仍然较低,超过再保险保障额度的巨灾风险赔付仍由保险公司自行承担,缺乏政府对超过一定额度巨灾风险(如超过150%的巨灾风险损失)进行最后兜底的风险承担机制,不利于保险公司长期持续经营。

(二)农业保险基层服务体系不健全,基层工作积极性不高

一是重庆市农业保险机构基层服务网络不健全。在乡镇、村社无保险服务站(点),从事农业保险服务的人力不足,难以承担大范围、集中性的繁重查勘理赔工作。另外,种植、养殖、森林等不同险种由各产业主管部门分别负责,农业保险工作力量分散,部分机构和人员变动频繁,导致履职困难。

二是现有农业保险基层服务模式难以适应业务的发展。现有模式为保险

公司通过委托基层政府农业部门协助其办理农业保险业务,协助范围涵盖统计投保数量、确认投保标的、查勘定损等环节。但相关服务并未纳入基层政府农业部门工作职责,仅属于与保险公司之间的经济行为,导致基层农业服务机构开展农业保险工作缺乏政策法规依据,相关职责边界不清,信息沟通不畅,对基层农业保险推广产生较大阻碍。

三是农业保险展业及查勘经费补贴标准低,基层人员的工作积极性不高。调研发现,目前重庆市针对基层农业服务人员的农险展业及查勘经费补贴标准过低,远不足以覆盖工作中发生的人力物力成本。过低的标准使得基层人员的积极性差,农业保险基层服务质量不高,工作效率低下。

四是农业保险工作经费报销体系方面存在制度障碍,很难实际支付给基层农险经办人员。由于现有模式下基层公职人员开展农业保险工作属于经济行为,按财政管理规定,工作经费无法纳入单位财政预算收支管理,因此保险公司将经费划拨至财政局后,无法进一步划拨至基层农业、畜牧等服务机构。同时,协助开展保险业务的基层公职人员、乡镇干部无法开具正式发票领取劳务费,进一步加大了补贴经费的支付难度,导致基层人员对农业保险工作严重缺乏积极性。

(三)农业保险创新不足,服务"三农"经济发展力度不够

一是经营模式缺乏创新,与实际情况不相适应。目前,重庆市农业保险运作模式、监管标准较多借鉴全国部分省市,而针对地方特色的运营模式及技术水平创新严重滞后。由于重庆存在山多、农业生产经营分散等特点,重庆市农业保险承保面积丈量、标的数量认定、查勘定损等操作标准与实际情况差距较大,导致基层工作负荷大,工作质量和工作效率普遍不高,不利于农业保险工作开展。

二是农业保险对农户、农业企业融资的支持有待加强。目前,重庆市与农村产权抵押融资密切相关的农业保险产品较少,农房、土地承包经营权、养殖业、种植业等险种的试点范围和覆盖面还较窄,涉农保险与涉农信贷合作尚有待加强,保险对涉农经营主体融资的风险分担和保障功能发挥不足。

三是政府主导的政策性农业保险品种开发速度较慢,对"三农"经济发展支撑不够。目前重庆市政策性农业保险品种开发存在用时长、品种增长慢等弊端,同时,针对重庆市场特点的价格指数、气象指数等险种的创新力度不足,推广进程缓慢,不能满足"三农"经济的快速、多元发展。

（四）农户保险意识差，有效需求不足，农业保险密度低

一是农户保险意识差、有效需求不足。重庆市农业生产多散户，生产规模小，且多处于自给自足，农户风险意识不强，对农业保险的需求意愿低。同时，农户对农业保险认识存在偏差，对保险合同要求不了解，容易因费用、赔付等问题对保险产生怀疑，影响投保积极性，保险密度难以提高。

二是道德风险时有发生，不利于农业保险持续经营。不同地区、不同生产条件和技术水平的农户面临的农业生产风险程度不同，而现行农业保险制度采取无差别的保费和赔付标准，加大了保险公司经营风险，不利于农业保险持续经营。此外，虚假理赔、拖赔惜赔和变相强制投保等道德风险问题不同程度地存在，破坏了重庆市整个农险生态环境。

（五）农业保险信息化建设落后，制约农业保险健康发展

重庆市农业保险信息化建设落后，实务操作缺乏具有重庆特色的统一标准及权威的统计数据，农业基础数据精准度差，承保数据与实际数据往往存在较大出入，各相关政府部门参照的农业基础数据也不尽相同，导致保险公司在经营过程中有时难免出现偏差。同时，重庆市目前缺少联合保险机构与财政、农业、林业、国土资源、气象、水利等部门建立的农业基础数据共享机制，不利于农业保险规范经营以及信息化、精细化和专业化管理。

三、推动重庆市农业保险发展的对策建议

（一）完善农业保险工作机制，加大政策推动力度

一是完善农业保险政策制度体系。农业保险事关三农问题，社会关注度高、牵涉面广、情况复杂，重庆市农业保险的发展，关键是从市级政府层面完善制度体系。首先，加强市级层面农业保险工作的组织领导力度，建立健全区（县）、乡（镇）一级的农业保险工作领导机制。其次，进一步建立健全推进政策性农业保险发展的工作机制，强化政府主导定位，明确基层政府农业部门协助办理政策性农业保险服务的职责与范围，确保重庆市政策性农业保险规范开展。最后，改革现有农业保险资格核准模式，延长农险经营确认时间（由1年延长至5年），增加保险公司经营农险的连续性。

二是加大市级财政对农业保险的支持力度和配套比例。首先，建议利用

3~5年的时间逐步减少直至取消政策性农业保险的区县财政配套,消除区县发展农业保险的财政资金压力,推动重庆市政策性农业保险在区县得到更大范围的推广和普及。其次,建议市级财政加大力度支持区县特色农业保险的险种开发和推广,推进农业保险险种适销对路,能够满足不同区县特色农业产业化发展对保险的需求。

三是建立政府兜底的农险巨灾风险分担机制。在现有保险公司内部风险分散机制,国内和国际再保险分散体系的基础上,建立政府层面的巨灾风险准备金制度。通过政府财政、保险公司风险准备金逐年累积滚动,建立起重庆市巨灾风险资金池,制定风险准备金使用标准,如超过150%的巨灾损失赔付由政府巨灾风险资金池兜底,从而消除保险公司开展农业保险后顾之忧。

(二)健全农业保险基层服务体系,提高基层工作积极性

一是建立适应"三农"保险需求的服务网络体系。建议在区县由农业、畜牧、村社等基层农技服务机构共同组建"三农服务中心",明确协助开展农业保险核保、核赔等工作职责,允许保险公司派员至服务中心驻点。解决基层机构开展农险工作缺乏政策依据、基层服务网络薄弱以及农业保险基层力量分散且配合协调不畅等弊端,切实消除农业保险服务"最后一公里"障碍。同时,强化乡镇一级政府对农业保险基层工作的组织领导与推动,使农业保险工作在基层真正有人抓、能够管、做得好。

二是提高农业保险工作经费比例,消除经费支付障碍,调动基层工作积极性。首先,提高基层机构开展农业保险工作经费比例,激励基层人员参与农业保险工作的积极性,提高农业保险工作质量和效率。建议将种植业、养殖业保险展业经费和赔案鉴定费用分别做相应提高,如种植业展业费用从3%提高到8%,赔案鉴定费从1%提高到4%。其次,消除农业保险工作经费支付制度障碍。明确工作经费实行基层农业服务部门的往来款管理,发生的劳务费可以造单发放,或者实行由保险公司按照工作量情况直接支付给农业保险具体经办人员,不再要求报销经费必须出具加盖税务监制章的有效发票或非税收入收据,打通工作经费向基层支付的"前门"通道。同时,完善现有制度,消除基层机构农业保险经费无法列支的制度障碍。

(三)加强农业保险创新,推动重庆市"三农"经济发展

一是建立适应重庆市农业发展的农险服务模式,按照实际情况制定标的识别、数量确定、保费收取、查勘理赔等各环节操作标准。

二是鼓励各公司开发符合重庆市农业发展特色的农业保险品种,如粮油、蔬菜、畜牧、柑橘、中药材等,满足农业经营主体多层次、高保障的风险需求,保险金额应覆盖直接物化成本或饲养成本。

三是加强涉农保险和涉农信贷合作。积极开发涉农小额信贷保证保险。引导保险机构对农村种植、养殖大户及涉农企业开展土地收益贷款保证保险,以土地的预期收益为保证,为农业经营主体融资提供信用保险,充分发挥农业保险对农村产权抵押融资的风险分担作用。

四是加大价格指数、气象指数等创新型农险的推广,并且通过创新使其适合重庆市场特点。

五是在出台的农业保险政策中,制定针对承保机构增加农业保险技术、人员和基础设施建设投入的激励措施,鼓励保险公司提升农险服务水平和供给能力。

(四)加大政府对农业保险的宣传力度,提高农户保险意识

加强在政府层面的宣传力度,强化宣传国家对农业保险的扶持政策,加强保险条款内容、保险功能等农业保险常识普及,有效整合各级政府、基层农业服务体系和保险公司等各方宣传资源和宣传力量,形成整体合力。通过电视媒体、村镇广播、发放宣传手册、开展农业保险知识培训,以及制作适合农户接受的系列宣传片、宣传讲座等方式,逐步培养广大农户的保险意识,提升农业保险需求,扩大农险覆盖面。

(五)加强农业保险信息化建设,提高农业保险保障水平

一是推进"三农"保险信息化建设,加强相关基础数据以及灾害风险、业务经营等数据的收集与利用。加快形成信息共享机制,实现保险机构与财政、农业、林业、国土资源、气象、水利等部门数据共享,建成面向保险公司、监管机构、政府部门和广大农户的公共服务平台。

二是建议加深农业服务中心及畜牧站与保险公司的合作,建立农业信息基础数据库,记录当地实际耕种土地面积与饲养牲畜数量,按生产季度更新,使其便于各农业相关部门对农业生产的管理,减少保险公司承保时数据核实的工作量。

三是探索和研发农险经营及管理技术,加大信息科技在农业保险经营中的应用,如研发适合重庆的手机APP和卫星遥感定损技术等,降低农险经营成本,提升经营效率和服务水平。

后　记

　　《重庆金融研究报告:改革、转型和发展》围绕重庆金融的重点工作,坚持理论与实践结合,旨在为重庆经济社会发展服务。

　　《重庆金融研究报告:改革、转型和发展》的出版得到了重庆市金融工作办公室的大力支持,也得益于重庆市发改委、重庆市社会科学院、重庆市社会科学联合会、重庆市生产力发展中心、国家开发银行重庆分行、重庆大学、重庆市咨询业研究会等相关部门和单位的鼎力帮助,在此谨向所有为本书给予支持帮助的部门和单位表示衷心的感谢,向所有付出辛勤劳动参与课题研究的金融专家学者和金融实务工作者致以崇高的敬意。

　　因能力和水平有限,本书疏漏和不妥之处在所难免,敬请广大读者批评指正。

张洪铭

2017 年 3 月